国企视点

中国大连高级经理学院学术著作出版资助项目

国有企业经理人中长期激励理论与实务

THEORY AND PRACTICE OF MEDIUM AND LONG TERM INCENTIVE FOR MANAGERS OF STATE-OWNED ENTERPRISES

付永刚 主编

中国经济出版社
CHINA ECONOMIC PUBLISHING HOUSE
·北京·

图书在版编目（CIP）数据

国有企业经理人中长期激励理论与实务／付永刚主编．--北京：中国经济出版社，2022.7（2023.3 重印）
ISBN 978-7-5136-6862-0

Ⅰ．①国… Ⅱ．①付… Ⅲ．①国有企业-管理人员-激励-研究-中国 Ⅳ．①F279.241

中国版本图书馆 CIP 数据核字（2022）第 047898 号

责任编辑　王西琨
责任印制　马小宾
封面设计　任燕飞装帧设计工作室

出版发行　中国经济出版社
印 刷 者　北京科信印刷有限公司
经 销 者　各地新华书店
开　　本　710mm×1000mm　1/16
印　　张　17
字　　数　296 千字
版　　次　2022 年 7 月第 1 版
印　　次　2023 年 3 月第 2 次
定　　价　68.00 元
广告经营许可证　京西工商广字第 8179 号

中国经济出版社　**网址** www.economyph.com　**社址** 北京市东城区安定门外大街 58 号　**邮编** 100011
本版图书如存在印装质量问题，请与本社销售中心联系调换（联系电话：010-57512564）

前言

❖ 编写本书的意义

习近平总书记指出，国有企业是中国特色社会主义的重要物质基础和政治基础，关系公有制主体地位的巩固，关系我们党的执政地位和执政能力，关系我国社会主义制度。因此，提升国有企业竞争力是实现中华民族伟大复兴的中国梦的重要部分。党的十八届三中全会指出，国有企业属于全民所有，是推进国家现代化、保障人民共同利益的重要力量。国有企业总体上已经同市场经济相融合，适应市场化、国际化新形势，以规范经营决策、资产保值增值、公平参与竞争、提高企业效率、增强企业活力、承担社会责任为重点，进一步深化国有企业改革。党的十九大报告进一步提出，深化国有企业改革，发展混合所有制经济，培育具有全球竞争力的世界一流企业。

改革开放40多年来，国有企业改革也进行了40多年，特别是党的十八大以来，国有企业深化改革取得了卓有成效的进步与成果。培育具有全球竞争力的世界一流国有企业，既需要健全协调运转、有效制衡的公司法人治理结构，建立职业经理人制度，更好地发挥企业家的作用，也需要深化企业内部管理人员能上能下、员工能进能出、收入能增能减的制度改革，更需要建立长效激励约束机制，强化国有企业经营投资责任追究。在国有企业的各类资源中，最重要、最有活力的资源是人力资源，是各级经理人（本书中的“经理人”泛指企业各级经营者和管理者）。因此，只有针对国有企业经理人建立起有效的中长期激励机制，才能发挥国有企业经理人的作用和价值，才能确保国有企业深化改革的成效与可持续性。

在国有企业经理人中长期激励方面，国务院国资委先后出台了多项政策与制度来推动国有企业深化改革及对国有企业经理人的激励。党的十八届三中全会确定了全面深化国有企业改革的总体目标，提出要健全国有企业工资决定和正常增长机制，健全资本、知识、技术、管理等由要素市场决定的报酬机制的总体要求。2013年2月，国务院印发《关于深化收入分配制度改革的若干意见》，探索建立科技成果入股、岗位分红权激励等多种分配办法。

2015年8月，中共中央、国务院印发《关于深化国有企业改革的指导意见》，要求企业依法依规自主决定薪酬分配。2016年11月，中共中央、国务院印发《关于实行以增加知识价值为导向分配政策的若干意见》，要求完善国有企业对科研人员的中长期激励机制。2019年4月，国务院印发《改革国有资本授权经营体制方案》，支持国有企业依法合规采用股票期权、股票增值权（Stock Appreciation Rights，SARs）、限制性股票、分红权、员工持股及其他方式开展股权激励。支持国有创业投资企业、创业投资管理企业等新产业、新业态、新商业模式类企业的核心团队持股和跟投。2019年11月，国务院国资委印发《关于进一步做好中央企业控股上市公司股权激励工作有关事项的通知》，分别从科学制订股权激励计划、完善股权激励业绩考核、支持科创板公司实施股权激励、健全股权激励管理体制四方面对中央企业规范实施股权激励进行制度上的完善。这些举措强化了正向激励导向，加大了授权放权力度，进一步明确了股权激励实施的规范性要求。

综上所述，伴随着国资国企深化改革，国有企业经理人的中长期激励已经得到中共中央、国务院的高度重视，政策法规方面也已经提供了充足的土壤和空间。所以，此时编写《国有企业经理人中长期激励理论与实务》可以帮助更多国有企业更方便快捷地获取相关理论和政策法规，同时还可以为正在实践或将要实践的国有企业提供技术工具和操作实务方面的指导与建议。

❖ 本书的逻辑结构

经过国有企业深化改革的长期实践与探索，目前国有企业经理人中长期激励“工具箱”中的品种已经比较丰富，可供不同类型、不同战略、不同发展阶段、不同价值导向的国有企业充分考量和自由选择。在这些工具中，有的侧重于按“管理要素”分配，如企业负责人任期激励；有的侧重于按“技术要素”分配，如岗位、项目分红激励；有的侧重于按“资本要素”分配，如员工持股；有的侧重于按“知识要素”分配，如股权、期权和科技成果作价入股。但是，从国有企业改革历程和国有企业经理人中长期激励的现状来看，虽然国有企业经理人中长期激励机制在不断完善，但大部分国有企业对经理人的激励还是以晋升激励和半市场化的激励方式为主，与企业经济目标挂钩的薪酬激励和中长期激励仍未有效建立，行政监督和约束的作用也十分有限。

究其原因，我们认为国有企业经理人中长期激励是一个比较复杂的系统工程，涉及相关政策法规、理论依据、行业特点、企业属性等要素，不是简单地靠政策指引、学习经验就能实现的。党的十八届三中全会指出，全面深化改革必须更加注重改革的系统性、整体性、协同性。国有企业深化改革已经进入深水区，要有效解决国有企业经理人中长期激励的难题，就需要在理论依据、政策法规、激励模式、实操方案之间找到足够的合理与平衡，才能发挥各类激励工具或模式的效用和价值。

基于上述思考，我们构思并设计了这本书的逻辑结构，希望能够从理论和实务两个视角对中国国有企业经理人的中长期激励问题予以思考和归纳。本书的结构包括三大部分。

第一部分：理论与政策篇。这部分从国有企业经理人中长期激励的理论研究入手，同时整理分析改革开放以来国有企业经理人中长期激励的法规政策，从而为本书奠定比较扎实的理论基础，提供比较丰富的政策依据。

第二部分：现状与对策篇。这部分聚焦国有企业经理人中长期激励的现状分析和对策研究。通过问卷调查及资料查阅收集国有企业经理人中长期激励目前存在的关键问题，在借鉴国外经理人中长期激励实践经验的基础上，针对中国国有企业的特点和经理人中长期激励目标，从逻辑上提出比较系统的激励思路和激励对策。

第三部分：工具与实务篇。在上述两部分的基础上，这部分聚焦国有企业经理人中长期激励的实务与应用。首先，整理出中国国有企业可以应用的若干类中长期激励技术和工具；其次，对这些中长期激励技术和工具进行特点分析、优缺点分析，并从实务操作的角度针对每种技术和工具整理出若干案例；最后，从国有企业类型的视角，整理汇编了三大类国有企业（国有控股上市公司、国有科技型企业、国有控股混合所有制企业）经理人中长期激励实践和典型案例。

❖ 本书的编写人员

本人就职于大连理工大学经济管理学院，从事组织行为与人力资源管理的教学与科研工作，同时受聘为中国大连高级经理学院（以下简称“中国高经院”）讲座教授。多年来基于高等院校的研究视野和中国高经院的国资国企研究与培训平台，在国资国企改革、职业经理人制度建设、经理人中长期激励等方面积累了大量的理论思考与丰富的实践经验。研究生刘启、邹雅璇、胡烽春参与了本书的资料收集和编写，刘启参与了本书第一章至第五章的编写，邹雅璇和胡烽春参与了本书第二章、第七章至第九章的编写。

出于对中国国有企业深化改革的关注，我们在本书中从理论依据、政策法规、现状与挑战、工具与实务等角度出发，针对国有企业经理人的中长期激励，整理汇编并提出了若干针对国有企业经理人的中长期激励模式和思路，希望能够对国有企业经理人中长期激励提供理论上的思考、实践上的参考。但是，由于水平、时间有限，本书可能存在需要不断完善的地方，特别是很多案例中涉及公司对经理人激励的部分保密信息和数据很难获取也不便披露，希望读者予以指正和理解。同时，在编写过程中，我们参考了很多专家学者、实践人士的观点、心得和实践素材，虽然我们尽最大努力在书后列出了参考文献，但是难免有疏漏，如有不周到之处，请各位专家学者海涵，如有问题可通过邮件（fuyg@ dlut. edu. cn）联系本书编者，以便在后续予以补充更正。

不忘初心，方得始终。中国共产党人的初心和使命就是为中国人民谋幸福，为中华民族谋复兴。国有企业的初心就是通过国有资产增值保值，为全国人民的美好生活做出应有的贡献。其中，建立针对国有企业经理人的中长期激励机制是实现国有企业初心的关键。我们希望本书的出版能为国有企业经理人中长期激励的理论与实务尽一份心、出一份力。

付永刚

2021 年 9 月 29 日

目 录

理论与政策篇

现状与对策篇

理论与政策篇

科学理论是指导管理实践的基础，政策法规是企业合规行动的依据和指南。只有围绕国有企业深化改革的进程，系统梳理有关国有企业经理人中长期激励的理论和政策，才能为科学有效的国有企业经理人中长期激励实践提供坚实的理论依据和政策指南。所以，本篇聚焦国有企业经理人中长期激励的相关理论依据和政策法规。

理论依据主要包括现代公司治理（Corporate Governance）理论、委托代理理论、人力资本理论、职业经理人理论、经典激励理论、公司产权及治理层面的激励理论等。在本书中，我们尽量将这些理论依据与国有企业经理人的中长期激励实践和现实挑战结合起来，期望为后续的对策与实务提供系统的理论指导。

政策法规方面，我们以“国有企业经理人激励制度的演进”视角来回顾和整理中华人民共和国成立70多年来的国有企业改革与发展历程，以及伴随这个过程的国有企业经理人中长期激励探索和实践。为了便于读者更加清晰、更加直观地了解整个过程的演进，我们在第三章第五部分将国有企业深化改革、国有企业薪酬制度改革、国有企业中长期激励改革的相关政策法规按时间顺序梳理形成“国有企业经理人激励制度演进图解”。

第一章　现代公司治理

自20世纪80年代以来，西方学者掀起了现代企业公司治理研究的高潮。在界定了“利益相关者”“企业责任”等反映现代企业变化趋势概念的基础上，提出了公司治理的概念。公司治理问题之所以重要且能够成为理论界的常青树，是因为现代公司的一个基本特征是所有权与经营权实现了分离，代理人尽管在法律上负有信托责任，在理论上应最大化委托人的利益，但在现实中，可能导致代理人在经营过程中滥用职权或追求个人利益，产生逆向选择和道德风险等代理问题。因此，在现实中，代理人有足够的动机消极工作，做出一些有偏向性的决策，甚至把公司资源转变为私人收益等。公司治理就是通过激励、监督与控制来缓解或消除这些问题。

一、国有企业与现代公司

（一）中国企业改革背景

对国有企业公司治理进程的探讨首先要追溯的是20世纪70年代以来的中国企业改革背景。中国企业改革和经济体制改革一样，是上下互动推进而成的。中国企业改革的进程可以用市场化改革的概念加以概括，即企业改革的方向是使企业成为市场中的独立主体。企业市场化改革基本脉络在党的五次三中全会的文件中得到充分反映，五次三中全会对推动企业改革发挥了重要作用。1978年，党的十一届三中全会没有明确改革的具体方向，但是启动了改革，明确“要按照调动各方面积极性的方向”搞活经济。1984年，党的十二届三中全会通过《中共中央关于经济体制改革的决定》，表明党的高层在按市场化方向改革方面已有基本共识，尽管对商品经济是否就是市场经济仍有不同解读。1993年，党的十四届三中全会通过《中共中央关于建立社会主义市场经济体制若干问题的决定》，表明市场化改革方向在党的高层、在全国已成为共识，明确国有企业改革的方向是建立“产权清晰、权责明确、政企分开、管理科学”的现代企业制度；2003年，党的十六届三中全会通过《中共中央关于完善社会主义市场经济体制若干问题的决定》，改革进入全面完善和深化的新阶段，针对存在的问题提出“科学发展观”，关于企业改革最重要的安排是建立国务院国有资产监督管理委员会（以下简称“国务院国资委”）来代表国家进行股权管理。这表明市场化改革已取得重大成果，同时表明要重视解决市场化进程中的问题。2013年，党的十八届三中全会通过《中共中央关于全面深化改革若干重大问题的决定》，在完善和发展中国特色社会主义基本制度基础上，推进国家治理体系和治理能力的现代化，也使企业改革和国有资产管理体制改革朝着市场化的方向迈进了一步。作为执政党的中国共产党的五次三中全会，在不同的历史时期提出了改革的基本思路，逐步明确了中国经济体制改革的市场化方向和目标任务。

同时，中国企业改革也是在渐进推进与阶段性重点推进相统一的背景下完成的。总体来看，中国企业改革是渐进式推进的，同时各阶段又有不同的特点，各有其改革重点。改革初期及20世纪80年代，国有企业改革主要实行“放权让利”的各种经济责任制，同时允许集体、私人、外资等多种形式的非国有企业发展。90年代，国有企业开始了以建立现代企业制度和发展股份制为重点的全面企业改革，同时加大非国有企业发展的步伐，加快了与企业改革密切相关的财税体制、外汇体制、投融资体制、金融体制等涉及企业要素制度的体制改革，以及与社会保障相关的养老、医疗、住房、教育等事业改革。进入21世纪，改革在新的领域启动。比如，国有商业银行股份制改造、文化事业单位改革等；随着国有资产体制的改革，进一步深化国有企业改革；同时，虽有某些反复但仍推进非国有企业的发展。按照科学发展观不断完善各个领域的改革措施，统筹协调处理各种复杂关系和长期积累的深层次矛盾。党的十八届三中全会通过实施全局性的改变，对国家改革提出了总体目标，并制定了完善、具体的方案来推进中国企业改革。各项改革进程不一，有的改革已基本完成，有的改革还在继续深化，有的改革在基本完成或推进中又启动了相关领域的改革。改革对企业的影响，既使企业获得了发展的新机遇，又使企业必须调整自身以适应环境的变化。

这样的改革背景也形成了企业改革、市场发育与宏观体制改革“三结合”的特点。中国企业改革始终与商品及要素市场的改革和发展、与宏观经济管理体制的改革密切结合。这种“三结合”的指导思想在20世纪80年代中期前已经基本明确。这有认识方面的原因，即各方面较早认识到三者的内在关联，亦是实际过程的要求和相互推动的结果。80年代，在商品市场发展问题未解决时，涉及产权变革的国企改革是难以推进的；90 年代，国企股份制改革加快，且与中国资本市场发展密切相关。此外，企业改革与企业发展始终互相推进，国家启动国有企业改革继而推进非国有企业发展，其主要推动力就是经济发展的需要。90 年代国有企业和集体企业改制的加快，也与解决这些企业经济效益不高等发展问题密切相关。

总体来看，中国企业改革与经济体制的总体变革有着相辅相成的关系：狭义的企业改革仅指国有企业改革；广义的企业改革不仅包括国有企业改革，而且包括发展民营企业等各类新型企业，并对其进行相应的制度变革，这都处于中国企业改革的大背景下。企业改革不仅从制度层面全面、深刻地改造了传统国有企业，而且催生发展了非国有的民营企业。这些新型的国有企业和民营企业，既有大型企业集团，又有众多中小企业。各类企业相互竞争、共同发展，共同构筑起中国经济持续高速增长的基石，也逐步培育起中国企业整体上越来越强的国际竞争力。

（二）国有企业公司治理机制

中国国有企业公司治理机制的完善是中国企业经济改革最重要的环节之一。机制指有机体的构造、功能和相互关系，泛指一个工作系统的组织或部分之间相互作用的过程，如市场机制、竞争机制、用人机制等。为了进一步明确机制的概念，必须准确理解与机制相对应的另外两个概念，即制度和体制。制度、体制和机制是三个既相互区别又密不可分的概念范畴。体制、机制靠制度约束，制度又要靠体制、机制巩固和发展。在公司治理中，制度、体制、机制是分析公司治理问题的三个重要维度。第一，制度以外部环境为主题，主要涉及影响公司治理的政治、经济、文化、法律等方面，通过制度成本与制度收益平衡的方式发挥作用。第二，体制以产权为主题，以治理结构为主要载体，以公司中的股东会、董事会、监事会和经理层的责权利安排为具体内容，解决的是企业的组织架构问题，主要通过职责安排来发挥作用。第三，机制以运营为主题，以激励约束为主要内容，解决的是企业的动力和活力问题，主要通过沟通、协调和平衡各利益相关者的方式来发挥作用。通过以上分析可以看出：公司治理机制本身含有制度的因素，要求所有公司利益相关者遵守，公司治理机制只有在完善的公司治理结构基础上才能有效运行。

同时，要准确界定国有企业公司治理机制的内涵，还要明确我国国有企业的特征。我国国有企业的公司治理有其个性特征，如国有企业股权结构一股独大、国有企业经理人的派遣任命制度等。由此可以看出，我国国有企业公司治理机制内涵的界定既要符合公司治理机制的一般特征，又要结合我国国有企业的个性特征。在此基础上，可以把国有企业公司治理机制的内涵界定为：在公司治理结构的基础上，通过权力的制衡与协调，调动各方面的积极性和创造性，以保持企业发展的内在动力、完善企业发展的外在保障为目的的各种制度性安排。

此外，与内涵有所不同的是，可以从外延视角来探讨国有企业公司治理机制。现代企业是适应企业所有权与控制权相分离而产生的，在此基础上形成的公司治理由一组契约关系组成，出资者通过信托关系授权董事会经营企业；董事会通过代理合同与经理人形成委托代理关系；监事会对董事会和经理人按照契约关系进行监督。所以，现代企业一般都存在所有者、经营管理者和劳动者三方面的利益主体，他们在契约中享有不同的财产权利关系，承担不同的责任和义务。公司治理机制作为完善企业发展的内外部动力，其主要作用就是破除束缚和阻碍公司治理的内生变量和外在变量，形成协调各方利益关系、促进企业发展的动力系统。根据公司治理机制的作用，其研究范围主要包括两个方面：一方面是公司内部治理机制，主要包括与公司利益相关者专用性资产相对应的公司治理权益性机制（主要是决策运行机制），以及与公司权力制衡相对应的公司治理管理机制；另一方面是公司治理的外部约束机制，主要包括与公司外部环境相对应的控制权市场约束机制等。通过各种外部治理机制的协调配合，形成有助于公司内部治理机制有效运行的外部保障机制，以提高企业的市场应变能力。虽然其对中国市场经济变化具有一定的适应性，但未必符合现代公司治理的全部要求。

（三）现代公司治理对国有企业的要求

现代公司治理是对企业进行科学管理和有效控制的制度，是在发达国家企业长期管理实践中逐步形成的，是当下最先进的企业管理控制制度。以公司治理为核心建立现代企业制度是经济全球化背景下的一大趋势。从适应社会主义市场经济发展和国有企业改革的角度来看，良好的现代公司治理是适应市场经济发展、提高经营业绩、增加投资回报、增强企业竞争力、保障国有资产安全、促进和谐社会建设的重要管理措施。我国大多数国有企业仍处于从传统管理体制向现代公司治理的过渡阶段。在这一转型过程中，原有的计划经济体制和传统管理的问题使得国有企业改革缓慢，照搬西方模式未能抓住国有企业的关键问题。这些影响和认识制约了国有企业的改革进程。事实上，在社会主义市场经济条件下，企业建立现代公司治理结构是非常必要和现实的。国有企业必须针对自身存在的问题，建立现代公司治理结构。

1. 社会主义市场经济的宏观环境对国有企业有着客观要求

社会主义市场经济是在国家宏观调控下，以生产资料公有制为基础，以市场为资源配置手段的经济体制。通过价格杠杆和竞争机制的作用，将资源配置到效益较好的环节，给企业以压力和动力，实现优胜劣汰；利用市场对各种经济信号的敏感反应促进生产和需求的及时协调。同时，鉴于市场本身的弱点和消极方面，有必要加强和改善国家的宏观经济调控。大力发展全国统一市场，进一步扩大市场作用，用好经济政策、法律法规、规划指导和必要的行政管理来引导市场健康发展。国有企业作为市场经济的主体，必须与集体企业和其他企业一样进入市场，在平等竞争中生存和发展，充分发挥国有企业的主导作用。然而，“满足产品市场竞争”是公司治理的内在含义，是国有企业成为现代企业的客观要求。国有企业必须建立以公司治理结构为主要内容的管理体制，完善自身发展，符合社会主义市场经济发展的要求。

2. 中国资本市场完成股权分置改革的变化要求

中国资本市场完成股权分置改革为国有企业和民营企业带来了一个新的治理结构和治理变化，特别是引发了国有企业的管理创新，这使得国有企业可以通过各种管理创新、制度创新加强法人结构的有效性，最终实现现代公司治理的目标。具体来说，企业管理创新就是企业面对技术和市场的变化做出的相应改进和调整。这是一个非常重要和复杂的过程，包括管理技术和管理系统的创新。从本质上讲，成功的管理创新是管理技术和管理制度创新的综合体现与必然结果。从管理创新的需求和供给两个方面来探讨国有企业管理创新的重要性和紧迫性，从而引入公司治理结构模式的创新。从需求的角度来看：一是管理薄弱一直是中国国有企业竞争力低、效率低的重要原因；二是新的经济格局和市场环境要求国有企业加强管理。近年来，民营企业的崛起和外资企业的发展壮大，给国有企业带来了巨大的竞争和压力。提高管理水平是国有企业应对激烈市场竞争的有效途径。在供应方面，现代科学技术的进步给管理创新的需求带来的压力，如技术进步实现规模经济，增加了对管理的需求和依赖，以及为管理创新提供了新材料基础和工具，如电子计算机和信息技术的发展能够产出新的管理方法，提高管理效率和产出贡献率。

在管理创新方面，以下五种方式为国有企业探索和实施提供了基础和可能性，对建立和完善现代企业治理结构是不可避免的要求。公司治理结构管理的创新发展，也为国有企业实现现代企业治理提供了必要条件。

（1）思想创新。各种管理组织、制度和管理行为只是管理者思想的外在表现。目前，我国仍有相当一部分管理者不熟悉、不善于运用现代管理手段和方法，不了解资本管理，特别是不熟悉国外市场，不善于改进营销管理，不关心与企业管理相关的法律法规。因此，应大力倡导国有企业管理理念的转变，通过培训教育或引进新的管理人才来拓宽国有企业管理者的视野和思路，广泛吸收新的管理信息，逐步提高管理者的管理专业知识和能力，使管理创新有良好的思想基础，为引入公司治理结构奠定良好的思想基础。

（2）组织创新。国有企业根据市场需求的特点和生产的要求合理设立管理组织，改变传统的单一行政式职能型组织结构，按照精简高效、以市场为导向的原则架构新的内部组织结构；在市场经济的竞争中，精简不必要的管理机构和人员，加强市场管理、生产管理和技术研究管理机构的力量，引入矩阵制、事业部制等新的组织设计模式，为建立现代化的公司治理结构模式提供了组织保障。

（3）技术创新。随着国有企业的发展和市场规模的扩大，一方面，企业的内部管理越来越复杂；另一方面，快速变化的市场需求和竞争形势的变化要求管理者提高响应速度。要解决两者之间的冲突和矛盾，必须积极引进先进的管理技术，特别是现代信息技术来提高管理的效率和质量。管理信息是管理的基本要素和中介。管理过程就是管理信息的处理过程。现代信息处理技术的应用对提高管理效率和管理水平有重要作用。这种管理技术的创新为加快建立现代公司治理模式提供了技术支撑。

（4）选拔方式创新。要注意企业主要管理者在管理创新中的特殊地位和作用，完善我国国有企业的管理者选拔方式。从某种意义上说，国有企业的主要经营者是企业的灵魂和核心。主要经营者的管理思想和管理能力直接关系到整个企业的管理风格及管理水平。因此，创新型国有企业管理者对促进管理创新具有积极的作用。因此，面对新形势下国有企业全面竞争，有必要逐步改革国有企业经理的选择方法和机制，所以大量的具有实际管理能力、现代企业管理经验和良好的综合素质的人才可以进入国有企业的管理职位，把国有企业的管理水平提高到一个新高度，促进国有企业的快速发展。这一创新举措为现代公司治理结构建立中董事会、监事会和经理层的科学选择铺平了道路。

（5）基础管理创新。在内部基础管理创新方面，巩固国有企业内部基础管理，为管理技术、方法和工具的创新提供基本前提和保障。基础管理包括内部基础管理体系的建立、基本流程的规定、基础信息的保存和传递以及管理团队的建立等。只有搞好基础管理、理顺内部基础生产合作关系才能进一步提高管理水平和效率，否则，管理创新只会适得其反，使企业更加混乱无序。国有企业内部基础管理的有序创新为现代公司治理结构的建立提供了良好的氛围。

可以说，尽管上述五种创新管理方式未能从根本上改变现有的国有企业产权、债务和监督等实质性问题，但或多或少会促进国有企业的发展，这是在管理创新实践的基础上不断探索，作为最富活力的现代公司治理结构的新型管理体制，获得了更大的突破和广阔的发展空间，使其成为国有企业建立现代公司治理结构的必然选择。

3. 建立现代公司治理结构是国有企业获得新生的必然选择

企业的发展来自动态的管理机制，而管理机制又依赖于管理系统。中国国有企业在几十年的发展过程中，在管理体制上多遵循计划经济模式。虽然其在特定的历史时期起到了一定的作用，但已经不能满足现行市场经济体制的要求。例如，产权界定不明确，缺乏有效的国有企业产权管理制度；不把政府行政和企业管理分开，以行政管理的方式干涉企业管理，没有实行企业自治；缺乏有效的激励和制衡机制等弊端制约、阻碍了企业的发展。甚至有一些适应市场经济的试探性改革措施，如有的企业在实行管理层收购过程中，企业负责人进行买卖，暗中经营；一些企业将国有产权或实物资产作为融资担保，将收购风险和经营风险转移给金融机构和被收购企业。这在一定程度上损害了投资者和全体员工的利益，形成了一些不稳定因素。它们只能治标而不能治本，使情况变得越来越不利。它们不能真正把国有企业带入健康有序的发展轨道，更不能彻底改变生产力与生产关系不相容的矛盾。因此，要获得新的活力，国有企业的发展必须有一种新系统。新系统中现代企业治理模式的有效控制、科学管理及其他先进的特性是为解决国有企业中存在的各种缺点和各种缺陷而生的，它的出现为国有企业获得新的活力提供了时效性的必然选择。

4. 国有企业已经具备建立现代公司治理结构的成熟条件

除了一些客观问题，对于国有企业没有真正建立现代公司治理结构的原因也有主观的理解。有人认为，国有性质决定了国有企业不能建立现代公司治理结构。这种认识不利于国有企业现代公司治理结构的建立，也是不正确的。国有企业具有企业的一般属性。就企业的基本内容而言，国有企业与民营企业是一样的，它们的主要区别在于所有者不同。企业主性质的不同不影响现代公司治理结构的建立。社会主义市场经济不仅为民营企业提供了宏观环境，而且为国有企业建立现代公司治理结构提供了宏观环境；《中华人民共和国公司法》（以下简称《公司法》）的颁布和实施，不仅促进了国有企业改革及明晰产权、明确权责、政企分开、科学管理的现代企业制度建设，而且规范了公司行为，保护了公司、股东和债权人的合法权益，促进了国有企业改制和经济体制改革，维护了社会经济秩序，为推动社会主义市场经济体制的发展发挥了积极作用，为进一步完善现代公司治理结构，有效保护公司、股东、债权人的合法权益发挥了重要作用。当然，国有企业所有者的特殊性决定了其不像私营部门的所有者那样专门直接关注企业，所以在我国建立现代公司治理结构时，针对国有企业的特殊性，需要注意解决所有者主体缺位的问题。事实上，大型私营企业也存在这种问题。然而，这是一个如何建立现代公司治理结构的问题，不能作为现代公司治理结构无法建立的理由。

总之，在国有企业建立现代公司治理结构是一项系统工程，它不仅需要强化“身体和骨骼”，而且需要依靠外部力量，这既需要企业内部做大量的工作，也需要政府和社会各方面的支持与配合。只有不断加强国有企业董事会所有权地位的确立，不断建立科学的短期、中期和长期激励机制及合理的选人用人机制，逐步完善切实有效的法律监督体系，才能为这一系统工程奠定坚实的基础，从而建立起适应国有企业生产力发展的新型社会生产关系——现代公司治理。只要我们坚定不移地按照国有企业改革的要求和目标，认真积累成功经验，不断学习西方发达国家建立的成功的公司治理模式，大胆探索和实践，中国国有企业独特的现代公司治理结构全新模式将很快建立和完善，从而为确保国有企业健康运行，进一步促进中国经济又好又快发展奠定良好的治理基础。

二、公司治理与委托代理

（一）西方公司治理理论相关概念

自 19 世纪法人组织形式第一次在英国出现以来，公司组织结构和融资方式就发生了重大变化。以产权为中心的西方公司治理理论框架见图 1-1。为了能够认识到理论家如何突出公司治理问题的现实意义，可以参考两个讨论最广泛的理论或方法，它们都是试图用来理解法人组织是如何运转以及公司治理系统是如何改进的。第一种研究方法叫作“代理理论”，第二种研究方法叫作“权益方理论”。

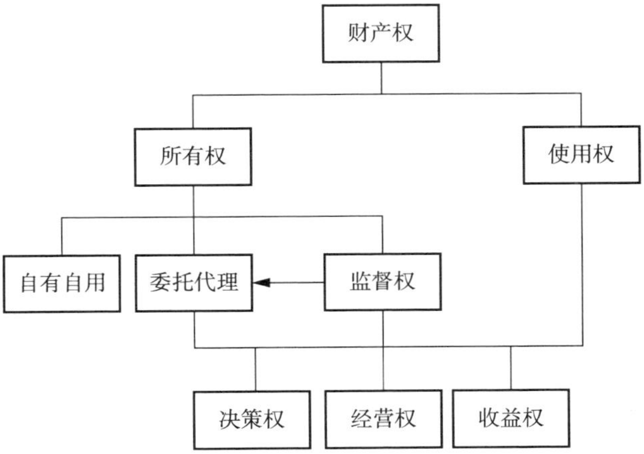

图 1-1 以产权为中心的西方公司治理理论框架

在关于公司理论的文献中会遇到这样一个术语，即“所有权和控制权的分离”。19 世纪时期，很多最大的公司都是被它们的创建者既拥有又控制的。在一段时间之后，原始创建者能够积累大量的资本，这些资本作为利润被再次投入企业的运营。尽管如此，创建者开始意识到用他们自己的资本来维持持续增长是不够的。他们经常处于获得超额贷款的状态，但是这些超额贷款是以不稀释股东股份为前提的，所以并不会影响公司的控制权。但一个公司到底负债多少为合理是有一个极限的。同时，为了维持公司的相对竞争优势，并且从规模经济中获益，扩大生产规模是必需的，所以他们需要通过股票市场融资获得额外的股份资本。这意味着创建者所持的股份相对于公司整体股份的比例在不断缩小。此外，在创建者退休或死亡后，他们的股份又在其子孙中分配。20 世纪早期，最大的股份持有权开始瓦解和分散，也就是所有权的集中度在下降。这就衍生出公司治理理论中的第一个重要概念——所有权。

1. 企业所有权理论的提出

在西方经典理论中，所有权的具体含义是股东拥有公司，但这些理论几乎没有提供任何线索来领悟复杂的公司治理关系。Blair 在 1995 年曾提出过类似的观点：人们常常把重要问题掩盖起来而不是去阐明它。以下是对股票所有权与实物所有权之间显著差别的一个解释："当我告诉你我拥有我的房子时，你便会推论我可以决定谁可以进入或居住我的房子及谁没有这些权利；我有权决定房子如何布置和装饰；我有权为了自己的最佳利益对房子进行处理。但是，当我购买了一股英国电信公司的股票时，我不享受以上提及的关于英国电信公司的任何权利，除了有限的最后一项权利。"这正是问题的本质。特别是对一些小股东而言，所有权非常有限，在实际生活中表现为接受股票红利和买卖股票。后者通常是因为持股公司在过去一段时间业绩不佳，并且预测将来的业绩也不会提高。因为持股公司虽然过去表现不错，但是长远发展前景不佳。所以这个例子是一种被动的所有权形式。任何股东都拥有在每年股东大会上对关键事宜投票的权利，如董事的选举。但考虑到一个大公司拥有成千上万股普通股，由小股东打破股东大会平衡的机会就像一个选民要决定年度总统大选的结果那样渺茫。因此，所有权问题远比上述类比所揭示的问题更为复杂。即使"我"拥有一栋房子或一辆机动车，"我"也不能因此为所欲为，因为"我"受到其他制约条件的限制，如房屋受到建筑规章制度的影响、机动车受到安全法规的约束等。就股票所有权而言，影响力和控制力之间的微妙差别不仅取决于股东在公司中的绝对控股比例，而且决定于绝对控股比例与其他股东控股比例的比较。如果一个人拥有某公司 10%的股份，而其他剩余股份很分散，那么在这种情况下，这个人很有可能在董事会上产生一定的影响力。但如果剩余股份中包括两个持股 30%的股东，并且他们相互联合，那么 10%的股份就会使前者拥有的影响力微乎其微。

19 世纪，很多实例证明所有人拥有控制权，与此同时，所有人还兼任经理。当我们迈入 20 世纪以后，经理们开始逐渐接受了控制权。Berle 和 Means 承认控制权几乎不能被灵活地分割或定义，却将这种控制区分为五种不同的类型：一是完全通过所有权进行控制；二是多数股东控制；三是通过法律方式实行非多数股东控制；四是少数股东控制；五是经理人控制。但是两位学者承认在一些案例中公司可以被一个外部当事人控制，公司深陷银行的债务中就是一个典型事例。于是两位学者提出了这样的观点：在大多数情况下，控制权停留在有权选举公司董事的人群手中。

2. 代理理论的提出

公司治理理论中第二个重点概念是代理。代理理论并不是 Jensen 和 Meckling 首先提出的，不过自这篇文章之后，代理理论立刻引起了人们的重视，后来许多重要人士都对该理论进行了补充和完善。这一理论是近 40 年来最重要的契约理论之一，建立在非对称信息（Asymmetric Information）博弈论的基础上，其核心理念是研究在利益相冲突和信息不对称的环境下，委托人如何设计最优契约激励代理人。

代理理论认为，当委托人向代理人委托一项任务时，由于两者的利益不一致，并且没有有效的监督机制对代理人的行为进行监督，代理人就会出于自身利益做出一些机会主义行为，这些机会主义行为可能会损害委托人的利益。在企业层面，典型的现象是由于公司所有权与公司治理的分离，股东不直接参与公司治理，而是聘请职业经理人来治理公司。特别是，在欧美等成熟的市场，大公司股权分散是一种常见现象，这就导致基本上没有一个股东能决定公司所有事项，因此，需要聘请职业经理人来治理公司。这既是把专业的事交给专业的人来做，也是股东相互妥协的结果，毕竟这是股东普遍能接受的一种方式。

按道理来说，职业经理人应该本着股东利益最大化的原则来制定决策，但事实并不是这样。职业经理人的利益时常和股东利益不一致。例如，股东往往追求公司长远发展，但职业经理人为了自己的口碑和前途，会选择先顾好公司眼前发展。因此，职业经理人在制定决策时如果两者发生冲突，他们会优先制定有利于自己的决策，而不是股东的决策。并且，职业经理人可能会偷懒，疏于对公司的治理，从而导致股东利益受损。

针对这种现象，如何保证职业经理人按照股东的利益行事？如何保证股东有效控制职业经理人？需要设计一项机制，这项机制既能保证职业经理人对公司的有效治理，又能保障股东利益。

解决方案有多个，其中对公司治理影响最大的有三个：股权激励、独立董事和两职分离。一是授予职业经理人部分股权。职业经理人一旦有了股权，自己就是股东，因此，他们在做决策时会考虑自己作为股东的利益，而不仅仅是一个职业经理人，这也是许多公司搞期权激励制度的理论基础。二是设计监督机制。董事会既是公司的决策机构，也具有监督职能。例如，独立董事最重要的职能就是监督高层的决策。三是董事长和总经理/首席执行官（CEO）由两个人担任，防止一人因权力过大导致的权力滥用。

提出了问题，也给出了解决方案，看起来问题似乎被解决了，但实际上并没有。针对这个理论和其解决方案，部分学者提出了不同的意见。

对于这个理论的问题，部分学者提出过质疑。首先，这个假设未必成立。例如，Davis 提出管家理论，反对代理理论提出的职业经理人内在机会主义和偷懒的假定，认为职业经理人出于对自身尊严、信仰及内在工作满足的追求，努力工作，做好“管家”，他们与股东及其他利益相关者之间的利益是一致的，但这个假设会导致一些不好的后果。Ghoshal 批判过一种不好的现象，坏的管理理论正在摧毁好的管理实践，以代理理论为例，他认为，社会科学具有自我应验的特性，若某一管理理论传播范围足够广，则能够改变管理者，使其依据此理论行事。若某一理论认为人们会有机会主义者行为并提出解决方案，则很有可能诱使管理者做出机会主义行为。若某一理论建立在职业经理人不可靠的基础上，则会使职业经理人变得不可靠。而代理理论对职业经理人机会主义行为和偷懒的假定就起到这种坏的作用。

对于代理问题的解决方案也有不少问题。Ghoshal 认为，解决代理问题的方案，如扩大独立董事的影响力，让董事长与 CEO 两职分离，创造公司控制的市场来淘汰不合格职业经理人，经常性奖励、递延性奖励、期权激励制度等都没有促进绩效，并且针对这几个方面都举出了一些例子。

但即使如此，代理理论在今天依然是公司治理理论中最重要的理论之一，被普遍接受，并几乎成为定论。自 1976 年 Jensen 那篇文章发表以来，这一理论得到了无数重要人士的背书。Jensen 的引用量远高于 Davis，基于代理理论的文章也远多于管家理论。目前，代理理论依然是一个广受认可、炙手可热的理论，尽管存在一些批评声音，但在经济学和管理学研究中这个理论依然是主流理论。

3. 权益方理论的提出

近年来，英国和美国的公司对于股东利益投入了很多关注，有很多观察者表示赞同。Kay 和 Silberston 在 1995 年发表的文章中是这样解释的：日益聚焦这一问题的原因是恶意兼并的威胁。也就是说，对办公室中董事的主要威胁是，是否存在另一家公司提供足够有吸引力的价格来买断所有现存的股份。一个恶意兼并者只有在目标公司股价低于同行业同类公司平均股价的前提下才能成功兼并。如果一家公司不是高效率地利用它的资产，一个兼并者就可以获得企业的所有控制权，然后利用资产获取更高回报。结果是利润增加、股价上涨，以反映未来利润的预期增长。为了回应兼并的可能性，现有的经理必须执行一系列政策来维持一个较高的股价水平，从而使潜在的兼并者为了获得控制权付出更大的代价。

研究者还试图通过权益方理论概念来解释公司治理理论的内涵。在权益方理论背景下，有些人指出委托人—代理人理论似乎单一地集中在股东单方面的利益上，但是有可能发生这样的情况：经理人过分关心那些只对短期利润感兴趣的股东的利益，结果忽略了长期利益。Blair 把这种情况称为“市场近视”。短期利润的获得是以牺牲长期绩效为代价的。对这一问题的解决方案是鼓励长期持股。这导致我们进一步考虑权益方理论，它的立场和委托人—代理人理论是直接相对的。就委托人—代理人理论而言，它的主要假设是利润最大化，是企业战略和策略的主要动力；权益方理论反而强调所涉及的所有相关方的重要性，它们直接或间接地关系到一个企业的运作。这里所说的权益方是指与公司拥有利害关系的任何一方。这显然包括股东、董事及其他利益相关方，如雇员、政府、顾客、供应商、银行家和其他可以成为股东的人。如果企业可以通过其对周围环境的作用来影响大众这一论断被大家广泛接受，那么权益方的定义就可以延伸到大众。Blair 也强调，虽然不同方利益间会起冲突，但这些冲突可以被减少，只要确保所有股东收到与他们投资成正比的投资回报。

为了减少利益相关方之间的冲突，最常用的操作方法是股东获得分红和资本收益，作为其投资一家公司所承担风险的一种回报。但是权益方理论也主张，当经理人为一家公司服务时，他们也遭受资本和人力资本的投资风险。在权益方理论背景下，人们可以指出经理人并不能通过投资多样性来降低其人力资本投入风险。可以把供应商作为某种形式的股东来举例，人们可以争论一个供应商在针对一种顾客的一种商品上投资巨大，但是他也面临着顾客不打一声招呼就随时转向其他供应商的风险。利用资产方案来解决经理人权益方问题很容易被理解，即部分获取公司股份。但用资产方案解决其他股东问题就更困难了。

权益方理论运用于实践的一个有趣实例就是 John Lewis 合资公司，它是由 John Lewis 在 20 世纪初创办的，主要经营英国境内的一些百货商店。创立者的主要目标是确保公司内部的民主性，从而使员工可以分享所有权的利益，保证酬劳、知识和权利“三位一体”的公平性。在这种模式下，公司将会有效地运作合伙人形式，经理人也会在企业中互相协作。虽然 John Lewis 主要是为了员工的福利，但是他的哲学中也包含为整个社会提供一种服务，即有效地延伸了“股东”这一术语的范围。后来，Vinte 认识到公司治理并不能与其赖以生存的文化环境孤立是很重要的，并在 2001 年提出权益方理论已经成为通用的理论，普遍存在于有影响力的经济体制中，如日本、法国和德国等。另外，一些抽象模型因为它们离现实商业环境太远而被批评。Letza、Kirkbirde 等在 2004 年指出这些抽象的理论“忽略了自然界和社会现实的持续变化，从而使它们远离现实中公司治理的动态发展”。这些学者认为，随着全球化的到来，公司之间的界限因为全球市场的存在而变得模糊不清，物质资产远没有人力资源、知识和信息来得重要。虽然我们可能会对物质资本和人力资本的相对价值产生疑惑，但毫无疑问，对权益方理论的支持者而言有一个重要因素，就是对人力资本的日益关注和欣赏。正如 Solomom 在 2004 年总结的："法人社会、道德和环境绩效越来越多地被投资者看作其他商业领域管理和代理绩效的指数。一个管理良好的公司更可能拥有一个良好的管理环境，以及达到向股东交流和保证的更高层次。"

（二）早期的权益方理论与代理方理论

1. 早期的权益方理论

早期的权益方理论认为，公司的目标被认为是实现股东价值最大化。代理人理论的支持者会争论，任何公司的治理改革都应该把经理人的利益与股东的利益统一起来，如把董事的奖金紧密地与收益率联系起来，然后整个商业都会得益，因为利润留存再投资会帮助建立起公司的经济资源，从而用于将来值得投资的研究开发等长期项目。这些长期项目的投资行为最终会使其他股东获益，如全体雇员会得益于提升的工作安全性，环境会得益于更高效率且更少污染的工业流程。因此，董事会中一个强有力且独立的要素是把委托人和代理人利益联系起来，通过委托人更好地控制代理人的行为，从而帮助解决委托人—代理人问题，这也是 Hermalin 与 Weisbach 在 2003 年提出的观点。而当被定义为股东的人群数量急剧增加，导致对"股东"这一术语进行科学分析不再有意义时，权益方理论就变得与公司治理不协调了。对此，Sternberg 在 1997 年提出：权益方理论没有提供有效的标准作为公司代理人的判断依据。平衡股东间的利益是一个定义错误的概念，它不能作为目标绩效评估的依据。负责解释和执行这一目标的经理人拥有充分的自由权来追逐他们的任意目标。

近年来，代理人模型和权益方理论的一些特征被捆绑在一起，试图使两种方法变得更有吸引力。Gramble 和 Kelly 在 2001 年提出，人们做了很大的改变，试图把传统股东模型变得更容易让人接受。这些改变被称为"受启示的管理主义"。因此，公司为了推行最好的实践惯例而采用了自由法规。此外，两位学者还认识到越来越有可能爆发一场积极的股东运动。这将得到政府行为的协助，通过政府修改相关法案来确保董事会更好地承担起对股东的责任。然而，他们承认通过私有化实现的股票所有权增长并没有建立起更广泛的持股文化，不仅如此，他们还支持公司多元论，并且更正式地承认对相关人员投资和风险治理的重要性。他们在文章中提到：法人多元论关于企业在权益方理论争论中的观点承认现代公司拥有多元化结构，我们通过改变法律框架来适应它。这一观点的优势提供了一种方法，使公司运作更高效、更合理。

随着代理模型的发展，Jensen 提出了针对代理人理论的改良方法，并且强调了企业价值最大化的重要性：经济和金融界的 200 年经验暗示了在没有外部偶然因素和垄断的条件下，在同一经济中运行的企业在各自价值最大化时将使社会财富达到最大化。Jensen 承认，一家企业如果忽略了其他权益方的利益就不可能实现价值最大化。因此，他坚持赞同价值最大化理论，他认为这等同于权益方理论。毫无疑问，权益方理论的提倡者将发现接受这样的机制很难，因为通过这一机制聚焦于企业市场价值最大化最终会不可避免地导致社会福利最大化问题。Jensen 在 2001 年发表了这样的观点："告诉一个经理要实现当前利润最大化、市场份额最大化、未来利润增长最大化及任何人们喜欢的目标会导致这个经理没有目标，结果会很混乱。"Jensen 追问，为什么企业的经理和董事都拥护权益方理论，这说明他们认为一定有满足各自利益的动机在起作用："因为权益方理论没有提供更好的定义，因此，经理和董事无须对企业资源的管理行为负任何责任。因为没有任何绩效标准，经理的行为也无法合理地进行评估，在这种无生产力的方式下，经理人的权力被放大，因而使得权益方理论在经济系统中增加了代理成本。观察到这一点，为什么许多经理人喜欢权益方理论就不足为奇了。"因此，从长远角度来看，一个企业要想成功，经理人就必须重视所有可能影响企业相关者的利益。换言之，为了让一个企业成功和持续生存，所有权益方的需要都应该被关注。

2. 早期的代理方理论

在另一派的研究中，Hill 和 Jones 为了分析权益方问题，试图修改代理人理论，对于一些问题的研究，如代理成本，可以扩大到包括整个激励、控制和执行结构，涉及所有权益方、代理人或经理人。在代理人背景下，一些预先设计好的方案能够帮助我们把代理人和委托人的利益统一起来。职工优先认股权计划就是其中一例，它试图同时提高代理人财富和权益方财富。这一分析可以被延伸到权益方背景下，最典型的实例是经理人预先向顾客做出承诺，通过这种方式，如果产品或服务出现问题顾客就可以获得赔偿。此外，当我们分析委托人—代理人框架时，这一框架本质上关注代理人和委托人之间的冲突，问题是在增加委托人和代理人财富的同时，要缩小代理人成本。在权益方框架中，问题比之前更复杂一些，由于冲突范围的扩大，涉及不同权益方间的矛盾。虽然不同的群体间可能存在利益索求的竞争，但在更全面的层面，每个群体都可以被视为在企业的持续生存中拥有一份权益，也正因为企业的长期生存，才有权益方的长期共存。后来，Donaldson 和 Preston 于 1995 年在学术界和职业经理人文献中争论关于权益方角色这一持续白热化问题，并指出标准化的关注给权益方理论提供了重要支持。可以说，权益方理论是一个关于“应该是什么”而不是“必须是什么”的理论。这是一个有趣的观点，因为它指出权益方理论是传统的实证分析，从财政经济学中演化而来似乎很合理，但权益方理论似乎更深地陷入了权益方所拥有的道德和哲学权利这一传统中。高效率的争论更容易被权益方理论接受，但不能忘记股东方理论和权益方理论都包含标准化的成分。

有限责任的概念在巩固早期股票市场的持续攀升中起了重要作用。一个投资者的责任仅限于他原先投资的股份总额，而其他由企业造成的额外损失都排除在外，这一事实是非常有吸引力的。Monks 和 Minow 把有限责任这一概念看作投资者放弃对公司资产直接控制权的一项回报。他们表示，股东本身对所持股份拥有绝对的控制权，但在股东有限责任的条件下，股东放弃了对公司资产由他人使用的控制权，这一权利授权于公司的管理层。事实上，这是法人组织带给投资者的一大利益，他们可以把钱财委托给那些拥有股东不具备的特质（包括专业和时间）的人来管理。但这是一大缺点，正是由于所有权和控制权的分离，才使得它成为公司治理中争论的焦点。但是关于法人组织已经确立的、合法的观点强调了股东利益支配性的重要地位：只要董事和经理人在股东价值利益范围内进行活动，他们总被认为是合理地甚至被要求去考虑所有权益方的利益。例如，法庭认为一个法人组织有权利把资金捐献给慈善机构，如果这一举动与公司长期利益保持一致的话，董事会考虑用投入产出比高的方法来平衡公司不同利益群体的相互冲突，但这必须优先考虑股东的利益。只有把满足股东利益作为他们的第一目标，他们才能长远地满足所有投资者的利益。

代理理论的支持者指出，市场控制的问题及市场凌驾于代理人之上的纪律约束。虽然从股东方角度来看，这可能是一个好的结果，但从权益方的角度来看，这并不能给他们带来明显的利益。虽然受雇于一个更为盈利的公司也许有些吸引力，但在这些公司的某些部门工作可能经常被视为多余，对员工而言这是很危险的。此外，对于那些留在扩大企业中的员工来说，新的管理层可能想要引进一些方法来提高股东价值，但这违背了广大员工的利益。在英国，有许多公司把雇员退休金计划从原先的固定收益计划转换成固定缴款计划。这一决定通常有利于股东利益而对雇员利益有损。

以上都是针对股东方和权益方的公司治理方法。然而许多大公司都制定了商务准则，或被称为“企业道德准则”“企业行为准则”，尝试对法人道德行为进行修改是否会有助于改进公司治理水平。最终我们应该认识到，就像Kaptein在2004年指出的那样，准则的存在并不意味着一个公司要去拥护它，虽然准则的内容暗示了公司奉行什么样的道德准则。然而，还是有人认为，通过披露公司的道德准则，公司治理的水平会得到提升。也许在不久的将来，学术界会出现对代理人理论和权益方理论比较优势的争论。为了进行理论研究，识别这两种极端的公司治理方法是很有效的——一种以股东的重要性为基础，另一种以利益相关者的重要性为基础。但要牢记，在真实世界中，公司治理有可能存在于这两种极端中间的某个位置，这也是早期公司治理理论带给我们的启示。

（三）传统的委托代理理论

委托代理理论起源于20世纪30年代，美国经济学家伯利和米恩斯因为洞悉企业所有者兼具经营者的做法存在着极大的弊端，所以提出“委托代理理论”，倡导所有权和经营权分离，企业所有者保留剩余索取权，而将经营权让渡。“委托代理理论”早已成为现代公司治理的逻辑起点。

委托代理理论是制度经济学契约理论的主要内容之一，主要研究的委托代理关系是一个或多个行为主体根据一种明示或隐含的契约，指定、雇用另一些行为主体为其服务，同时授予后者一定的决策权力，并根据后者提供的服务数量和质量为其支付相应的报酬。授权者就是委托人，被授权者就是代理人。

委托代理关系起源于“专业化”的存在。当存在“专业化”时就可能出现一种关系，在这种关系中，代理人由于相对优势而代表委托人行动。现代意义的“委托代理”的概念最早是由罗斯提出的：“如果当事人双方，其中代理人一方代表委托人一方的利益行使某些决策权，则代理关系就随之产生。”委托代理理论从不同于传统微观经济学的角度来分析企业内部、企业之间的委托代理关系，它在解释一些组织现象时，优于一般的微观经济学。

委托代理理论是建立在非对称信息博弈论基础上的。非对称信息是指一些参与人拥有但另一些参与人不拥有的信息。信息的非对称性可从以下两个角度进行划分：从非对称发生的时间看，非对称性可能发生在当事人签约之前，也可能发生在当事人签约之后，分别称为“事前非对称”和“事后非对称”。研究事前非对称信息博弈的模型称为“逆向选择模型”，研究事后非对称信息的模型称为“道德风险模型”。

从非对称信息的内容来看，非对称信息可能指某些参与人的行为，研究此类问题的我们称为“隐藏行为模型”；也可能指某些参与人隐藏的信息，研究此类问题的模型我们称为“隐藏信息模型”。

委托代理理论是股权激励的理论基础之一。股权激励是代理成本的支付方式之一，是对经营层拥有人力资本最直接的承认。在当今市场经济多元化的背景下，多重委托代理关系普遍存在。就此而言，传统的委托代理理论已经不能完全解释现代企业内部的复杂关系，特别是无法解释中国国有企业的特殊情况，而这就需要从新的视角来对其进行多方面的探讨。

（四）国有企业委托代理关系及其矛盾

委托代理问题源于非对称信息条件下委托人与代理人之间的效用函数差异。然而，中国国有企业中的委托代理关系与西方现代企业中广义的委托代理关系截然不同。就中国国有企业而言，全体人民与国家政府、国家政府与国有企业高管、国有企业高管与普通员工之间都存在着委托代理关系，并由此产生了所有者主体虚置、内部人控制、薪酬分配差异等一系列矛盾。因此，中国国有企业相较于西方现代企业存在更大的委托代理风险，对其进行公司治理改善也极为困难。

由于委托代理双方权责风险承担不一致，代理人在行使决策过程中很难完全遵从委托人的利益，产生了昂贵的代理成本。中国国有企业较之民营企业，存在更复杂的“三层委托代理关系”：第一层是“全体人民”作为国有企业的所有者，委托国家政府授权地方政府及各部委对国有企业代理实施监督管理职能；第二层是各级政府及国有资产监督管理机构作为国有企业的出资人职责履行者，委托国有企业高层管理团队代理实行企业战略决策的制定与实施；第三层是国有企业高层管理团队与普通员工之间针对企业生产经营活动的委托代理关系。对于上述三层委托代理关系，委托人与代理人之间存在着三方面的主要矛盾，造成所有者与经营者之间的目标差异逐层扩大，使得国有企业竞争力弱于民营企业，制度优势难以发挥。

1. 第一层委托代理关系及其矛盾

国有企业第一层委托代理关系首先面对的是“所有者主体虚置”的主要

矛盾。国有企业的最终所有者，即“全体人民”很难直接参与国有资产的监督管理过程，多数人并不具备谈判和订立契约的行为能力。实际上，许多人也并不关心国有企业是否盈利。因此，相比于民营企业，国有企业承担了更多的社会责任，从而导致在“所有者主体虚置”的背景下，国有企业的经济效益动机受到了影响，同时削弱了国有企业高层管理团队在价值创造方面的要求。

2. 第二层委托代理关系及其矛盾

第二层委托代理关系存在着严重的“内部人控制”问题。伴随着经济体制改革进程的加快，国有企业在生产经营和要素分配方面的自主权逐步扩大，并于现代企业制度建立后获得了充分的经营管理决策权。然而，与不断扩大的权力相矛盾的是，国有企业高层管理团队所承担的破产风险和经营压力并没有显著加大，其作为内部人更容易实现个人利益的最大化，滋生了企业管理混乱、内部人控制、利益输送、国有资产流失等突出问题。现如今，随着公司治理制度的完善，国有企业逐渐形成了“行政干预下的经营者控制型”企业治理结构，企业经营者受到了一定程度的约束和监督，但决策监督成本与内部人制约成效之间的矛盾依然显著。

3. 第三层委托代理关系及其矛盾

第三层委托代理关系的主要矛盾是国有企业内部的薪酬分配差异。进入21世纪以来，国有企业高管与普通员工之间的收入差距显著扩大，这降低了对员工进行物质激励的公平性，大大增加了企业内部的委托代理成本。为了坚持公平原则、缩小国有企业内部的收入差距，国务院多部委于2009年联合发布了“限薪令”，规定央企高管薪酬上限不得超过上年度中央企业在岗职工平均工资的30倍，规范了收入分配秩序。随着近年来国有企业薪酬分配制度的完善，国有企业员工的凝聚力和认同感得以强化，第三层委托代理关系中的薪酬分配矛盾已不再是制约国有企业发展的主要问题。

由此可知，多层次的委托代理关系链条是国有企业管理目标偏移、管理效率偏低的问题根源，如何通过改善国有企业公司治理结构解决上述问题，进而提升企业的市场竞争力，是当下国有企业面临的主要问题，也是发挥中国特色现代国有企业制度优势的重要途径。因此，对国有企业经理人激励方案的设计仍要聚焦中国国有企业的特殊性质，不能简单地照搬西方现代公司的治理模式，也不能单一地关注董事会与经理人之间的关系。

第二章　人力资本与经理人激励

一、人力资本理论

（一）人力资本理论发展

1. 人力资本理论的起源

对人经济价值的研究形成了人力资本思想的研究。古希腊思想家柏拉图创立了最早的人力资本思想，柏拉图的名著《理想国》虽然具有浪漫主义色彩，但是论述了教育和训练具有经济价值等人力资本理论的初步思想。因为这个时期没有提出人力资本的系统化分析思想，所以系统人力资本理论并没有形成。著名的英国古典政治经济学家 William Petty 在其代表作《赋税论》（1662）中提出了著名论断“土地是财富之母，劳动是财富之父”。其论断在两个方面发展了人力资本理论，首先是肯定人的经济价值，其次是人的劳动只有与物质资本相结合才能创造财富。他在其名著《政治算数》中更明确地将人视为资产，并试图通过会计方法核算其经济价值，他认为人的经济价值等于人一生预期年收入的贴现值。William Petty 对人的经济价值的核算方法影响了后世经济学家对人力资本核算的研究。但是，真正较为系统地论述了人力资本思想的依旧是亚当·斯密，他在《国富论》中指出，“学习是一种才能，须接受教育，须进学校，须做徒弟，所费不少。这样费去的资本，好多已经实现并固定在学习者的身上。这些才能，对于他个人自然是财富的一部分，对于他所属的社会，也是财富的一部分”。从这段论述中可以看出亚当·斯密虽然没有形成人力资本的完整概念和理论分析框架，但已经将人力看作资本投资，认为知识是投资的结果，具有人力资本投资的基本思想。亚当·斯密认为，后天影响是形成劳动者能力差别的主要因素，而后天影响主要是通过教育和生产实践训练形成的，劳动者的后天影响会增强其劳动能力，增加社会财富，对于劳动者作为一种人力资本投资，需要由后天的教育和劳动实践形成，所以要付出劳动者的成本，因此要将某种收益作为补偿，这种补偿通常表现为具有高人力资本的劳动者比具有低人力资本的劳动者工资水平更高。

马克思虽然在其著作中并未明确提出“人力资本”这一概念，但是从其对人的重视、对人在财富创造及经济发展中作用的论述可以看出，马克思经济学包括丰富的人力资本思想，这些思想深刻地影响了后世人力资本理论的发展。马克思在评论 David 的人力资本生产观点时，认为“他把无产者看作机器、驮畜或商品一样，却没有任何卑鄙之处，因为无产者只有当作机器或驼畜，才促进生产”。马克思为了解决人力资本的计量问题，将劳动者的劳动能力划分为复杂劳动和简单劳动，复杂劳动具有高人力资本特征，必须经过专门的培训，具备一定的技术专长后才能获取，并且认为复杂劳动生产的物质产品比简单劳动多。因为复杂劳动“比普通劳动需要较高的教育费用，它的生产要花费较多的劳动时间，因此它具有较高的价值。既然这种劳动力的价值较高，它也就表现为较高级的劳动，也就是在同样长的时间内物化为较多的价值”。在社会生产经营活动中，劳动者的素质越高，其劳动过程中创造的价值就越大，这说明劳动者的劳动具有异质性，不同劳动者劳动异质性和劳动者本身的结合就是人力资本。人力资本之所以存在，是因为不同劳动者所拥有的知识、能力和创造力显著不同。企业对差异性和创造性人力资本的合理使用会带给企业新增的价值。

2. 人力资本理论的提出

美国经济学家 Irving Fisher 在 19 世纪末 20 世纪初的名著《资本的性质和收入》中首次明确提出了完整的人力资本理论。Fisher 认为，资本具有作为现在和未来产出和收入流源泉的特征，可以带来收入流的财产和活动都属于资本概念范畴。从而在经济学领域对人力资本概念进行了准确界定。与此同时，对人力资本理论进行了系统性研究，从而被主流经济学界接受的经济学家是美国人 Schultz。Schultz 在 1960 年美国经济学年会上发表了“人力资本投资”演说，这标志着人力资本理论正式诞生，其阐述的人力资本概念和性质、人力资本在经济增长中所起的不可或缺的作用、人力资本投资的渠道和方式等引起了理论学界的广泛重视，其观点和主要贡献如下：第一，认为劳动者的劳动能力不具有均质性，劳动者的劳动价值在于其独创性，而人力资本投资是增强其独创性、提高其生产能力的主要途径；第二，提高了人力资本投资的重要性，将人力资本的增进作为影响社会经济长期发展的关键因素；第三，系统阐述了人力资本理论的分析框架，将人力资本范畴分为就业迁移、正式教育投资、职业培训或非正规教育、企业以外举行的各种技术培训活动及医疗与保健五类，并详细阐述了各类人力资本的形成过程，对教育资本的范畴和计量方法进行了大量研究；第四，详细阐述了人力资本投资影响社会经济长期增长的传导途径，表明从长期来看，社会经济增长要越来越多地依靠人力资本投资的增长，人力资本投资的收益远高于物质资本收益；第五，研究了制度变迁对人力资本积累的重要作用，不同的社会制度对人力资本投资的力度不同，也就导致了不同社会制度下长期经济增长的能力不同。

几乎与Schultz同时，美国经济学家Jacob Mineero和Gary Becker分别在实证分析、收入分配、家庭生产理论和时间价值分配理论等研究领域对人力资本理论的体系形成做出了巨大贡献。特别是，Gary Becker的家庭生产理论极大地拓展了经济学的研究范围，他对人力资本理论的主要贡献在于：一方面，深入研究了正规学校教育在积累社会人力资本过程中的作用和地位，用经济学的手段分析了个人和家庭在教育、培训等人力资本投资过程中的收益及行为特征；另一方面，分析了家庭在人力资本投资中的地位和作用，用经济学的模型理论分析了家庭人力资本投资最优化问题，将家庭等社会问题引入经济学分析。

3. 人力资本理论体系的发展

人力资本理论体系形成后，人力资本理论沿着两个路径发展：一是人力资本理论的进一步深化与完善；二是人力资本向更广阔的研究领域拓展。20世纪80年代，新经济增长理论的成熟使得人力资本理论脱离了个体或家庭作为对象的狭小分析范围，在更广大的空间分析知识和能力进步对人类自身所造成的影响，推动了经济增长理论的极大进步。新经济增长理论的代表人物是Romer和Lucas，其建立的新经济增长模型极大地推进了宏观经济增长理论的发展，其重要贡献在于将社会经济长期增长的差异归因于人力资本投资和存量的不同。重点强调了社会人力资本积累速度和总量决定了国家经济增长的速度及个体人均的经济产出。新经济增长理论对人力资本理论的贡献有两个：一是重点强调了人力资本投资在经济增长模型中的作用，将其作为独立变量引入模型。尽管以前的经济增长模型也关注了人力资本投资对经济增长的影响，但没有将其内生化，只是作为外部独立变量引入模型，卢卡斯首次将人力资本投资及其社会创新看作社会可控的经济活动，将其内生化，并且建立了二者严密的定量模型；二是将人力资本投资上升到了影响长期经济增长的高度。新经济增长理论认为，人力资本分为一般人力资本和专业化的人力资本，专业化的人力资本可以引起社会更大可能性的创新活动，而创新活动会引起社会生产效率的不断提升，从而使总规模收益递增。新经济增长理论认为，之所以出现不同国家经济增长速度和规模的差异，是因为不同国家人力资本投资的速度和总量有差异，并且认为社会经济仅取决于人力资本投资，而与物质资本的积累无关。这些理论被大量的研究证明，极大地丰富了人力资本理论，促使人们考虑人力资本作为经济增长的能动要素在国家经济政策中的重要作用，并依此估计经济增长的长期潜力。

20 世纪 90 年代以来，人力资本理论在知识资本理论的带动下又出现了新的发展动向，开始从分析知识资本结构的角度具体探寻人力资本理论的具体特征，认为企业要发挥人力资本的作用就必须配合其他资本作为支撑。对知识资本的研究导致人力资本研究范畴不断扩大，Stewart 将知识资本概括为人力资本、结构资本和顾客资本，将结构资本归结为企业的制度特征，包括企业组织结构、组织文化和制度规范等；顾客资本是企业的经营性资产，包括市场营销渠道、企业信誉和顾客忠诚；人力资本的所有者是人，因此企业要发挥人力资本的作用必须有其他非人力资本的配合，否则人力资本的创造能力在生产过程中将无法实现。所以企业对人力资本承担者的激励约束及由此衍生的企业治理结构就成为研究企业人力资本理论的关键，由此强调了人力资本制度环境对人力资本效率发挥的重要作用。人力资本理论的整合模型如图 2-1 所示。

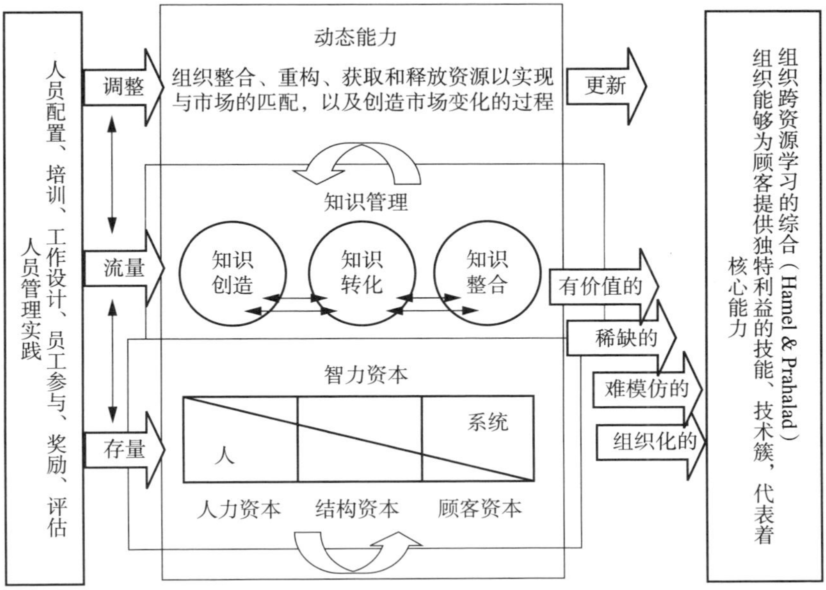

图 2-1 人力资本理论的整合模型

通过人力资本理论的演化脉络可以看出：第一，人力资本理论与生产过程或价值创造过程紧密联系，人力资本与物质资本一样都是生产过程中不可或缺的生产要素；第二，人力资本在生产中的重要性随着生产的复杂程度不断提高，从广义上说，人力资本的积累及其作用的充分发挥决定着企业的生产效率和整个社会经济系统的价值创造水平；第三，人力资本作用的发挥与人力资本所处的制度环境有重要关联，人力资本的积累和效能发挥需要外部制度环境提供各种激励和约束条件，同样地，人力资本的积累水平也会对外部环境产生影响；第四，人力资本与物质资本相比，需要有人力资本承担者作为宿主发挥作用，人力资本的无形性相比于物质资本具有完全的退出权，在对人力承担者不能激励其发挥人力资本价值的情况下，其蕴含的人力资本市场价值为零。

（二）企业人力资本特征

物质资本和人力资本都是企业生产过程中不可或缺的要素，但是人力资本的虚拟属性使得人力资本和物质资本的特征虽具有相同点，但更多的是呈现相异的特征，分别是企业人力资本的产权特征、价值特征及投资特征。

1. 产权特征

人力资本的所有权根本上仅属于人力资本的承担者，即具体的、具有人力资本的个体。人力资本不像物质资本有多重权属特征，这与人力资本本身具有完全的虚拟性和完全的退出权特征紧密联系。Rosen、Barzel 等的论述表明了人力资本仅属于其承载者所有的观点。新劳动经济学的代表人物 Rosen 指出，人力资本的“所有权限于体现它的人”，最终看来，人力资本的产权归属于人力资本的承载者，即人力资本个体，不属于其人力资本的外部投资者。在 Barzel 的产权理论中，人力资本具有超脱承担者而独立存在的超产权特性，他用奴隶制的自然瓦解观点解释了即使奴隶主拥有了奴隶人身完全所有权的条件下，奴隶的人力资本仍然不归奴隶主所有，奴隶本身所有的人力资本具有完全的“退出权”。在这种情况下，奴隶主要应用奴隶的人力资本创造超额价值，就必须承认奴隶所有人力资本的产权特征，将部分经济剩余作为激励奴隶人力资本充分发挥的补偿分配给奴隶，由此激发奴隶社会生产效率，直至奴隶制度的自然瓦解。在企业理论中，Stigler 和 Friedman 最早用人力资本理论分析了现代企业制度。他们认为，企业经理人拥有对自己人力资本的完全控制权，企业股东拥有企业物质资产的完全所有权和控制权，并且通过资本市场交换其产权关系，而企业经理人在经理人市场中交换自己的知识和能力即交易自身的人力资产。因此，股份公司不是企业股东的所有权和经理人的控制权两权分离，而是企业股东所有的物质资本和经理人所有的人力资本达成的复杂的合约治理关系。按照其理论分析，企业的经营者在企业生产中贡献的不只是自己的简单劳动，还有自己人力资本的使用，因此在企业生产剩余价值中必须按照物质资本和人力资本在企业生产中所起的作用合理分配，这样才能补偿和激励经营者所有的人力资本。同时，美国学者 Ellermann 提出了“民主的公司制”，认为现代企业中每个人都应当拥有管理自己活动不可让渡的权利，每个人都应当拥有自己劳动成果不可让渡的权利，这是企业成员的基本权利。在现实中，这些权利转化为员工的参与管理权和剩余索取权。企业经营者的人力资本既然对企业的生产过程起着重要作用，自然应当分配企业的经济剩余，承担企业的经营风险，并且随着企业生产的复杂程度不断加深，企业经营者人力资本在企业生产中所起的作用在不断增加，导致企业经营者人力资本产权的激励形式必然发生变化。从张维迎认为的古典企业的资本雇佣劳动到张五常认为的现代企业知识雇佣资本，其出发点都是如何激励企业人力资本积累的积极性。近年来，经理股票期权、员工持股激励的不断发展体现的就是对企业经营者人力资本所做贡献的承认。

2. 价值特征

企业购买激励人力资本的根本原因是企业生产过程中人力资本能够发挥其主观效能，创造更多的物质财富。企业的人力资本虽然并不像物质资本具有确切可以衡量的市场价格，但是因为人力资本可以像物质资本一样创造市场价值，其本身就间接具有了市场价格。但是人力资本价格的度量具有不确定性。首先，人力资本的度量缺乏确定的传递信号，而且价值信息易于隐藏，人力资本并不像物质资本那样具有明显可辨的度量符号，并且其价值已经存在于市场统一价格中，人力资本本身的价值在生产过程中体现出来，并且通过形成产品在市场交换中体现，在这个过程中其价值量的多少不仅取决于人力资本本身质量的高低，而且要考虑到生产过程中物质资本对其影响及外部市场环境对其价值量影响等一系列因素，所以企业人力资本市场是非充分竞争的市场，甚至在有些生产复杂企业中企业人力资本是垄断市场，因此无法对企业人力资本制定市场统一价格。其次，企业人力资本的所有者和使用者之间存在严重的信息不对称。虽然在物质资本市场中同样存在信息不对称，使得市场中存在资源的错配，但是在企业人力资本市场中情况更为严重，因为企业人力资本具有完全虚拟性和退出权，在人力资本投入使用前，人力资本的质量信息只能由人力资本的所有者掌握，尽管企业的外部治理机制能够通过信息的不断反馈减少企业人力资本使用者和所有者之间的信息不对称，但是因为企业经理人市场只具有价值上的统一性，在具体到某个企业的使用上时依然具有异质性，并不能如物质资本市场中用市场竞争减少具体交易者之间的信息不对称。最后，人力资本的价值无法在事前完全确定，总是体现在部分企业生产剩余中。因为人力资本的价值是在生产过程中体现出来的，所以即使企业能够通过各种措施在缔约前就了解人力资本的某些价值信息，但是更多的信息是在生产和交易过程中体现的。另外，企业人力资本的社会价值转化为产品市场价格，不仅要依赖企业物质资本和人力资本的合约结构，而且要依赖外部产品市场、经理人市场的供求形式，这样导致企业人力资本的缔约合同永远不可能被正式合同和非正式合同完全涵盖，企业的人力资本价值既有可能也有必要参与企业价值分配和承担价值风险。

3. 投资特征

企业人力资本所有者对人力资本的投资本质上与物质资本投资无区别，但是人力资本产权的完全退出特征导致人力资本所有者投资的动机紧密联系其个体需求或个体效用水平的增加上。首先，企业人力资本投资具有长期特征。人力资本的积累不像物质资本的积累能够在短期内见效，企业和人力资本的价值提升需要漫长的过程，而且在这个过程中并不像物质资本那样具有一致的目标，企业人力资本的积累方向随着企业内部制度环境和外部制度环境的变换而不断发生改变。其次，企业人力资本投资的目标具有可变性。物质资本的积累一旦形成初始投资就必须持续不断地进行后续投资，否则前期投资就会成为企业的沉没成本。而人力资本的投资却可以在投资的连续过程中不断调整投资方向，并且企业人力资本投资在投资过程中具有完全的沉没成本特征，前期投入的人力资本并不完全决定了下期投入人力资本的特征。最后，企业人力资本投资的目标具有多样性。获取人力资本投资增值收益仍然是企业人力资本投资的主要目标，但是企业人力资本增值收益体现为个体特征。相比于物质资本价值增值收益，个人进行人力资本积累更多是和个人需求的满足有关，而不仅仅体现为价格计量的人力资本增值，尽管企业使用人力资本的目标是以价格计量的价值增值，但是个体积累人力资本更多的是个人效用的递增，衡量效用递增的指标可以是市场价值，也可以是个人的社会需求、安全需求和道德需求，由于企业管理者货币的激励作用存在着效用递减，而其他需求可能是主导企业经营者人力资本积累的主要动力。

（三）通用性与专用性人力资本

1. 通用性人力资本

自 1964 年 Becker 发展了人力资本理论以来，通过人力资本获取和转移的难易程度可分为通用性人力资本和专用性人力资本两类。Becker 认为，通用性人力资本是指人们利用自身有限的时间和精力投入而得到适用范围广泛，且受到市场保护的知识、能力。因为人力资本的所有者很容易将自身具有的人力资本与外部的物质资本相结合产生生产力，所以人力资本所有者的退出成本很低，又因为人力资本依附于个体的独特性质，使得企业不愿对员工进行过多的通用性人力资本投资，而愿意用多次缔约而非一次缔约的方式购买员工所有的人力资本，以避免在交易过程中仅由企业股东承担人力资本变现的风险。而对于人力资本所有者而言，其所有人力资本在市场中变现的风险很小，所以也愿意对自身的通用性人力资本进行投资，如通过学校教育或社会性的通用技能培训提高自身的人力资本。但是通用性人力资本的市场变现难度与人力资本市场的环境和制度结构有关，尽管企业人力资本是通用性人力资本，人力资本市场中存在交易成本过高和信息不对称的现象，这些都可能导致劳动力难以充分流动，从而使人力资本的承担者难以在外部人力资本市场中获得公平的人力资本价值评估，这时人力资本所有者就必须承担自身人力资本价值折损的风险。通用性人力资本具备了“准专业人力资本”的特征，之所以被称为“准专业人力资本”，是因为其专业程度不是根据企业需要而定的，而是由外部人力资本市场竞争程度确定的。此时，为了弥补人力资本在人力资本市场中价值评估的风险，企业人力资本所有者需要额外的风险补偿，增加自己的薪酬数额。在这种情况下，企业股东就倾向于少雇用人力资本，以节约成本和规避风险。在不发达国家的劳动力市场中经常出现企业雇佣人力资本的成本高昂，但劳动力市场又出现了大量失业，反映了由于劳动力市场交易成本的高昂导致竞争不充分，信息流动不畅导致人力资本所有者与企业签订的雇佣契约的不完整程度上升。

2. 专用性人力资本

企业员工的专用性人力资本是指在企业内部掌握的与企业生产相关的产品技术、产品操作技能或企业内部产品的信息，在其他企业中价值很低。Lazear 等认为，企业专用性人力资本界定的是不同技能的组合，强调技能并不是企业专用的，而不同工作所需技能组合是企业专用的。不同的生产企业具备的物质资本结构不同，与之相配合的人力资本结构也不相同，随着企业生产的复杂程度不断提升，与之配合的人力资本技能多样化程度也有所提升。这意味着企业人力资本所有者希望将其掌握的技能在市场中变现的难度会增大，因为其面临的专有人力资本市场的规模会更小、更分散，导致专有市场中的交易成本呈指数上升，如果企业还和人力资本所有者采用多次缔约而非一次缔约的方式购买人力资本，那么人力资本所有者承担的风险将快速增加，其索要的风险补偿也会不断上涨，若任由其发展，则可能导致其专业人力资本市场的崩溃，即企业即使开出高额薪酬，在市场中也找不到合适的雇佣者。这时就需要企业的物质资本所有者承担部分专有人力资本的变现风险，用一次缔约的方式代替多次缔约，弥补人力资本所有者部分风险，薪酬设计上也会用股权和期权等长期缔约合同代替年薪等短期缔约合同，并且随着企业生产规模的积聚、生产复杂程度的提升，企业的薪酬结构中长期薪酬所占的比例会增加，固定年薪、短期薪酬的比例会下降。人力资本的专有化程度越高，企业支付人力资本的风险溢价就越高，人力资本市场结构和制度的完善则会降低交易成本，使更多的专有人力资本具备通用性人力资本的特征，降低企业的雇佣成本。

二、经理人理论

（一）经理人概念及其特征

关于经理人的概念，在国家标准中对职业经理人相关术语做了定义，但这个定义与目前国资国企改革中推行的职业经理人制度中的定义并不完全一致，为了有所区别，本节均采用“经理人”来代表常规意义上的“职业经理人”概念和定义。人们普遍认为职业经理人应该是具有良好职业道德，被企业聘用，担任特定高级管理职务，并承担相应义务和责任的专门人员。职业经理人产生的原因在于科学技术的进步，它促进了生产力的发展和生产关系的进步。随着生产力的进步，社会分工越来越专业化和复杂化，具有专业管理技能的员工逐渐从其他岗位上分离出来，以管理技能为职业，这些人便是职业经理人。

学术界普遍认为职业经理人起源于19世纪中期的美国。当时，两辆公共汽车在马萨诸塞州相撞，造成19人伤亡。公众对此非常不满，人们认为事故的根本原因在于投资者选择的经营铁路企业的负责人不具备特殊的管理技能，不知道如何经营科技含量高、技术复杂的铁路企业。相关负责人应该下台，企业应该进行改革，让懂得经营管理的专业人士来经营铁路企业。后来，在国家立法机关的协调和督促下，铁路企业进行了自我改革，让既懂经营又懂管理的专业人士担任企业负责人，从而挽回了企业在公众心目中的形象，减少了企业的损失。在看到铁路企业进行改革，经济效益明显提高后，其他企业纷纷效仿，委托专业人才经营管理，职业经理人市场逐渐形成。随着经济的快速发展，企业越来越多，社会分工逐步细化，现代企业制度的逐步构建，公司法人治理结构的逐步完善，职业经理人制度得到了前所未有的发展，职业经理人逐渐成为一个新的阶层。

1. 技能专业化

职业经理人作为企业经营管理中的专业人员，有其鲜明的特征，也有区别于普通经理人的重要标志。第一个重要特征是技能的专业化。职业经理人受雇于企业，具有良好的职业道德和职业标准，掌握着企业的经营权，与企业的生存和发展密切相关，并以其专业技能获得劳动报酬。职业经理人在工作场所的综合表现，如职业道德、工作方法、管理技能和工作场所礼仪等，必须符合一定的职业标准，职业化是其最突出的特征。职业经理人职业化体现在企业通过人才选拔机制聘请职业经理人，通过公司章程和合同授予其职权，基于职业经理人的综合素质向其发放工资，如果职业经理人不满足相关要求，可能会被市场淘汰，演进是职业经理人市场的基本规律。国有企业中通过行政任命产生的总经理、执行副总经理、副总经理等高级管理人员并不属于真正意义上的职业经理人，而是一般意义上的经理人，他们不是作为一种职业的管理者，更多的是作为干部参与企业的经营管理。

2. 实践专业化

第二个重要特征是实践专业化。企业管理涉及很多专业知识，职业经理人需要掌握专业管理岗位的基本能力，如人力资源经理需要有特殊的人力资源管理能力，财务经理需要有专业的财务能力，销售经理需要拥有专业的销售技能和行政专业的行政管理能力，等等。同时，拥有经营管理企业权力的职业经理人也需要具备总经理应有的基本素质，如团队领导能力、目标执行能力、风险管控能力、沟通协调能力等。俗话说，擅长做、愿意做、专业化是职业经理人最本质的特征，是他们价值的体现。这也是职业经理人在市场竞争中生存和发展的最基本要求。公司还根据专业化程度对职业经理人进行选拔。

3. 行为标准化

第三个重要特征是行为标准化。具有良好的职业道德、职业技能和职业特征，还不完全具备职业经理人的特征，还要具有规范化的特征。职业经理人应具有强烈的责任感和使命感，工作务实、积极主动；严格遵守公司章程、其他规章制度和工作职责；规范自己的管理行为，按照规范的流程进行现代企业的管理运作；保守公司商业秘密，遵守市场经济运行的基本规则，坚持诚实信用的经营原则；尊重公司的企业文化，能够公正地处理一切事务；廉洁自律，遵守公司授权。这些是职业经理人规范实践的典型特征，而只有在这些方面实现规范，才能成为真正的职业经理人。应该说，职业经理人作为公司的领导者，必须有规范的管理行为，这样才能更好地为员工树立榜样，增强团队的实力。

（二）国有企业经理人法定地位

公司经理的法律地位是指经理在公司中承担民事义务的民事权利和资格。国有企业经理人的法律地位是指经理人在国有企业中所享有的民事权利、民事义务和民事责任。经理人在公司的法律地位是区分经理人与公司其他主体（董事会、监事会等）之间关系的基础，也是整个公司相关法律规范的核心。为此，应首先澄清这些问题。关于公司管理者的法律地位有四种理论。

1. 委托代理理论

首先要明确法律意义上的“代理”与经济学意义上的“代理”是不同的。在法律意义上，委托代理理论关注的是职业经理人经董事会授权后，以企业名义从事经营活动所产生的法律效应。没有详细讨论企业如何委托，职业经理人如何代理。在经济学意义上，委托代理理论强调职业经理人接受投资者对企业资产的委托，让投资者对企业资产进行经营管理，为企业谋求发展和利润。代理人取得代理权和从事经营管理的前提是得到委托人的授权。关于代理理论有三种观点。第一种观点是共同行为理论，其认为代理人的代理行为是委托人授权并由代理人的真实意图所表达的行为。因此，代理行为是由代理人和被代理人共同履行的行为，双方共同承担责任。第二种观点是个人行为理论，其认为代理行为是对行为人的行为。因为代理只得到委托人的授权，所以它只对委托人负责。第三种观点是代理行为理论，认为代理行为是代理人本身的行为，是根据委托人的授权范围进行的，因此代理行为的法律效力直接发生在委托人身上。与个人行为的理论和理论的联合行为相比，代理行为的理论更符合机构的法律理论，这有利于保护双方的利益和诚信，因为相对于第三方，前两种理论不能适用于指定的机构和法律机构。

英美法系和大陆法系对代理的理解不同，对职业经理人的法律地位和法律效力也有不同的解释。在英美法系中，在代理人与委托人之间只要委托人委托代理人，代理人取得代理权，代理人在授权范围内所产生的各种法律后果由委托人承担。在大陆法系中，代理制度主要强调外部代理人的代理关系，对公司的内部任命和外部代理做了严格区分。委托权的产生是以委托人对代理人的授权为基础的，一般通过委托合同来完成，委托合同规定了委托的范围，代理人通过委托合同获得代理权。因此，代理人取得委托权的依据是委托合同的签订和设立。但是，委托合同的成立并不意味着代理人已经取得了代理权，代理人只有在委托人采取单方面的授权行为后才能取得代理权。可以看出，英美法系强调代理人行为与被代理人行为的统一，注重对被代理人的保护；大陆法系强调外部代理关系，强调对第三人的保护。因此，在两种法律体系中，由于理解的不同，代理法律关系在一定程度上也有所不同。总之，职业经理人与企业之间不同的法律关系是委托代理理论的理论基础。职业经理人在企业管理和代表企业开展业务的基础工作是法律法规、公司章程和董事会任命，特别是雇佣合同的直接权利、义务和责任赋予职业经理人相对应的地位和权力，这是一个典型的委托关系。职业经理人接受委托后，可以在授权范围内开展各种工作和处理各种事务。从法律角度来看，职业经理人的代理行为是在企业授权范围内以公司名义进行的，法律行为由公司承担。

2. 机制理论

代理理论来源于苏联的民法理论。法人机构是企业法人的必要组成部分，由法律规定。该理论认为，为了使企业的职能更加明确，法律对各机关赋予了具体的职权。例如，股东大会是权力机关，董事会是决策机关，监事会是监督机关，经理层负责执行董事会决议和董事会的日常管理工作。理论将原本属于行政权力分离董事会的专门机关权力给了经理，有太多涉嫌干预企业内部自治，同时，行政权力作为一个专门的权力赋予经理，可能导致决策权力与行政权力之间的冲突，一旦权力意识到“自治”，管理者的权力执行可以“违背”董事会的决定，公司治理结构就会被完全打乱，无法实现企业权力的制衡。事实上，这种观点主要基于管理实践，从管理者拥有企业行政权力的角度进行推断，“公司代理理论只是将公司代理人行为的法律后果转移给公司，而没有将公司代理人本身的地位界定为公司代理”，因此职业经理人仍然不是企业代理。

假如将管理者视为企业的一个机关，职业经理人的法律地位将难以确定，权力的来源也相对模糊，容易导致内部人控制的局面。权力来源的模糊性直接导致职业经理人在履行义务和承担责任时难以控制。获得公司的授权后，职业经理人可能以一种无序的方式行事，这可能会导致滥用他们的权力争夺董事会和监事会的权力，使管理者控制企业，企业和股东的利益遭受重大损失。不作为可能导致职业经理人只维护企业的稳定，不寻求发展，导致企业停滞不前。

3. 代表人理论

代表人理论是大陆法系国家立法实践和理论研究的产物。公司法人要真正取得权利并承担义务，就需要特定的人采取行动。更重要的是，公司的法人作为一个虚构的人，不能参与各种外部活动。只有通过作为公司代表的自然人的行为才能实现。在各国的立法实例中，董事会作为企业的代表机构是相当普遍的。但是，董事会作为企业的决策主体，并不能亲自执行企业的决策。当涉及企业的业务时，通常由董事，如企业的董事长或总经理来执行。有些国家采取了较为灵活的方式，如德国《股权法》第78条规定：董事会是公司的外部代表机构，但允许公司章程的变更。在实际操作中，公司章程规定必须有两名董事会成员代表，或一名董事会成员和一名经理代表。因此，管理者作为企业的法定代表人是一种立法机制。管理者作为企业的法定代表人，法律或公司章程赋予其代表企业的权力，其行为及其产生的法律责任由企业直接承担。

关于经理的外部代表职能。经理在企业法定代表人的位置，代表企业的行为将产生法律效力。因此，管理者的外在代表功能只是外表权力的结果，管理者的身份并不会发生改变。其基本作用机制仍然是委托代理，即首先需要企业的授权。同时，根据我国公司法的相关规定，一家企业只能有一个法定代表人，并且只有这个法定代表人才能成为企业的代表。因此，只有在公司章程规定经理是企业的法定代表人时，经理才具有代表的身份。

4. 三元角色理论

三元角色理论并没有将企业管理者的角色局限于一种关系，而是从经济学、法学和管理学的角度将管理者的角色划分为不同关系进行界定。通过采用更复杂的方法，确定了职业经理人在企业中扮演多重角色。三元角色理论"放弃了代理理论中对管理者地位的定义，认为管理者在公司权力结构中处于核心人力资源所有者、企业高管和高级员工的法律地位"。实际上，三元角色理论是一种经济学、管理学和法学的结合理论，认为管理者是股东、机构和高级员工三种角色的组合。

基于以上四种理论和学者的观点，可以认为委托代理是一种基于企业和管理者之间基本关系的法律表征。国有企业招聘经理，企业职业经理人根据相关法律、法规和公司章程，通过行使完整的管理和控制争取所有者利益的最大化，本质上是委托代理，因此委托代理说相对合理，这也是本书的观点。

三、相关激励理论

由于管理者职位的隐蔽性、特殊性及其工作的权威性、知识性、成就性、间接性、收益性、随机性、创新性、信息不对称性的时滞效应，传统局限于局部的、微观的和具体的激励方式在一定程度上无法激励管理者的工作积极性，很难从根本上解决管理者的激励问题。因此，对管理者的激励成为管理学、组织行为学、信息经济学和制度经济学的研究重点。

（一）经典激励理论

1. 马斯洛的需求层次理论

马斯洛把人类的多种需求划分为五个层次（后又划分为七个层次），如图 2-2所示。

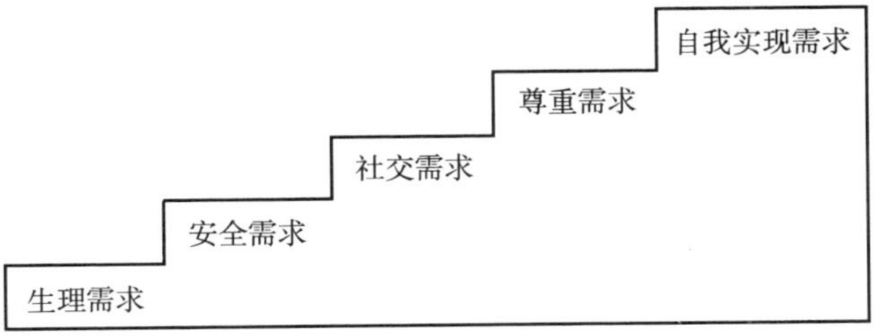

图 2-2　马斯洛的需求层次理论

马斯洛通过需求层次理论表达了他对需求的一些个人看法，其中的许多观点都有助于我们很好地理解需求在经理人激励中所起的作用。需求层次理论的主要观点归纳如下。

（1）五种需求像阶梯一样从低到高，按层次逐级上升。最基本的生理需求和安全需求得到满后，高层次的需求才能依次出现和满足。但这种次序不是完全固定的，也有例外。

（2）五种需求可以分为高、低两级，其中生理需求、安全需求和社交需求都属于低级需求，这些需求通过外部条件就可以满足；而尊重需求和自我实现需求是高级需求，它们是通过内部因素才能满足的，而且一个人对自尊和自我实现的需求是无止境的。

（3）需求的发展遵循“满足/激活率”。一般来说，某一层次的需求相对满足了，就会向高层次发展，追求更高一层次的需求就成为驱使行为的动力。相应地，获得基本满足的需求就不再是一股激励力量。

（4）需求的强弱受“剥夺/主宰率”的影响。即某一需求被剥夺得越多，这个需求就越突出、越强烈。也就是说“物以稀为贵”，越缺少的东西就越想要，越匮乏就越重要。

（5）同一时期，一个人可能同时存在几种需求，但每个时期总有一种需求占支配地位，对行为起主导或决定作用。这种占支配地位的需求叫作“优势需求”或“主导需求”。人在不同年龄阶段和不同条件下，总有某种优势需求占主导地位（如图 2-3 所示）。马斯洛认为，若优势需求长期得不到满足，则会引起人的一系列无理行为或个性缺陷。只有满足人的优势需求才能形成最大的激励。

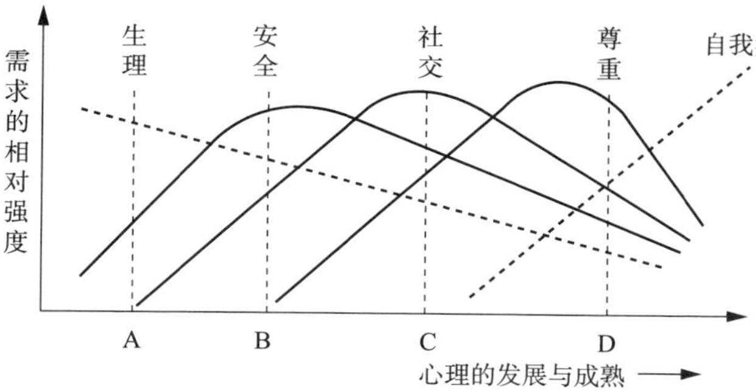

图 2-3　不同时期的优势需求

（6）任何一种需求都不会因为更高层次需求的发展而消失。各层次的需求相互依赖和重叠，高层次的需求发展后，低层次的需求仍然存在，只是对行为的影响程度大大减小。

2. 赫茨伯格的双因素论

赫兹伯格是美国著名的心理学家、行为科学家，在他出版的专著《工作的激励因素》（1959）中提出了“激励因素（motivation factor）/保健因素（hygiene factor）”理论，简称“双因素理论”。20 世纪 50 年代后期，赫兹伯格在美国匹兹堡地区的 11 个工商业机构中采用“关键事件法”对 200 多名工程师和会计师做了一次大规模的调查和访谈。他设计了许多问题，如“什么时候你对工作特别满意”“什么时候你对工作特别不满意”“原因是什么”等，以此征询工程师和会计师的意见。然后，按照满意与不满意两个维度对调查资料进行了综合分析，得到如图 2-4 所示的调查结果。

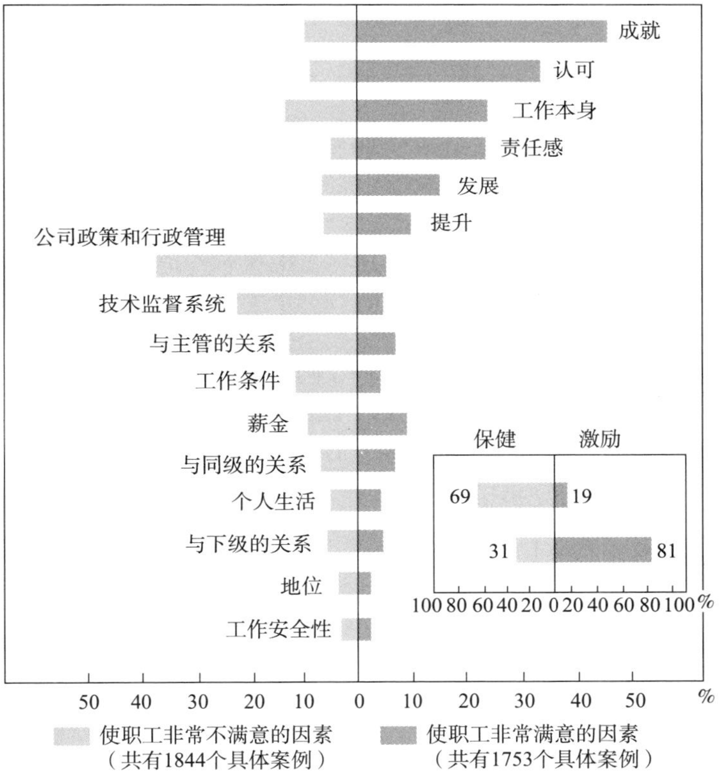

图 2-4　赫兹伯格的调查结果

（1）保健因素与激励因素。赫茨伯格从 1844 个具体案例中发现，造成员工不满意的因素往往是外界的工作环境，主要有公司政策和行政管理技术监督系统与主管的关系、工作条件、薪金、与同级的关系、个人生活、与下级的关系、地位、工作安全性等。这些因素即使改善了，也不能使员工变得非常满意，不能充分激发其积极性，只能消除员工的不满。赫茨伯格将这类因素称为“保健因素”。这类因素之所以称为“保健因素”，是因为这些因素的满足对员工产生的效果，类似于卫生保健对身体健康所起的作用。卫生保健不能直接提高健康水平，但有预防疾病的作用。保健因素虽然不能直接起到激励员工的作用，但改善保健因素可以防止或消除员工的不满情绪。

赫茨伯格又从1753个具体案例中发现，使员工感到非常满意的因素主要是成就、认可、工作本身、责任感、发展、提升等。这类因素的改善，或者说这类需要的满足，往往能激发员工的责任感、荣誉感和自信心，提高员工的满意度，有助于充分、有效、持久地调动他们的积极性，使他们努力工作。所以赫茨伯格把这类因素称为“激励因素”，激励因素是与工作内容紧密联系在一起的因素。

（2）满意与不满意。传统观点认为，满意与不满意是一个维度的两个端点，满意的对立面是不满意。而赫茨伯格对此提出了不同的看法，他认为满意与不满意并不共存于单一的连续体，而是截然分开的两个维度。满意的对立面应该是“没有满意”；不满意的对立面应该是“没有不满意”（见图2-5）。也就是说，一个人可能既感到满意又感到不满意。没有满意和没有不满意就是“零状态”。

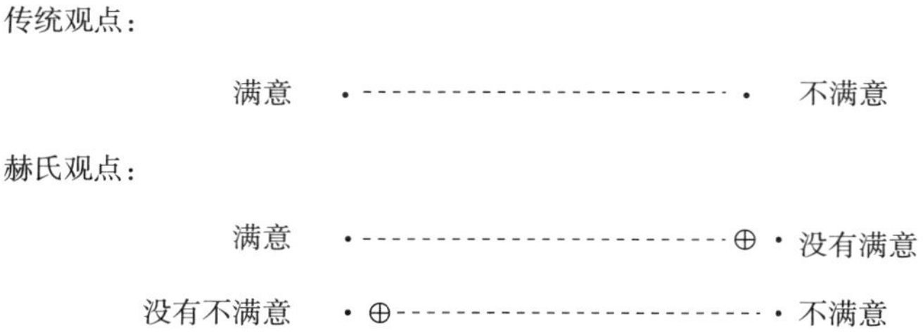

图2-5 赫茨伯格的观点

赫茨伯格认为，与工作内容紧密联系在一起的激励因素如能得到改善，往往能给员工以很大程度的激励，使之产生满意感和持久的积极性。与工作环境或条件相关的保健因素，如处理不当，或对这类需求做不到基本满足，会导致员工的不满，甚至严重挫伤员工的积极性。如果这类因素处理得当，则能防止员工产生不满情绪而反激励，起到保持人的积极性，维持激励于“零状态”的作用。

（3）内在激励与外在激励。双因素理论实际上说明了对员工的激励可分为内在激励和外在激励。内在激励是从工作本身得到的某种满足，如对工作的爱好、兴趣、责任感、成就感等。这种满足能促使员工努力工作，积极进取。外在激励是外部的奖酬或在工作以外获得的间接满足，如保险、工资等。

这种满足有一定的局限性，它只能产生少量的激励作用。因为，人除了物质需求，还有精神需求，而外在激励或保健因素只能满足人的生理需求，不能满足人的精神需，因而只能防止反激励，并不能持久有效地激励人的积极性。这一点对于国有企业经理人激励具有重要的应用价值和现实意义。

3. 期望理论

期望理论最早是由托尔曼和勒温提出的，但是期望理论用于说明工作激励问题是从弗鲁姆开始的。1964 年，弗鲁姆在《工作与激励》中提出了他的工作激励的期望理论。其为一种通过考察人们的努力行为与其所获得的最终奖酬之间的因果关系来说明激励过程，并以选择合适的行为达到最终奖酬目标的理论。这种理论认为，当人们有需求，又有达到目标的可能时，其积极性才会高。

假设与基本概念。这种理论假设，人都是决策者，要在各种可供选择的行动方案中选择最有利的行为。但人的智力和认识备选方案的能力是有限的，因此人只能在备选方案的有利性和自己认识能力有限性的范围内进行选择。工作激励的期望理论正是在这种假设的基础上提出的。

弗鲁姆的期望理论模型是围绕着效价（Valence）、工具性（Instrumentality）和期望（Expectancy）这三个概念建立起来的，因此又被称为“VIE 理论”。我们先来分析这三个概念，然后把这三个概念综合起来说明这种理论。弗鲁姆的期望模型如图 2-6 所示。

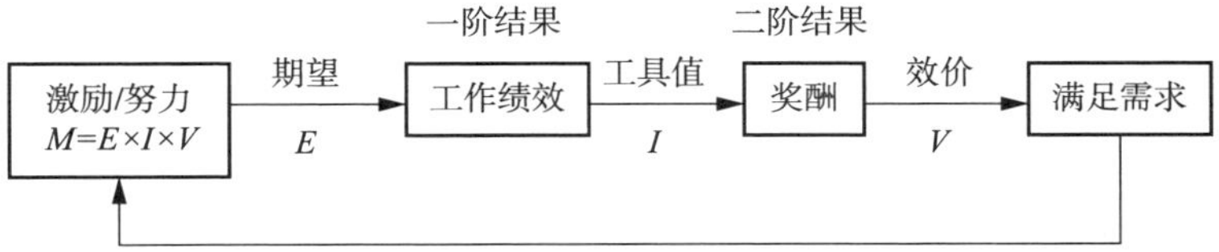

图 2-6 弗鲁姆的期望模型

效价，是个人对某种结果效用价值的判断，指某种目标、某种结果对于满足个人需要的价值，或者说，效价是某种结果对个人的吸引力。同一目标、同一结果对于不同人来说，其效价是不同的。有人认为该目标、该结果对自己很重要，因此效价为正值；有人认为该目标、该结果对自己无意义，效价就为零值；有人认为对自己不利，则效价为负值。只有效价为正值时，才能对人起激励作用，使其为达成该目标、该结果而努力。效价的正值越高，对人的激励作用越大。

工具性是与效价有关的另一因素。如图 2-6 所示，个人预期的结果有两个层次，即一阶结果和二阶结果。二阶结果是个人在某一行动中希望达到的最终结果，一阶结果是为了达到二阶结果必须达到的最初结果。因此，一阶结果被认为是达到二阶结果的工具或手段。弗鲁姆指出，工具性是这两种结果的主观相关，也就是说，工具性是对一阶结果和二阶结果之间内在联系的主观认识。一般来说，一阶结果指工作绩效；二阶结果可能是各种各样的奖励，如加薪、提升、受到同事的好评、得到上级的表扬等。一个人希望得到提升，他认为工作有突出表现是达到这一结果的重要因素，他会努力工作，希望能以出色的成绩得到提升。这里的提升是二阶结果，工作成绩是一阶结果，对工作成绩与得到提升之间关系的认识就是工具性。

期望是指个体对自己通过努力达到某种结果的可能性大小的主观估计。期望与工具性的区别在于，期望是对努力与一阶结果之间关系的估计，而工具性是对一阶结果与二阶结果之间关系的认识。期望是一种主观概率，它的数值在 0 和 1 之间。主观的 0 概率是指个人绝对肯定某种行动将不会得到结果，主观的 1 概率是指个人肯定这一行动会得到结果，而其他的概率水平则介于两者之间。概率越接近 1，对人的激励作用越强。

把上述三个因素加以简化就会得到图 2-6 左侧第一个方框内的公式：$M=E\times I\times V$。也就是说，如果一个人认为某种目标或某种结果对他有重要的价值，而且他估计通过自己的努力有很大把握达到这个目标，他的积极性就会被激发，他就会努力去实现这个目标。虽然效价很高，但是个人估计达到目标的可能性很低；个人估计有很高的达标概率，但是个人认为该目标对自己并无意义，这两种情况均不能激起人们的工作积极性。

对经理人激励的启发。弗鲁姆认为，根据期望模型，要有效地激发人的工作动力，调动人的积极性，需要正确处理好以下三种关系。

第一，努力与绩效的关系。人总希望通过努力达到预想的结果。如果他认为通过努力自己有能力达到目标，即个人主观上认为达到目标的期望概率很高，就会有信心、有决心，激发出强大的力量。如果他认为目标高不可攀、可望而不可即，或目标太低、唾手而得，就会鼓不起干劲，失去内部动力。

第二，绩效与奖励的关系。人总是期望在达到预期的绩效后能得到适当的、合理的奖励。这里所说的“奖励”是一个广义的概念，既包括获得奖金、提升、表扬，也包括提高个人威信、得到同事信任、看到自己的工作成效等。如果只要求人们对组织做出贡献，而组织没有行之有效的物质或精神奖励制度进行强化，时间一长，人们被激发的内部力量就会逐渐消退。因此，应该根据经理人的工作绩效来制定相应的奖励制度，并且将奖励与组织所重视的行为明确地联系起来。

第三，奖励与满足个人需求的关系。人总希望奖励能满足个人的需求，如生理需求、尊重需求、成长和发展需求等。由于人与人之间在年龄、性别、资历、社会地位、经济条件等方面存在差别，反映在需求上也有明显的个体差异。因此，对同一种奖励，不同的人体验到的效价不同，它所具有的吸引力也不同。只有在实践中根据经理人的不同需求，采取内容丰富的奖励方式，才能最大限度地挖掘人的潜力，调动人的工作积极性，提高工作效率。

4. 目标设置理论

目标设置理论是由美国著名行为科学家洛克于 1968 年首次提出的。它是组织行为学中理论与实践相结合的一个典型案例。洛克认为，目标设置是管理领域中最有效的激励方法之一，绩效目标是工作行为最直接的推动力，因此，为经理人设置适当的目标是经理人中长期激励中的一项重要任务。

（1）目标设置的意义。目标设置对于激励员工的意义主要表现在以下几个方面：①用目标来引导行为，建立目标体系可以使个人、群体和组织的角色更清晰，有助于减少日常活动的不确定性；②目标体系为个人、群体和组织明确了工作绩效的挑战性及考核标准；③目标是评判各种活动和资源利用的规范；④目标决定了组织的结构，包括工作群体的构造、沟通方式、权力和权利关系、人力资源的组合等，这样就会把组织的各方面力量集中到实现目标上；⑤目标反映了目标设置者重视的工作，也为计划和控制活动提供了基本框架。

（2）目标设置的原则。洛克等在研究目标与人的工作绩效关系的基础上，针对目标设置提出了如下四条原则。①目标的具体性原则。目标的具体性即能精确观察和测量的程度。96%的目标理论研究者研究结果证明，具体、明确的目标要比笼统、空泛的要求或无目标导致更高的绩效。②目标的难度适宜原则。国外 84%的研究结果表明：有一定难度的目标比唾手可得的目标更能导致高绩效。但是，难度过大、根本无法达到的目标不能产生预期的绩效，它比容易的目标所产生的绩效还低。③目标的可接受性原则。目标的可接受性是指人们接纳和承诺目标或任务指标的程度。组织或上级提出的目标只有内化为员工个人的目标，才能对个人的行为产生激励作用。多数学者认为，让员工参与目标的制定比指令性的方法要好。这是因为通过参与，可以使员工看到自己的责任和价值，同时把目标定得更合理，进而提高目标的可接受性。④目标实现过程中的及时反馈原则。在目标实现的过程中，如果员工能够得到及时、客观、不断的反馈信息，其受到的激励要比无任何反馈信息大得多。同时，员工在获得行动效果的信息后，会主动发扬或调整下一步行动，更有利于取得高绩效。

（3）目标设置模型。洛克和莱瑟姆开发了一个个人目标设置模型，如图2-7所示。

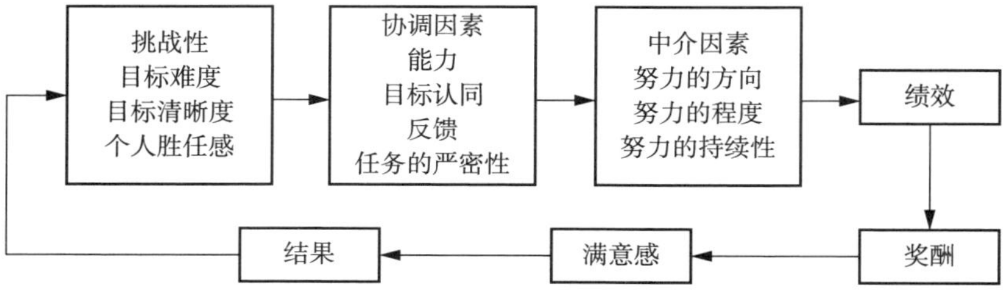

图2-7 个人目标设置模型

这一模型各组成部分的含义如下。①挑战性。这个模型从给予个人或管理者一个挑战性的目标开始。对个人来说，目标设置是个人发展和制定对其负责的目标的过程。个人若没有目标或目标不清，就不可能积极地工作，明确且具有挑战性的目标将使个人的时间安排和活动内容结构化。一个挑战性目标要符合上述目标设置的原则。在这里具体的要求是：目标难度要适中、目标应该是清晰和具体的、目标要使个人感到能够达到。②协调因素。有四个因素在目标和绩效之间起协调作用。一是员工个人的能力。能力决定个人对挑战性工作可能付出的最大能量。如果目标难度超过个人能力所及，员工的绩效水平就会下降。二是目标认同。如果员工个人对组织目标产生了认同感，那么不管目标来自哪里，他都会坚持和下决心去达到这个目标。也就是说，员工个人已将组织目标内化为个人目标。三是反馈。反馈是反映实现目标与个人成就和进步之间关系的动态过程，它不断给个人提供有关工作结果和绩效水平的信息。反馈有助于个人将已完成任务的进度与所期望的目标进行对比，进而进行自我控制。四是任务的严密性。把工作任务安排得比较周密，有助于员工个人有效地分配自己的精力和所付出的努力，使个人的工作更富有效率。③中介因素。协调因素决定了个人工作绩效与目标之间的相关性，这种相关性表现在三个维度上，即个人努力的方向、努力的程度及努力的持续性，这些因素成为个人绩效与目标之间的中介。④绩效。这里的绩效是指员工努力工作的实际结果。当前面的三个方面表现良好时，员工的工作绩效渴望是比较高的。⑤奖酬和满意感。组织根据员工的绩效水平分配奖酬资源，一定的奖酬给员工带来一定的满意感。⑥结果。这里的结果是指在绩效评定和奖酬分配之后，员工个人对前期工作的判断。如果员工从工作中获得了满意感或对组织有归属感，那么他将继续留在组织里，进入下一个工作过程。如果员工没有从中获得满意感或对组织没有归属感，员工就会产生离职、缺勤或怠慢工作等行为。

（4）管理意义与价值。目标设置理论是管理学中重要的激励理论，对于实现经理人中长期激励具有重要的应用价值。①目标是一种外在的可以得到精确观察和测量的标准，可以直接调整和控制，具有可应用性。②应为经理人设立具体的、有相当难度的目标，从而让经理人认同并将其内化为自己的目标，成为经理人行动的方向和动力。③应尽可能使经理人获得较高的目标认同：使经理人了解公司目标，并参与目标设置过程；支持和鼓励经理人认同目标，相信经理人的能力及承担完成目标的责任；对目标的实现采取各种形式的激励和肯定，以强化和调动经理人完成目标的积极性。④加强和做好目标进程的反馈工作。信息反馈是管理中的重要环节，运用目标理论，通过设置、核查目标，使经理人经常看到公司目标和个人目标，并随目标的实现进程不断予以反馈，实施反馈控制。

5. 波特—劳勒综合激励模型

波特和劳勒曾以工作绩效为核心，对与绩效有关联的许多因素进行了一系列相关性研究，并在此基础上提出了如图 2-8 所示的激励综合模型。此模型涉及 10 种因素，分别由 10 个方框表示（实线箭头表示因素间的因果关系，虚线箭头为反馈回路）。

此模型以“工作绩效”为核心，以“激励/努力—工作绩效—满意感”为轴线。该模型突出了工作绩效导致工作满意感的因果关系。事实上，这正是波特和劳勒所做研究的主要假说。此模型的主要框架或因果分析脉络就是前面介绍的弗鲁姆的期望理论，又称“VIE 理论”（效价—工具性—期望理论）：一个人的工作积极性（激励）高低及由此衍生的投入工作的努力（方框 3）的大小取决于目标的效价，即通过努力想最终获得的目标（内在性奖酬和外在性奖酬）在此人心目中的主观价值的高低（或相对重要性的大小，方框 1），以及努力、绩效、奖酬间关系的主观概率，即对所投入的努力能导致想达到的绩效水准进而获得想得到的奖酬的期望（方框 2）的大小。与弗鲁姆原有模型有所改进的地方，是把以赫茨伯格双因素理论为基础发展起来

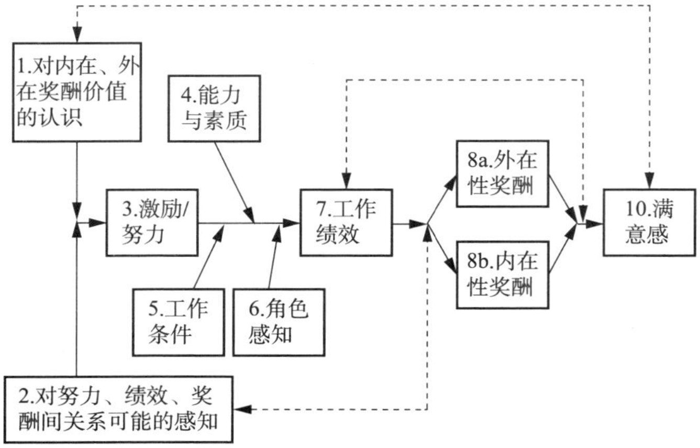

图 2-8 波特—劳勒综合激励模型

的外在性奖酬与内在性奖酬的概念引了进来，取代了弗鲁姆模型中单一的二阶结果——奖酬。综合模型中从满意感回到奖酬效价和从绩效实现回到期望的两条反馈回路（严格说来，从奖酬获得后还应引出第三条反馈路线，也回到期望）都是弗鲁姆模型拥有的。它们分别说明，吃到了奖酬的甜头（体验到满意感）将会提高奖酬的效价，而所投入的努力终于达到了既定的绩效水准，必能提高当事者今后重复此过程的把握与信心，因而增大了期望值。

但波特与劳勒在努力与绩效之间添进了三项新因素。一是“能力与素质”（方框 4），表明只有热情而无真才实学和必要的素质仍难实现预期的绩效水准。二是“工作条件”（方框 5），指必要的人力、物力等环境因素对达到预期绩效水准也是不可或缺的因素。三是“角色感知”（方框 6），指对组织意图与期望的领会。因为想获得的外在性奖酬是直接控制在组织手中的，组织将按照它的标准而不是当事者本人的标准来考核绩效，并据此发放外在性奖酬；即使内在性奖酬可由当事者自己直接从工作本身中体验和取得，但工作的安排与分派，仍需依靠组织。若对组织意图与期望领会不透彻甚至错误，则虽付出巨大努力，但得到的结果可能与领导的要求南辕北辙，甚至可能因“好心办坏事”而“帮了倒忙”，这样他的绩效自然不会被组织认可，他也得不到向往的奖酬，反而会受罚。

综合模型中增添的最后一个因素是奖酬与满意感之间的“对奖酬公正性的感知”。满意感不仅取决于能否取得想要的奖酬及其质与量，而且取决于奖酬分配方式和他所信奉的公平分配价值观对照时感受到的公平性。

这个综合模型虽以 VIE 理论为骨干，却比 VIF 理论更全面，更具实用的指导意义。它可以为如何有效激励经理人提供一条清晰的、系统的、逻辑严密的思考路线。

（1）设置明确的目标。据此模型，要想有效地激励经理人，应先明确地为他们设置目标，即向他们讲清楚期望他们做到什么、达到什么绩效水平，进而明确宣布达到此要求后，他们的个人目标将得到怎样的满足。为了提高奖酬在下级心目中的效价，应进行需求摸底，使奖酬能够投其所好。同时不要忘记除了外在性奖酬，还有一种成本低而有巨大潜在吸引力的内在性奖酬。

（2）提供指导和培训。为了帮助经理人达到绩效标准，要注意给予他指导并提供培训，以增进他的能力；同时，要帮助他克服实现绩效标准中所遇到的困难，提供必要的工作便利与条件，创造有利的工作环境；此外，应明确上级的意图、期望与要求，这不仅有利于他工作任务的完成，而且能够增强他对完成任务的信心，即提高了他的“努力—绩效”期望值，从而改进对他的激励，形成良性循环。

（3）坚持合理的公平规范。此模型还提醒管理者：奖酬的分配必须秉以公心，严格按照社会普遍接受的合理公平规范（目前主要是按劳分配原则）来进行。否则，再多的激励资源和激励措施都会前功尽弃。

总之，对经理人的激励必须满足其合理需求，而合理需求是多样化的，这是经理人激励制度设计的出发点和落脚点。但是，经理人的激励与普通员工的激励存在很大差别，经理人的激励不仅要以满足需求为动机的基础，遵循需求满足的逻辑，还要考虑制度环境和市场环境对经理人激励的影响作用。

（二）其他激励理论

1. 产权激励理论

新制度经济学中的“产权”概念，特别是学校的产权得到特别强调，并且与激励制度、监督成本和排他性用益权、风险和机会主义倾向、组织成本和资产专用性等概念一样，有效的产权安排被认为是经济增长的关键。只有当产权得到足够的保护和尊重，并得到很好的执行时，公平有序的竞争和经济增长才有可能。产权激励理论侧重于不完全信息动态博弈条件下的产权界定、产权结构优化及其决定的利益激励制度，并探讨了企业绩效的决定因素。其核心观点是产权激励是提高企业绩效的关键。产权理论认为，产权的界定是企业经营绩效的关键或决定性因素。这里对产权的定义主要包括两层含义，即明确产权的法定归属和产权的有效配置或产权结构的优化。

产权理论以科斯建立的交易成本为基本分析工具，以具有权威性特征的契约结构为分析逻辑起点，探讨产权所有权、激励制度与企业绩效之间的关系。产权是对资产的使用和获得收益的排他性权利。财产权是剩余索取权，谁得到剩余索取权，谁就拥有剩余财产。1986 年，Grossman 和 Hart 提出，所谓“企业产权”的定义就是明确界定企业资产的所有权和剩余索取权。强调私有产权和剩余索取权对企业经营绩效的重要性，认为只有企业资产的私有制才能满足产权的排他性，构建有效的企业主对资产关注的激励机制。然而，企业主追求经营绩效的基本动机来自对剩余利润的占有。他们追求企业业绩的动力强度和剩余利润的份额。当企业的剩余利润全部归管理者所有时，企业的经营者就成了企业的所有者，“自然人”民营企业的激励制度是最完善的。在资产归私人所有后，资产具有排他性，保证了所有者的资产和使用资产所获得的利润不会受到他人的侵犯，从而使企业所有者有了关心资产的动机。相反，资产日益归公众所有，这使得资产具有非排他性。这种非排他性意味着每个人都希望别人关心自己的资产，而自己却在“搭便车”享受这些资产。结果，没有人关心公共资产，导致公共资产被过度使用甚至丢失或损坏。

产权激励理论主要有三种形式。一是代理经济学中的企业所有权理论，最早由 Jensen 和 Meckling 等于 1976 年提出。该理论从代理成本的产生引出了企业产权理论，主要分析了公司股权结构的优化和高管绩效激励制度的设计。核心观点是，企业效率问题的根源在于目标函数的偏差在所有者和经营者之间所有权与控制权的分离，以及引起的代理成本和不可证明性算子的努力。要提高企业效率，就必须优化企业产权结构，设计详细的经营者激励合同，尽量减少所有权和控制权分离造成的代理成本。二是威廉姆森等于 1979 年提出的交易成本经济学中的契约治理理论。这一理论定义了影响交易成本性质和水平的三个重要变量：资产专用性、不确定性和交易频率。在此基础上，威廉姆森认为，任何交易都是通过契约关系进行和完成的，不同类型的合同关系会形成不同性质的治理结构。为了节省交易成本，实现最大的效率收益，就必须根据不同的交易特征来匹配有效的治理结构。三是 Aghion 和 Tirole 于 1997 年提出的不完全契约理论中的搭配理论。该理论认为，由于现实和未来的复杂性、不确定性及交易者行为的有限理性和机会主义倾向，在实际交易过程中所订立和执行的合同往往是不完整的。在这种情况下，由于对资产的权力行使方便，导致了权力和控制权的配置，从而影响企业的经营绩效。提高一个企业的经营业绩，有必要将剩余控制权和剩余索取权给予企业决策者，因为这可以激励决策者承担全部责任，他的获利动机、驱使他尽可能最大化发挥剩余控制权和剩余索取权的效用。

2. 超产权激励理论

超产权激励理论认为，只有在市场竞争的前提下，利润激励才能刺激经营者增加努力和投入。总之，该理论并不认为经营者的努力投资与利润激励之间必然存在正相关关系。根据超产权激励理论，企业完善治理机制的根本动力是吸引竞争，而产权的改变只是改变机制的一种手段。因为产权的变化并不会给企业带来生死抉择，它只是改变了企业的激励制度，但这种改变并不能保证提高企业绩效。1997 年，英国经济学家 Macro Martin 和 Parker 对英国各企业民营化后的经营成果进行了全面而广泛的比较发现，在一个竞争相对激烈的市场中，民营化后的企业平均效率显著提高；在垄断市场中，民营化后的企业平均效益改善不明显。因此，他们认为企业的效益不一定与产权所有权的变化有关，而是与市场竞争的激烈程度有关。市场竞争越激烈，企业提高效率的努力水平就越高。1996 年，澳大利亚经济学教授 Tittenbrun 分析了 85 篇关于产权和利益的经济文献，发现企业效率主要与市场结构，即市场竞争程度有关。阿格翁和博尔顿认为，财产权很重要，但只有在竞争不足的情况下才重要；如果有充分的竞争，产权的重要性就会下降，也就是说，在有充分竞争的情况下，产权的分配方式就不那么重要了。Fama 认为，企业财产的所有权对现代工业企业没有任何意义。国内一些学者也认为，国内市场竞争的加剧迫使许多国有企业进行私有化和产权改革，以完善公司治理机制，提高竞争力。

超产权激励理论把竞争作为激励的基本因素。其逻辑基础是 20 世纪 90 年代发展起来的竞争理论。具体内容包括四部分：激励竞争理论、竞争发展理论、竞争刺激理论和竞争信息完善理论。激励竞争理论，是指竞争可以产生一种非契约性的“隐性激励”。这种内隐激励来自三个方面。一是信息比较的力量。竞争可以使企业经营者的能力和努力信息被更充分地披露，从而更有效地监督和激励经营者。二是生存的原动力。完全竞争产生两种结果：生和死。三是信誉的力量，经营者的能力只能体现在竞争中，竞争对经营者的信誉能力提供认可。竞争发展理论的第一个主要论点是生存竞争的选择理论。竞争淘汰了效率高的企业，使它们得以发展；与此同时，它会筛选出效率低的企业并关闭它们。根据竞争发展理论，竞争增强了效益对企业发展的直接影响，使得高效率的企业不断开拓市场、扩大规模。竞争刺激理论阐明了决定企业竞争的三个基本因素：一是企业的目标利益是否具有对抗性，如企业是否追求利润最大化，对抗性是保证竞争刺激的必要因素。二是短期违约利益与长期合作利益的比较。前者比后者更有利于竞争。三是企业之间的不对称。竞争力强的企业愿意竞争，竞争力弱的企业愿意合作。这一理论驳斥了竞争只能在由私营企业主导的市场中发展的观点。换句话说，市场竞争的产生与企业产权的归属无关。竞争信息完善理论表明，在信息不对称的情况下，比较竞争有利于信息完美。超产权激励理论认为，竞争高于产权存在三个层面：一是产权的实施需要通过市场的竞争来维持；二是从制度变迁的动态视角来看，哪种产权安排更有效率取决于制度环境及其变迁；三是从治理机制的角度来看，竞争是保证治理机制的前提。由此可见，超产权激励理论虽然明确了激励制度只能在竞争条件下发挥作用的观点，但它是以产权理论所表达的收入激励制度为基础的。超产权激励理论强调竞争和公司治理机制对企业绩效的决定性作用，但这是否意味着产权激励理论不重要？答案恰恰相反。如果没有产权激励理论作为论证的前提和依据，那么超产权激励理论虽然有其存在的合理性，但其存在的范围是值得怀疑的。二者之间应该存在一种主流互补的关系，即以产权激励理论为主，以超产权激励理论为辅。

3. 治理结构激励理论

公司治理结构包含制度、机制、控制等多种手段，同时包含狭义的功能、结构、董事会主席或经理权制度安排和监督，总结各种收入分配激励机制，公司经理参与并选择人员管理系统，金融系统，公司管理结构，企业战略发展决策管理系统，企业文化和所有其他相关企业高层控制系统；它不仅要解决企业与其所有者和利益相关者之间的利益分配及控制问题，而且要明确企业组织模式、控制机制和利益分配的一切法律、制度、文化安排。公司治理结构的安排是决定公司绩效的重要因素之一。从提高公司绩效的角度来看，公司治理结构中需要研究的问题可以分为两类：一是管理者的激励问题及其与外部投资者利益和社会利益的兼容性问题；二是管理者的管理能力。从利益动机的角度来看，研究公司治理结构是什么样的企业制度是最有利于“确保投资者在上市公司的资产应该受到保护并获得合理的投资回报”，更确切地说，是如何保证外部投资者的合法权益，不要吞噬企业问题的内幕。通过理论和实证研究，经济学家认为，分散的股权结构使得任何单一股东缺乏积极参与公司治理的动机和驱动公司价值的增长，导致公司治理系统的失败，使公司内部管理控制出现问题，形成一个强有力的管理模式和疲软的外部股东。1997 年，Shleifer 和 Vishny 在模型中表明，一定的所有权集中是必要的，因为大股东以牺牲股东利益、经济激励和能力为代价进行有限管理，为了自身利益的行为可以更有效地监督管理者的行为，有助于增强接管市场运作的有效性，降低管理者的代理成本。Shleifer 和 Vishny 认为："当大股东的持股比例超过某一点，基本上使他们能够完全控制公司的决策时，大股东可能更愿意获得外部少数股东无法分享的私人利益。"

第三章　国有企业经理人激励制度的演进

根据以往学者的研究，可以将国有企业经理人激励制度的演进划分为四个阶段：计划经济时期以晋升荣誉为主的国家租金激励制度（1956—1978 年）；有计划的商品经济时期以承包制为主的放权让利激励制度（1978—1992 年）；市场经济时期以公司制改造为主的年薪制激励制度（1992—2002 年）；开放经济时期以股权分置改革为主的股权期权激励制度（2002 年至今）。在这四个阶段，国有企业经理人激励制度随着国企改革政策、职业经理人政策、薪酬分配政策和股权激励政策的发展不断演进。

一、计划经济与国家租金激励制度

（一）计划经济时期的国有企业薪酬制度

1. 中华人民共和国成立初期

中华人民共和国成立后，国营企业是由中央政府控制接管的企业，在没收官僚资本家、反动资本家及外国资本建立的企业的基础上建立起来。初期的国营企业对社会经济的控制力还很弱，大部分企业只是未经改造的私有企业，并且新生的人民政权还面临着国内外政治局势不稳定、财政收支困难等一系列困难。在此情况下，政府的首要任务是稳定政权，恢复战争期间影响的生产，保证居民基本的生活需求，因此新生的国有企业在薪酬激励问题上基本保留了原有企业的薪酬制度，只是适当革除了明显与政权性质相违背及明显有歧视性的薪酬制度。对于接收或没收原有国有资产和官僚资产成立的国有企业，基本原薪酬工资政策都被保留，按照接管工资前三个月的平均水平确定原企业人员薪酬工资，封建“把头”和“包工头”制度被废除，对明显歧视性的薪酬制度进行了调整。同时，委派了大量干部接管国有企业，对这部分干部按照军队等级原则实行供给制，即根据国家当时的财政经济状况和个人生活的基本需求为员工提供终身免费的生活必需品，包括食物、服装和津贴。供给制系统的分配标准主要分为三种不同规格的食品供应指标，按照工作人员的职务、工作岗位和工作年限评估确定，被供给人员按照职务等级享受生活津贴。这样就在国营企业员工中同时存在着两种具有显著差别的薪酬制度，在过渡期国有企业两种薪酬制度并存对于当时稳定人心、恢复生产有其存在的合理性，但随着私人企业公有制改造的推进及国有企业对社会经济的控制力不断加强，在国营企业中两种薪酬制度并存的混乱状况已经影响了企业的正常运行，建立统一的薪酬制度势在必行。

2. 20 世纪 50 年代初期

1951—1953 年，中央政府在工资调整的基础上实施了第一次工资改革，形成了以各大行政区为主的工资管理体制。这次薪酬制度改革的主要内容有两方面。首先，建立职工工资的层次结构。国营企业对职工实施八级工资制，少数国有企业实施七级或六级工资制度。国营企业管理人员实行岗位分类工资制度，按照工资的级别承担不同部门的行政职责，不同的行政区域还被划分为不同的行业类别，各部门执行不同的工资标准。其次，统一以工资标准点作为衡量工资的计量单位，并规定了每个工资标准点包括的消费品实物的数量和品种，为避免影响各地区的价格差和价格波动，工资没有以货币形式的金额发放，而是以工资标准点为计量单位，每个工资标准点包含一定数量的实物，各个地区每月的价格将按照实物折算成一定数额的货币，工人得到的货币工资按照工资的标准点币值来计量。除了这两种平均分配的薪酬制度，国营企业管理层的薪酬标准与企业非管理人员的薪酬标准基本一致。

3. 20 世纪 50 年代末期

1956 年，随着中央政府对农业、手工业和资本主义工商业“三大改造”的推进，社会主义计划经济体制基本形成，与之相配套的以分区制为主导的国营企业薪酬制度已经不适应计划经济对国有企业统一管理的需求，中央政府开始进行第二次国营企业薪酬制度改革。改革的主要内容包括五方面。第一，国营企业取消现行的“员工工资+物价津贴”的薪酬制度，所有职工工资实行货币报酬。薪酬标准根据不同地区的现实情况加以确定，主要考虑该地区生产发展状况、价格水平的变动和现实工资水平，从而提供了不同的工资类别和货币报酬标准。第二，改进职工工资的层次结构。工人广泛使用等级工资，并明确规定了薪酬标准、薪酬层次、技术等级标准或岗位职责标准。第三，完善了管理和技术人才的薪酬结构。企业管理制度按照职工工资制度实施，并按照不同行业的类型执行不同的薪酬标准，企业技术人员除了按照业务职能分配薪酬外，还要按照其技术水平的高低发放特殊津贴。第四，调整了不同产业、地区和部门之间的工资关系。重工业的薪酬要比轻工业的薪酬高，直接生产部门的薪酬要比非直接生产部门的薪酬高，重点建设地区和沿海地区的薪酬要比其他地区的薪酬高，企业干部的薪酬要高于国家机关干部的薪酬，工程技术人员的薪酬要高于管理人员的薪酬，特别是提高了高级技术人员的薪酬标准。第五，在企业中推广和改进了计件工资制，改进了企业奖励津贴制度。在整个社会建立了计划经济模式后，以职务等级工资制为核心的国营企业管理者薪酬制度基本建立，并成为计划经济时期国营企业经营者占主导地位的薪酬制度模式。国营企业在计划经济时期的主要薪酬模式与计划经济时期国营企业的治理模式相联系，国营企业的定位还是以生产和效率为主要目标的生产机构，而非以经济绩效为主要目标的经营机构，在此环境下，国家对企业经营激励的核心问题是能否提供计划经济部门所需的可靠信息及能否足额完成上级计划部门下达的生产任务。

4. 20 世纪 60 年代

但是，中央计划部门对国营企业实行完全的计划控制需要巨额的信息成本投入，这与中央计划部门因此获得的效率提升收入相比经常是得不偿失的，所以在统一的国有企业等级工资制度建立后，中央计划部门就面临着激励不足和计划严密的两难困境，为了解决这两个难题，中央计划部门希望能够以缩短计划信息传递链条的方式降低计划成本，所以中央政府分别在 1958 年和 1970 年两次对国营企业进行放权，但是这种放权仅仅是管理权限的下放，而非经济权力的下放，造成的结果是地方政府获取了国营企业的管理权限，却不能从管理权限中获取收益，这种权利和收益的不对等促使地方政府及国营企业管理者通过控制生产规模来获取租金，从而提高个人收益，其做法就是盲目扩张企业的生产规模及新上马地方政府控制的国营企业，这样就对中央政府控制的生产资料和生活资料的供给形成了约束，造成计划生产体系的混乱，为了约束地方政府和国营企业的投机行为，迫使中央计划部分收回下放的权限，但是这样会继续加大计划控制的信息成本，形成控制和效率的新一轮两难循环。在国营企业治理模式改革难有突破的前提下，管理层的薪酬基本上行政化，具有相应的行政级别，薪酬也与行政单位基本等同。

（二）计划经济时期的激励制度探索

计划经济时期的国营企业薪酬制度虽然几经反复，但是在 1978 年前基本设立了以按劳分配为原则、以职务等级工资制为基础的薪酬制度。虽然这种制度在国营企业成立初期对于快速恢复生产和保证市场供应起到了积极作用，但是也暴露了它激励不足、效果不显著、对市场供求反应不灵敏等问题，这是与中央政府对国营企业的定位和以国营企业行政化为主导的治理模式相联系的。具体而言，传统的计划经济体制下的国营企业薪酬制度存在下列弊端。首先，平均主义盛行，既缺乏对经营者效率提升的薪酬方案，也缺乏经营者施展自身能力的空间。其次，在物质激励不足的情况下，过多强调了行政晋升激励和荣誉激励。虽然荣誉激励是对物质激励不可或缺的补充，但是在物质激励不足的前提下，荣誉激励的强度和效度衰减很快，并且会误导企业管理者的激励方向。在行政晋升作为企业管理者实现自身利益主要渠道的条件下，企业管理者行为的行政化倾向不可避免，虽然通过晋升控制中央计划部门可以将不合意的企业行为控制在最小范围，但是带来了企业行政化经济行为的泛滥，而不考虑客观企业生产的内部和外部条件，造成企业生产状况与中央政府政治周期紧密联系，放大了社会经济周期的波动。最后，僵化的企业薪酬制度促使企业经营者非效率的寻租行为泛滥。在企业经营者无法通过提高企业绩效的方式实现自身收益时，必然会通过其他方式获取自身价值的提升，在计划经济时期个人人力资本无法在经济市场上变现，只能在行政级别实现，企业经营人员的经济待遇与企业的行政级别和规模挂钩。所以企业经营者的目标首先是通过各种方式促使上级计划部门扩大企业的生产规模；其次是增强企业的国有化程度，国有化程度越高经营者享受的行政待遇就越高，实现的个人收益就越多。因此，计划经济时期企业管理者都有规模扩张的冲动，而由此带来的市场供求失衡却不在其利益函数之内。

（三）国家租金激励制度

随着计划经济的不断探索，国家对国营企业的租金激励制度逐渐形成。所谓“国家租金鼓励”指公共企业“通过在产生国家租金的努力与分担国家租金之间建立积极的关系来刺激人力资源的供应”。其运行机制是“将地租分层共享制度化，使公共企业可以利用地租共享权激励个人增加对公共企业的管理和劳动力供给”。国家租金激励制度的本质如下。首先，国家默认在国有企业人力资本产权和进入一个长期与管理者的人力资本，没有隐藏的合同谈判，合同没有达成谈判的原因主要是企业的非人力资本绝对稀缺和相对重要性。其次，管理者的人力资本专用性程度不高。因此，虽然管理者的人力资本与非人力资本在法律上是平等的谈判主体，但是在现实中，管理者与非人力资本只能达成一种激励强度较弱的不平等隐性契约。

虽然这种制度安排随着社会主义经济体制的建立、巩固和提高，以及我国工业化战略制定、实施取得了显著成果，做出了不可磨灭的贡献，但它积累了一些矛盾：经理没有热情增加人力资本的供应，他们努力减少劳动力和管理“供给”，“不足或使用事实上控制和监督非法攫取公共资源获取个人收入”，或竭尽全力提高公司的管理水平或自己的行政级别来实现某种形式的补偿。

二、商品经济与放权让利激励制度

（一）商品经济时期的国有企业薪酬制度

计划经济时期以中央政府统一分配为主导的国营企业激励模式随着市场绩效成为衡量企业安全性的主要指标而趋于瓦解。在中央政府不能支付严密控制国营企业制度租金的前提下，需要将部分企业的效率收益交由企业自行支配，但是因为国有企业的经营情况决定着中央政府赖以维持的社会职能，因此这种权力的下放仅是中央政府的权宜之计，并且在外部市场还不能提供企业效率评价的准确信息条件下，中央政府只能根据既往的企业经营信息对企业的未来经营行为进行判断，而这又不可避免地带来了人为因素的干扰及给国有企业的管理者的薪酬激励提供了机会主义的寻租空间。

1. 改革开放初期

1978—1984 年，在扩大企业经营自主权的改革中，中央政府初始的放权让利并没有统一的规则，在既往计划经济管理知识的约束下，中央政府仅将国营企业的某些生产权限交由国营企业自身或者地方政府实行，并没有制定出如何对国营企业绩效进行考核激励的规则。针对计划经济体制下国营企业政企不分、经营者缺乏自主权及国营企业效率低的弊端，1979 年 4 月，中央经济会议决定扩大企业自主经营的权力，同时为了完善试点，国务院颁布了《关于扩大国营工业企业经营管理自主权的若干规定》等 5 个相关改革文件，并在四川省试点扩大企业自主权限。根据政策规定，政府给予国营企业自主生产、原料采购、劳动用工和产品销售等 14 项权利。

国营企业的分权意味着企业管理人员能够部分控制企业并获得了部分企业经营剩余，短期内国营企业经营者和生产者的积极性显著改善，企业效率提升。但是中央政府没有制定出对企业经营者行为的约束条件，并且在企业仍存在大量社会职能的条件下不能对企业经营者的行为进行准确度量。因为企业经营者或缺了部分剩余索取权，并且不承担企业的长期经营后果。在放权让利的背景下，企业多分滥分、经营剩余的情况屡禁不止，不仅如此，企业还通过各种方式减少对上级管理部门的上缴，虽然企业的效率有所提升，但在中央政府看来这种情况是不可持续的。中央政府为了保证社会秩序的稳定，必须提供大量的公共产品，但是国有企业不能保证持续的财政供给。

面临财政约束的中央政府还要应对由于企业经济剩余的流出导致的物价高涨，这促使中央政府希望通过完善放权让利的制度安排来保证自身财政收入。但是放权让利的实行毕竟提供给了国营企业经营者另外的激励模式，并且这种激励直接与经营者人力资本的增值和市场变现相联系，所以其具备平滑转型的条件，短期内取得了良好的效果。首先，放权让利对企业经营者和管理者是帕累托改进（帕累托最优，是指资源分配的一种理想状态，假定固有的一群人和可分配的资源，从一种分配状态到另一种状态的变化中，在没有使任何人境况变坏的前提下，使至少一个人变得更好，帕累托最优状态就是不可能再有更多改进的余地），虽然在利益的分配中，企业内部人获取的收益远大于中央政府，但是中央政府也保证了经济总体状况的稳定和就业职位的增加，这在 20 世纪 80 年代初期政府面临大量失业问题时显得比财政赤字问题更为紧迫，并且企业剩余的流出又促进了外部市场的建立和完善，为未来企业经营者的市场化激励措施奠定了基础。其次，在现行的经济体制改革中下放权力，改革的难度较低，虽然企业的部分资产存在变现超发的情况，但是中央政府通过行政手段基本保证了计划经济体系的正常运行，并且企业的行为基本没有脱离政府的意图，改变的仅是政府和企业内部人之间利益分配的比例。最后，放权让利也保证了地方政府的利益，通过权力的下放使地方政府能够通过企业获取部分原属于中央政府的经济资源，并且地方政府能够控制部分企业的经济行为，这就为地方政府扩大经济规模解决自身的就业和财政问题提供了条件。

2. 20 世纪 80 年代末期

正是由于上述原因，中央政府希望以较为正式的分权让利在保证国有资产效率提升的同时照顾到中央政府掌握的财政资源数量不下降。1984—1989 年，中央政府在各级国营企业间推行了以厂长负责制为基础的联产承包责任制。1984 年 12 月，党的十二届三中全会提出国营企业应分离所有权和管理权，主要按照市场的规则运行。从 1986 年开始，国营企业改革从放开特许经营权改革向所有权改革转变；同年 12 月，国务院决定实施国营企业各种形式的承包制，并对国营企业试点股份制改造。国营企业承包制的基本原则主要包括“包死基数、保证上缴、超收自留、歉收自补”等。从 1987 年初开始，中央政府推行了各种形式的经营承包责任制，为经营者提供足够的经营自主权。1987—1991 年，经历的两轮承包都基本实现了国营企业经营效率的提升，绝大多数大中型国营工业企业都采取了不同形式的联产承包责任制。初期承包经营责任制的实施确实极大地调动了企业管理层提升企业绩效的积极性。1987—1992 年，国营企业的年均销售收入和利润都实现了比较大的增长。

正是因为中央政府首次以正式文件的形式承认了企业管理者人力资本能够在企业剩余利润中获取部分收益，所以才能激励经营者提高企业生产效率，但是给予经营者部分剩余所有权并没有改变国营企业所有权和经营权严重分离的窘境；并且承包合同本身具备不完全合同的属性，也不具备第三方执行机构及时修正合约和保证合约的完全履行，承包制的后期承包者利用其内部人的信息优势在企业经营上的短期行为严重，企业技术更新滞后，企业的固定资产不能得到有效保障，企业的发展后劲不足，得到的结果仅仅是企业短期经营绩效的提高。在首轮承包制获取收益的激励下，中央政府作为委托方不具备信息优势，只能根据既往信息拟定下轮承包规则，在棘轮效应的诱导下，二轮承包制的承包考核条件有了大幅增加，并且此时的市场环境已经发生了变化，市场的逐步兴起和完善，具有部分私有产权性质的乡镇企业的异军突起改变了国营企业经营者人力资本产权的预期，在国营企业人力资本的机会成本提升，流动性增强的情况下，希望像首轮承包制那样通过体制内的效率提升获取个人收益的性价比正在下降，所以二轮承包制遇到了极大的难题，中央政府很难找到合适的人选以既定的价格短期出租国营企业。

承包制作为转型中的过渡性制度安排不得不寻求新的制度突破以继续提升国营企业的长期竞争力。但是作为对企业人力资本效率提升具有显著激励作用的制度安排，承包制为继续深化国营企业经营者的激励制度提供了有意义的理论和实践探索。首先，经营承包制规避了国营企业的产权制度，为经营权和剩余索取权提供了人力资本变现的条件，为产权的多重属性分离和定价及中国早期的资本市场的兴起提供了借鉴和条件。其次，经营承包制也是继农村联产承包制之后首次在城市试行较大规模的改革行为，中央政府承认了地方政府和国营企业本身是具有个体利益关系的主体，为以后“自下而上”的企业制度改革埋下了伏笔。最后，企业承包管理合同制度的实施促使中央政府认可了企业人力资本市场的客观存在，特别是国营企业经营者和具有部分私有产权性质的乡镇企业，具有完全私有产权性质的民营企业的人力资本流动使国有企业的人力资本首次具有市场定价的空间，而且随着市场延伸范围的扩大，承包制条件下的国营企业经营者用自己的努力扩展了自身人力资本定价的空间，为国营企业激励制度的完善提供了外部条件。

（二）商品经济时期的激励制度探索

1989—1992 年是转换国营企业经营机制的阶段，由于此阶段意识形态迟迟没有突破，反映在国营企业治理模式上是维持旧有的承包制，并且在一些具体行为上还有回潮的迹象。1989—1992 年，中国经济增长迎来了改革开放后的首个低潮期，并且由于承包制的实施、经济剩余的外流、地方政府的财税权限的增加，导致中央政府的财政收入连年下滑，不得已采取的赤字政策又带来了物价飞涨，内外部条件的制约促使中央政府以稳定社会秩序、国有企业和中央财政作为此时的主要目标。国有企业改革主要围绕转换企业经营机制，提高承包企业的经营效率展开，其主要指导原则仍是企业承包责任制。1989 年，党的十三届五中全会通过了《中共中央关于进一步治理整顿和深化改革的决定》，决定阐明国营企业承包责任制，有利于生产型企业的管理者和职工调动发展积极性，应当继续坚持。同时，国营企业改革要认真总结经验，兴利除弊，不断加以改进。

1990 年 12 月，党的十三届七中全会提出决议，1991 年七届全国人大四次会议通过了《国民经济和社会发展十年规划和第八个五年计划纲要》，中央政府对国营企业提出了机制转换经营的要求，实行政府和企业之间的责任严格划分，以实现所有权与经营权分离，适度逐步使绝大多数国营企业成为独立经营、自负盈亏、自我约束、自我发展的社会主义商品生产者和经营者，探索多种有效的公有制经济形式，建立国营企业的动态管理体制和运行机制。这一时期，为促进企业经营机制改革，国营企业自身纷纷推出了企业劳动、人事和工资分配制度改革，从根本上打破了“铁饭碗”“铁椅子”和僵化的工资制度。虽然国营企业的治理改革还没有实现突破，但规模市场经济的扩张、国营企业利益主体地位的确立都为企业人力资本的激励形成了新的市场预期，基本上阻死了国营企业经营者希望通过晋升获取收益以实现自身人力资本增值的可能，市场化的人力资本激励和定价制度正在酝酿，企业间身份的差异对企业人力资本变现的影响已经变得很小。

（三）放权让利激励制度

在这一阶段，围绕着建立健全放权让利激励制度，国家制定出台了如下制度措施：扩大企业自主权的试点（1979 年 5 月），扩大国营工业企业经营管理自主权、实行利润留成（1979 年 7 月），对工业企业试行利润包干的经济责任制（1981 年 12 月），利改税（1983 年 4 月），进一步扩大国营工业企业自主权（1984 年 5 月），“两权分离”的改革（1984 年 12 月），承包经营责任制（1988 年 2 月），转换经营机制（1992 年 7 月）。至于“放权让利激励制度”，我们可以从它的名字来理解它。所谓“放权”就是扩大企业的经营权，就是扩大管理者的“实际控制权”。所谓“利益转移”，就是“将企业剩余索取权在国家和企业之间分割”。

国家分配的这一部分“剩余索取权”是给公司的，因为在这一阶段，“他的兴趣”和职工的共同利益开始形成独立于管理层的利益。换句话说，经理和工人收入差距开始开放，在此期间与后面年薪的差距不是太大。真正的变化是管理者的“实际控制权”膨胀，除了最重要的决策权——“实际控制权”外，他们现在几乎拥有所有的管理层。随着当局的监管越来越少，经理人基本上实现了“内部人控制”，这让他们有更多机会避免寻租等。因此，有学者将放权让利激励制度称为“控制权激励制度”。与国家租金激励制度相比，放权让利激励制度中的“实际控制激励”得到了极大强化，体现在非人力资本与管理者人力资本契约的变化上。

三、市场经济与年薪制激励制度

（一）市场经济时期的国有企业改革

1. 20 世纪 90 年代初期

1992 年，邓小平的南方谈话指出了我国国有企业深化改革的方向。意识形态的突破带来了国有企业治理模式的根本变革。1992—1997 年，开始建立以公司制为主导的现代企业制度。1992 年 10 月 14 日，党代会会议正式确定了建设社会主义市场经济体制是中国经济体制改革的最终目标，并提出为了适应社会主义市场经济体制，国有企业改革应进一步对分权制度改革，改革制度建设的基础，宣布将对国有企业治理机制进行全面改革。1993 年 11 月，党的十四届三中全会党的中央委员会 14 日首次明确表示，国有企业改革的目标是建立现代企业制度，也就是说，企业治理的特点是明确产权，明确权利和责任，政府和企业分离管理和科学管理。相当多的国有企业已经依照公司法注册为有限责任公司，组织生产依照公司法的要求，逐步建立了股东大会、董事会和监事会，系统化的国有企业改革进入了一个新阶段。中央政府帮助国有企业通过重组摆脱困难，采用集中于大型企业的政策，鼓励中小企业的兼并和破产，逐步促进现代企业制度的治理行为，并促进企业的改革和效率。

2. 21 世纪初期

1997—2002 年是国有企业改革的关键时期，这一阶段的目标是大力促进国有企业的股份制改革，是中华人民共和国成立以来国有企业最困难的时期，国有企业治理模式已经跟不上国内市场经济的发展需求，在国外的市场环境下，亚洲金融危机愈加严重，内外部力量使国有企业在市场经济条件下破产和下岗人数最多。为了扭转国有企业的困境，1997 年党的第十五次全国人民代表大会确定了国有企业股份制改革的方向。1999 年 9 月，党的十五届四中全会提出了国有企业进一步明确改革的方向要求，大中型国有企业改革应当根据国际公认的公司治理准则，建立现代公司治理结构模式。自 2002 年中国加入世界贸易组织以来，国有企业的公司制度改革逐步成熟和完善。2002 年 10 月，党的第十六次全国人民代表大会的报告明确提出了继续推进改革的方向。第一，提出两个“坚定不移”，就是要毫不动摇地巩固和发展公有制经济，毫不动摇地鼓励、支持和引导非公有制经济发展。第二，提出深化经济体制改革两大任务。坚持和完善基本经济制度，深化国有资产管理制度。第三，提出了深化国有企业改革的任务。根据会议精神，国务院国资委于 2003 年正式成立，代表国家履行国有资产监督管理投资者的职能，促进中央直属大型企业改制，加快国有企业产权制度改革，然后建立地方各级国有资产监督管理机构，负责全区国有资产评估的监管、价值功能。党的十六大确立了中央政府和地方政府代表国家利益的国有资产监督管理机构履行职责的投资者、所有权、权利、义务和责任相一致，国有资产管理体制的管理资产和人员，管理结合国有资产管理机制的双重功能，努力适应把国有企业转变为发展社会主义市场经济和市场主体的法人实体。

3. 国有企业股权激励制度的探索

在这一时期中国资本市场的发展也有了突破，中国资本市场的诞生是“自下而上”制度自发演进的结果。早期资本市场的发展伴随中央政府对金融剩余控制的放松而展开。20 世纪 80 年代初期，中央政府面临着严重的失业潮，为了解决就业问题，中央政府放松了对私人资本投资的限制，允许以“以资带劳”和“以劳带资”等方式建立各种股份制经营的企业。随着市场经济的发展，计划经济中越来越多的金融剩余流出并由私人资本掌握，各种形式股份制的发展需要不具有退出权的股权资本在不同所有者间流通，以规避风险并形成合理企业价值估值。这种股权变现的需求促成了中国民间最早的资本市场，如成都的“红庙子”市场。随着中小国有企业的改制，私人资本进入企业资本结构中必然获取部分剩余控制权和剩余利润。

（1）股份制企业的诞生。1984 年，中国成立了真正意义上的股份制企业——北京天桥百货股份有限公司，随后飞乐音响第一次向公众发行股票。伴随着中央财政在改革开放后收入的相对减少和公共财政支出的相对增加，社会经济出现通货膨胀。为了抑制通货膨胀，国有银行不得不收缩银根，因为中小企业经营状况较差，缺少实物资产作为信用的支撑，所以中小企业更加依赖以股权投资为主的直接融资；并且，随着企业经营环境变得愈加激烈，人力资本对企业竞争优势的保持起着越来越重要的作用，在早期苏南的乡镇企业出现了以“星期日工程师”为主要类型的人力资本参与企业剩余利润分配的案例，出现了对企业经营者进行股权激励的早期萌芽。最早期的民间资本市场的交易对象主要是以国债为主的债权交易，而非以企业股票为主的股权交易，原因在于中央政府在改革开放初期面临着巨额的转型成本支出，并且为了激励企业经营者提高效率，必然要将部分企业经营剩余交由企业内部人分配。随着市场竞争环境变得愈加激烈，中央政府掌握的经济剩余数量越来越少，为了缓和财政赤字带来的通货膨胀，中央政府不断扩大国债的发行规模。在缺乏资本市场对国债价值进行准确估价的情况下，不可能采用市场化的方式发行国债，国债采用的是摊派的行政发行方式。因为不同地区经济状况的不同，为了保证国债在该地区的顺利发行，不同地区政府制定本地国债的价格和利率存在差异，这样就在不同区域间为交易债券创造了利润空间，当然这对中央政府的利益造成了损害，因为这种套利行为剥夺了部分应该由中央政府获取的发债收益。国债市场的出现刺激了股权流通市场的出现。地方政府在民营正规资本市场的形成中发挥了积极作用。由于初始资本市场完全由股权和债券持有人形成，以获取流动性和收益与估值之间的价差，合同的执行不存在第三方担保，因此交易的风险和成本较高。地方政府从地方利益出发，支持发展区域资本市场。一方面，地方政府希望通过发行公司债券和股票来吸引外部资本，为企业的发展筹集资金；另一方面，地方政府有动力减少对当地社会保障稳定的影响，降低自发交易和民间资本市场交易的风险。

（2）证券交易市场的诞生。1986 年，中国工商银行上海分行开设了一个特殊的计数器证券业务，代理股票和债券交易，最早的地区场外交易市场出现。这种区域性资本市场的形成既符合地方政府的利益，也与交易规模的变化相适应。另外，反向市场的出现为国有企业经营者的早期股权激励甚至期权激励提供了条件，但由于当地资本市场规模的限制，对经营者的期权激励不能有效地控制经营者的行为。随着居民收入在社会经济盈余中所占比例的不断提高，股权融资的资本增值优势不断被见多识广的投资者和地方政府理解。1990 年，由于深圳发展银行的高派息，私人资本市场首次出现大涨。随着场外证券交易市场影响力的扩张，中央政府开始意识到用资本市场融资来支持国有企业资本发展有巨大的作用，当地政府也希望通过制度创新、扩大规模的区域性资本市场吸引更多的外部资本进入当地，有相同的观点，导致上海证券市场“正式开业后首次试营业”和深圳证券交易所从正式开业后的“违规行为”逐渐得到中央政府的认可。1990 年，中国正式的证券交易市场成立。与场外交易相比，国家资本市场集中交易的出现大大降低了交易成本和风险。在经营者期权激励方面，中央担保的全国交易市场出现。首先，形成了统一股票价格的市场，可以对企业的经营效率做出较为准确的判断。其次，建立了一套满足现代资本市场交易需求的制度，为金融衍生品创新和企业期权激励提供了市场条件。最后，采用先进的交易方式，为股票场外上市奠定了基础，为全国期权交易市场的形成提供了条件。

（3）股份制改革的推进。中央政府开始建立资本市场来支持国有企业的股份制改革。资本市场开放的目的是通过股票市场为国有企业筹集资金，解决国有企业的融资问题。1993 年 4 月 25 日，中央政府颁布了《股票发行交易管理暂行办法》，将核准制作为企业上市发行股票的基本审批制度。在审批制度下，证券监督管理机构应当根据当年经济发展和市场供求的具体情况，确定可发行的股票数量。在国务院证券监督管理机构的审批制度下，根据经济发展、市场供求的具体情况及已发行股票的数量，从宏观调控的角度确定每年可以发行的股票总数，分配给各省（自治区、直辖市）计划单列市和国家有关部门的计划管理机构，然后在国务院证券监督管理机构、省政府和国家有关部门的统一管理下，在发行范围内发布上市公司名单。完全由行政部门主导的股票发行方式忽视了市场力量的自主调节，导致资本市场的股票在发行初期完全偏离了“先钱后分”的一般格局，背离了市场定价原则的“先股后钱”的发行方式，股票价值完全脱离了其自身价值，依赖于实物资产，导致我国资本市场出现了非流通股现象。在股票发行的全部配额制度下，为了最大化融资收入从外部金融资源，地方政府推荐尽可能多的国有企业上市融资的“胡椒喷雾”，从而导致资本市场资产质量不断恶化。为了减少地方政府的租金收入，中央政府从1996年起由国务院证券监督管理部门将发行模式改为指数管理。具体的方式是既要控制总量，又要限制分配给地方政府和政府部门的指标中申报资产的数量。在发行价格方面，早在1998年之前就实行了固定价格的公开发行机制。在这种制度下，发行价格由承销商按照一定的标准预先确定，投资者购买后再进行发行流通。

1996年以前，新股的市场价格是在固定收益倍数下确定的。1996年以后，为了降低上市公司的盈余管理动机，采用3年平均利润加上公开发行新股的预期利润来确定股票价格机制。但固定调整市盈率定价难以适应市场供求信息，之后，国务院证券及期货事务监察委员会于1998年开始采用浮动定价机制。关于发行对象的选择，中国证券监督管理委员会（以下简称“证监会”）也做出了具体规定，证监会于1996年12月下发的《关于股票发行工作若干规定的通知》中，明确要求各地、各部门在开展1996年度发行计划时，应积极推荐1000家大中型国有企业上市融资，特别是300家重点企业、100家国家现代企业制度试点企业和56家企业集团。证监会于1997年发布的《关于做好1997年股票发行工作的通知》中进一步重申支持国内资本市场发展国有企业重组上市融资战略，明确了利用股票市场促进国有企业的改革和发展，1997年股票发行重点支持关系国民经济命脉、具有经济规模、处于行业排头兵地位的国有大中型企业；国务院有关部门及直属总公司报送的企业必须是其直属或控股企业。

发布这两个通知表明，中央政府已经认识到国内资本市场是金融体系不可或缺的一部分，而资本市场发挥了不可或缺的作用，在大中型国有企业改革、增强其竞争力和技术水平方面。资本市场在初始阶段的定位决定了大中型国有企业能够首先在国内资本市场获得上市融资资格，而公司治理水平和资产质量则成为次要因素。此外，股权分置的实施导致受企业管理层控制的非流通股股东容易干预市场股价，从而掠夺流通股股东的利益。因此，虽然资本市场的建立提供了条件选择国有企业激励管理，导致了现实的管理国有企业既没有可能也没有动力使用选择工具获得人力资本增值收入的资本市场。由于中央政府对国有股上市配额有严格的控制，对企业管理层而言，期权激励所需的所有股权来源成为问题。事实上，中央政府既禁止通过发行新股进行定向增发，也禁止通过回购上市企业来激励管理层。在这种情况下甚至国有上市企业的管理期权仅为股权激励的一部分，只能纵容管理者的机会主义行为，中央政府希望通过与国有企业重组资本市场，从根本上解决国有企业效率问题是难以实现的。因此，现阶段监管者鼓励管理层提高效率的主要手段仍是“自上而下”的考核制度，注重短期实际市场指标的完成和企业固定资产的保值增值。因此，年薪制已成为国企激励管理层的首选。

（二）市场经济时期的激励制度探索

1. 年薪制的诞生

随着市场经济的发展，企业管理层所拥有的人力资本在企业经营中所起作用越来越大，简单的固定薪酬激励越来越不能满足市场竞争需求和高级管理人员激励的需要。国营企业的经营效率在承包制的初期得到了部分改善，但是随着市场竞争的日趋激烈，到 1991 年国营企业开始出现比较严重的亏损。国营企业面临着新的市场困境。在这种情况下，1992—1997 年，中央政府逐步改变了对国有企业管理层的激励政策，开始承认企业管理层拥有的人力资本是企业竞争力提升的重要因素，并有权利获得企业部分经营剩余，开始在国有企业进行年薪制改革。

2. 年薪制的内容

年薪制是基于企业规模、企业业务和高级管理人员的业绩、风险和责任承担，以每年生产和组织运行情况，确定并支付高管薪酬的企业人力资本薪酬制度。经营者年薪的主要影响因素是经营者经营企业的能力特质和实际贡献大小。经营管理者的年薪通常由基本年薪和风险年薪两部分组成。基本年薪主要反映经营管理者的通用人力资本水平，按照固定时间支付而不考虑业绩水平，主要影响因素是企业的性质、规模、本地区或本企业职工的平均收入水平、经济效益水平和管理层的行政级别等。风险年薪则要反映企业经营者的专有人力资本水平的高低，所以必须与经营企业业绩直接挂钩，主要影响因素是在签订年薪制合同时上级监管部门制定的目标、上缴税利增长率、净资产增长率、销售收入增长率等，同时在年薪制合同续签时还要参考同行业企业的平均经营情况而不断对年薪制合同进行修正，这种企业人力资本评价机制依然保留了承包制的部分残留。在年薪制中，企业经营者目标与国有企业监管者的目标保持部分一致的同时，企业经营者必须分配企业生产的部分经济剩余作为对其工作的补偿和激励，所以年薪制部分保证了企业管理层从自身利益出发必须重视企业的市场经营效率。但是年薪制在一定程度上导致了经营者与普通员工工资薪金的分离，扩大了管理层和普通员工的薪酬差距，在有限程度上提高了对管理层薪酬激励的强度，通过经济剩余的分享承认了经营者管理能力在企业经营中的重要作用，经营者经营能力和水平中包含的专有人力资本也得到了部分市场价值的体现，经营管理层提升人力资本价值得到了激励。

3. 年薪制的试行

从 1992 年开始，各地国有企业纷纷试行年薪制，比较突出的是上海、广东深圳、北京和江苏的国有企业。1994 年 9 月，广东深圳率先颁布了《企业董事长总经理年薪制试点办法》；1995 年 2 月，江苏南通随后实行了《企业经营者实行年薪制的管理暂行办法》。四川、辽宁、河南等地国有企业开始纷纷试行年薪制。截至 1997 年底，全国各地已经有上万家国有性质企业开始试行年薪制改革。各地年薪制具体的实行细则因各地情况不同而有所差异，主要是年薪制的组成结构与配套实施制度不同。不同地区年薪制改革的模式可以划分为三种类型，首先是将风险年薪涵盖经营管理层的全部薪酬，其次是经营管理层的薪酬由基本年薪和风险年薪两部分组成，最后是将经营管理层的年薪划分为基本年薪、效益年薪和奖励年薪三部分。同时，各地根据区域不同经济状况出台了各种年薪制的配套措施。

（1）风险抵押制度。为体现风险和责任相匹配的原则，实行年薪制的企业要求经营者仿照承包制的要求缴纳经营保证金。吉林、江苏、云南、福建等省份先后采用过此制度。如江苏南通按照一定比例从企业经营者规定的年薪标准中提取风险抵押金，并规定抵押金必须在签订年薪制合同的 3 个月内由企业经营者上交给上级监管部门，上级监管部门根据实现规定的年薪制合约的要求，主要从企业资产保值和实现利润两个方面对经营者进行考核。并采用标杆法与企业经营者上个财务周期的经营数据进行对比，业绩每下降 1%，就必须扣减风险抵押金 3%，直至抵押金被扣完；反之，业绩每上升 1%，经营者实际获取的年薪就累次增加 3%。并规定了经营者获取年薪比例的上限，应当保持在企业利润增加额的 15%以下。

（2）限薪制度。限薪制度即规定经营者发放年薪的合理区间。如江苏南通规定了经营者的最高年薪应当是职工平均工资的 5 倍以下，北京、四川、黑龙江分别规定了 6 倍以下、10 倍以下和 12 倍以下最高年薪范围。同时，有的省份规定了经营者的最低年薪，如河北规定了经营者的最低年薪是本企业职工当年的平均工资，黑龙江则规定经营者最低年薪至少应等于本地相同行业职工的最低工资。

（3）效益考核制度。风险年薪的多少是由效益考核指标来决定的，各地的考核标准不一。广东考核利润指标，福建和黑龙江则分别采用了利润与资产保值增值等考核指标，江苏将企业利润、资产保值增值和职工平均工资涨幅等指标纳入风险年薪的指标体系，上海则制定考核利润、资产保值增值、劳动生产率、成本等更为全面的风险年薪指标体系。虽然年薪制薪酬改革激励经营者长期专有人力资本增值的能力有限，但是其在实施过程中短期内推动了企业市场效率的提高，导致企业管理层的薪酬也比实行此制度前有了大幅提高。年薪制打破了按劳分配和“大锅饭”制度，高管薪酬取决于管理层对企业价值的贡献程度，这些考核指标更为全面，可衡量和体现的市场原则更具公平性。年薪制还部分体现了经营者的专有人力资本的市场价值，鼓励管理者对自身专有人力资本的积累和增值，增强了经营者的竞争意识和学习能力。

4. 年薪制的弊端

首先，年薪制激励的短期效应与企业人力资本长期积累的矛盾。年薪制在实施过程中，考核以财务年度为周期，导致经营者重视企业短期财务指标的表现，而忽视企业长期发展能力的培育，虽然短期内激励了企业资产的保值增值，但导致企业管理层短期行为严重，重视短期财务指标的考核，忽视对企业长期发展能力的培养，具体表现在企业设备和技术更新严重滞后，企业忽视决定企业长期发展和竞争优势的技术水平的提升，以致中央政府迫不得已用行政命令的方式逼迫国有企业进行技术改造和设备更新。

其次，企业的责权利依然严重失衡。虽然在此阶段国务院国资委的成立对企业管理层的监管力度不断加大，但是依然存在企业管理层权力大、利益小、责任小的失衡状态。管理层的薪酬并不能与其掌握的权力、付出的劳动和承担的风险责任相匹配。

最后，缺乏严格的外部制约条件。虽然年薪制规定了对企业经营业绩的考核标准，但是企业外部的监管者并不能从企业效率提升中获取更多的剩余利润，所以并不能像股东那样严格监管企业的实际经营情况，更何况多数国有企业依然具有相当的社会职能，依然要替代中央政府或地方政府补偿转型成本，仅用绝对的短期利润标准考核管理层，既无可能也不具有公平性。并且，在企业的内部治理结构还不完善的情况下，管理层的专有人力资本并不能完全依靠年薪制进行变现，权利和责任的失衡导致具有内部人信息优势的管理层可以通过内部人控制，选择用在职消费等形式获取补偿收益，显然这种变相补偿违背市场效率。正是这种原因导致无法对管理层进行严格意义的考核和置换，国有企业的经营效率并没有因为年薪制显著改善。1997 年，年薪制开始退出中央政府的选择集，随着股市规模的扩张，依托股市来对管理层进行监管和考核成为中央政府的必然选择。

（三）绩效考核激励制度

为解决放权让利激励制度的弊端，各地结合现代企业制度的建立开展了不同范围、不同强度的年薪制试点。与放权让利激励制度相比，年薪制激励制度具有以下特点。第一，试点制度。年薪制从未由中央政府及其部门领导，也没有在全国范围内广泛推行，自始至终都是个别地区和行业的试点。第二，经理人的剩余索取权正在逐渐增加，数百万美元的年薪在全国范围内并不罕见。虽然经理人的年薪如此之高，但他们的“实际控制激励”并没有受到监督和制约，有的甚至因为国家资本监管制度的不完善而达到顶峰，可谓“内部人控制”的极致。与此同时，管理者享有的“补充激励”与时俱进，合法或不正当地利用自己所能支配的资源来获得一个又一个国家荣誉。第三，年薪激励制度下的国有企业管理者配置方式由“行政任命”逐渐转向“行政任命的市场招聘”，尽管一些学者淋漓尽致批评“行政任命”的缺点，并呼吁实现管理者的市场配置，但市场配置的步伐走得很慢。第四，更多的经济绩效评价机制被用来评价管理者的绩效，特别是一些竞争领域的国有企业，更加注重财务指标的完成。第五，管理者“离职补偿”问题得到缓解后，出现了一些新问题。试点企业的经理积累了巨额年薪，在他们的任期内，这些薪酬中很大一部分按系统设计者的初衷是作为长期激励的。换句话说，这个年薪转化为股本的形式是公司“增量”。但是，由于经理所在公司的客观现实不允许，在具体操作中可能会遇到各种障碍。

随后，为了改变国有资产监管薄弱的局面，规范国有企业及其管理者的行为，实现国有资产的保值增值，从中央到地方相继成立了专门的政府机构——国务院国资委。同时，作为一项国家制度安排，绩效考核激励制度已经建立并付诸实施。主要标志是国务院国资委发布了《中央企业负责人经营业绩考核暂行办法》。随后，地方国资委也纷纷效仿，虽然各有特色，但基本上与国务院国资委保持了高度的一致性。绩效考核激励制度与年薪激励制度相比确实在某些方面有创新，如重视绩效评估的标准化、制度化和程序化，更多的经济绩效评估机制的使用，但就其性质而言，它仍然可以归因于释放类别，它的设计基本上遵循“基本工资+绩效工资”模式，虽然增加了期中考核的内容，但由于期中考核高度依赖年度考核，所以仍以“工资”激励、中期激励、短期刺激为主。在这方面，它可能不如原来在个别区域实行的年度工资试验计划有前瞻性。此外，中国很多地区规定，经理的年度绩效工资只能作为长期激励，不能兑换为现金。如何赎回这部分年度绩效工资取决于管理者未来的业绩。与国务院国资委相比，之前建立年薪激励制度，绩效考核激励制度可能是最大的变化，剩余索取权的激励强度大大降低，根据绩效评价方法来衡量，在限制的情况下，即使企业所有评价指标达到顶峰，经理年终奖将每年不超过 100 万元，从年薪激励制度下经理人数百万元的薪资，其实减少了很多，所以在很多地方表现方式都遭到了来自经理的反对。

而制度设计者面临着一个困境：无论是比规模还是比对国家、对社会的贡献，地方国有企业作为一个群体根本无法与中央企业相提并论，因此，用一种新的业绩衡量方法来衡量管理者似乎不应该高于中央企业负责人的年终奖；但现实是，在国务院国资委成立之前的年薪激励制度下，经理已经获得了丰厚的薪酬，任何减薪都会削弱他们的积极性。因此，系统设计者只有在这种困境中做出最大限度的妥协，然后经过无数次的协调和沟通，才能赢得管理者对绩效考核方法的认可。但这提出了几个问题：最初的年薪制是否有过度的激励，如何为国有企业管理者的人力资本价值定价，经理享有的剩余索取权是否应该有一个限制？应该说，这些问题在理论和实践上都是非常复杂的，但是建立和完善绩效考核激励制度、优化和完善国有资产监管体制必须研究和解决的问题。

四、开放经济与股权期权激励制度

（一）开放经济时期的国有企业改革

随着国有企业以公司制为主的股份制改造不断深入，对于国有企业进行市场化的产权监管就成为继续国有企业改革的方向。虽然在 1998 年以前中央政府已经基本建立了国有资产管理、监督和运营体系，但是国有资产管理体制方面长期存在多头管理、权责不清的问题，由财政部管理国有企业产权、国家计划部门管理企业投资行为、国家经贸部门干预企业日常运营、国家劳动人事部门管理企业员工薪酬、国家组织部门和大企业工委管理企业管理层而形成“五龙治水”的国有机构管理机制，导致国有资产管理政策不统一，管理效率低。

2003 年 5 月，中央政府颁布了《企业国有资产监督管理暂行条例》，明确了国有资产管理体制的框架。10 月，党的十六届三中全会提出建立国有资本经营预算和经营业绩考核体系，完善授权经营制度，建立、完善公平的交易规则和监管措施等。2007 年，党的十七大提出应当继续深化国有企业改革，要加快建立国有资本经营预算制度，完善各类国有资产管理体制和制度。中央政府于 2007 年 9 月颁布了《关于试行国有资本经营预算的意见》，标志着正式建立了各级国有资本经营预算制度。《中华人民共和国企业国有资产法》于 2008 年 10 月开始正式实施，提出各级政府应当按照政企分开、政资分开的原则，积极落实国有企业经营自主权，各级国有企业监管部门按照法律法规履行出资人职责，并明确细化了国有资产出资人权益的重大事项范围、权限和决策程序，规定了产权转让、关联交易等基本规则和实施办法。随着国务院国资委的成立，国有资产管理体制得到了巩固和完善，国有企业的治理效率得到了提升。国务院国资委的成立首先是完善了国有资产监管的组织体系，建立健全了三级出资人共同负责的制度。

国务院国资委的成立虽然从形式上将国有企业蕴含的国有产权权限交由中央政府统一行使，并且从产权上规范了中央政府作为国有资产出资人角色的权利和义务，但是因为地方政府的利益目标并不总是与中央政府的利益目标相一致，导致政府目标夹杂在国有企业的经济目标中。一方面，国务院国资委作为官方行政机构，负责中央政府授权的行政职能，负责制定和监督执行国有资产管理的规章制度，其职能要求是提供公共产品和维护公平合理的社会经济秩序；另一方面，各级国资委是国有资产产权的合法授权监管者，按照委托要求负责国有资产的具体经营活动的监管和国有资产市场经营目标的实现，对企业日常经营、收益、转让等行为直接影响控制，其目的是追求国有资产的保值增值，追求市场经济效率，具有私有化产权的目标。在政府目标和经济目标调和的情况下，国资委和国有企业相互间的激励共融不难实现，但是大多数情况下这两种目标相互冲突，结果是国有企业的经营者利用这两种目标之间的冲突进行寻租活动便成为常态。

为了降低国资委对国有企业监管的成本，提升国有企业管理层的市场效率目标取向，利用资本市场的定价功能对国有企业的经营行为进行约束便成为中央政府的必然选择。但是因为国有上市企业股权分置的影响，国内资本市场难以对国有企业的资本进行合理定价，特别是对庞大的国有资产进行资本定价。所以中央政府首先要解决的是资本市场治理机制问题。2001 年 6 月发布的《减持国有股筹集社会保障资金管理暂行办法》可以视为中央政府对国内资本市场进行改革乃至对国有企业的监管模式进行改革的尝试。但是在资本市场内部基本利益关系没有厘清的前提下强行改革只会导致资本市场内部的利益冲突，这场利益冲突以深沪两市市值大跌而达到了高峰，中央政府希望在规避资本市场股权分置改革成本和风险的条件下继续推进国有企业改革，结果只能是股权分置及国有资产监管的首次改革宣告失败。但是中央政府利用资本市场提升国有企业效率的目的并没有发生改变，推进国有企业与国际资本市场接轨，从而增强国有企业的竞争力，乃至中央政府对经济资源的控制力。此时中央政府积极推动国有企业在海外上市融资，特别是将大量优质大中型国有企业资产在海外证券市场中变现，形成国际资本市场上的“蓝筹集团”和“红筹集团”。在国有企业海外上市的过程中，必然按照国际资本市场的规则对国有企业的人力资本进行定价，否则不计人力资本价值的国有企业资本总额及股利所得必然折价，这对中央政府当然不利。对国有企业管理层进行股权激励和期权激励正式进入中央政府的选择集。但是国有优质资本的流出带来了国内资本市场的萧条和边缘化，特别是大型国有企业凭借其主导市场地位获得的租金收益因为海外上市要与海外股东分享，这实际是国民财富的流出，长此以往对中央政府的利益有损。最终，中央政府权衡利弊，在愿意付出部分改革成本的前提下推动了二次股权分置改革，并希望从根本上改变国有企业的监管模式，真正解放国资委并实现其国有资本出资人角色。

在这场改革中，基本按照渐进式改革目标实现了利益分配的帕累托最优，只不过流通股股东付出的成本较多，得到的收益较少，中央政府虽然付出了部分改革成本，却取得了巨额的资本利得收益，巨额的国有资产能够在国内资本市场上获取溢价收益，更不要说资本市场定价和监管作用的完善对国有企业效率提升所做的贡献。但是股权分置改革仅是打破了旧制度，新制度的完善还有待时日，这导致了资本市场的矛盾不断累积和国有企业的治理问题在新的层次上需要继续完善。

（二）开放经济时期的激励制度探索

开放经济时期的股权分置改革形成了中国国有企业最典型的两种中长期激励模式，即股权激励与期权激励。对国有企业的管理层施行股权激励及期权激励最早开始于 1997 年中央政府试行的国有企业股份制改制计划。同年，上海、武汉、北京等地开始在国有大中型企业积极探索股份制改革，建立现代企业试点并依此实施企业管理者的股权激励制度改制。党的十五届四中全会提出，既要使经营管理者获得与其责任和贡献相符的报酬，又要提倡奉献精神，宣传和表彰有突出贡献者，保护经营管理者的合法权益。国有企业治理的关键在于设计有效的薪酬制度，促使经营者尽最大能力为所有者利益工作，最大限度地减少信息不对称和机会主义行为。这一时期为了提高管理层提升管理效能的积极性，在重点企业尝试推行了股权激励制度。国有企业实行的股权激励制度试图通过高管人员持有部分公司股权的形式，让企业管理层已经获得的部分企业经济权力在法律上得到承认，能够以获取的股权参与公司剩余利润分享，从而使企业管理者的职能和权利实现匹配，将企业利益与管理层的个人收益相联系，管理层只有在提升企业长期价值的基础上才能增加自身的收益。

但是此阶段的股权激励受限于外部法律环境的硬性限制和国内资本市场半流通市场的本身缺陷，股权激励和期权激励并没有在全国的国有企业中广泛推行，取得的效果也极为有限。发展到后期，在国有企业推行的管理层收购可以理解为在外部条件受限的情况下，对国有企业管理层实行股权和期权激励的变通行为，但导致的后果是国有资产的大量流失。但此阶段的改革还是取得了一些成绩。首先，按照市场经济发展规律和国际惯例，对企业人力资本贡献进行了初次定价。其次，促进了国有企业按照市场原则进行管理层的聘用和考核，增强了国有企业管理层的竞争意识。最后，缓解了年薪制下国有企业管理层一次性收入过高的问题，通过股权激励使管理层的人力资本变现分批实现，促进人力资本的长期积累。2002 年后，中央政府决定推进资本市场合并和国有资产管理体制改革。在经过 2005 年颁布的新公司法、证券法和其他法律法规，实施股权激励制度已经扫清了严厉的法律限制发展障碍，第十届全国人民代表大会常务委员会于 2005 年 10 月 27 日修订了公司法。新公司法中突破了国有企业实施股权激励的法律障碍，修订后的公司法允许本公司上市股票回购，并允许回购的公司股票在一定时期内不上市流通。同时规定回购的公司股票可用于奖励公司员工，为上市公司实行股权激励开辟了股票来源，新公司法还具体规定了股票回购的操作规则，规定奖励该公司职工回购股票的金额不得超过公司已发行流通股票总额的 5%。新公司法修改了对企业管理层进行股权交易的限制。发起人将禁止转让持有的股份从 3 年减少到 1 年，发展的新方法在市场上交易股票之前时间的限制，保持上市公司的所有权结构是相对稳定的，将禁止管理层控股，严禁在其任期内修改交易条件，放宽限制企业激励股权现金，从而导致企业利用资本市场对经营者进行专属人力资本定价具有条件和现实意义。2004 年和 2005 年，中央政府还修订了《中华人民共和国证券法》，新的证券法对国有企业实施股权激励的具体程序做了更详细的规定。允许国有企业通过股权激励来完善治理结构，允许企业管理者通过自身努力在国内资本市场实现和流通通过股权和期权激励所获得的企业股份，但严格限制相关交易行为。

随着资本市场股权分置改革的推进，证监会于 2005 年 12 月 31 日发布了《上市公司股权激励办法（试行）》，为了促进非流通股的变化尽快完成，优化企业的资源配置，优先考虑深圳、上海两座城市完成股权分置改革实施股权激励对企业的内部管理和具体规定、股权激励和约束机制，特殊要求国有上市企业股权激励的实施必须完成股权分置改革。一方面，其反映了资本市场对上市公司的监管机构，促进股权分置改革引起的利益；另一方面，其反映了股权激励需要资本市场，反映了企业股票和股票价格的内在价值科学、客观。股权分置改革的完成导致形成股东和管理集团的共同利益，建立了企业通过资本市场平台更有效的激励约束机制是完美的本身的治理机制，拓宽企业的融资渠道有利于改善证券市场的定价机制和运行机制。股权分置改革的完成，在加强资本市场的竞争力和流动性、初步国有股本市场动态估值条件下，加强企业内部管理、增值能力，提高企业的市场价值按照市场规则的选择和运行提供，股权激励的实施奠定了基础。

（三）股权期权激励制度

中央政府在对国有企业实行长期绩效激励的同时，加强了对国有企业管理者的短期职务消费管理。2006 年 6 月，国务院国资委印发了《关于规范中央企业职务消费的意见》，要求中央企业在 2006 年底前完善规范职务消费的各项规章制度。2007 年以来，国务院国资委依法严格管理央企职务消费。与此同时，中央政府通过各种制度规范了对国有企业实行股权期权激励的制度安排。2006 年 9 月 30 日，国务院国资委和财政部联合发布《国有控股上市公司（境内）实施股权激励试行办法》，对国有控股上市公司实施股权激励做了进一步的规范，允许国有控股上市公司根据企业实际情况开展股票期权、限制性股票、股票增值权和其他股权激励模式。这些规定的颁布意味着中央政府在思想上和实践上都为国有企业实施股权和期权激励计划铺平了道路。该规定初步确立了国有企业期权激励的原则，即国有控股上市公司的期权激励幅度不超过年薪总额的 30%，境外国有控股上市公司的期权激励上限不超过年薪总额的 40%。自 2008 年 5 月以来，证监会连续发布了《股权激励相关事项备忘录 1 号》和《股权激励相关事项备忘录 2 号》文件，对股权激励的实施过程进行了严格规范和细化，主要涉及股权激励事件的间隔期、主要股东、人为激励对象的实际控制、股权激励的授予价格等。实施股权激励的关键是防止变相挪用国有资产，并通过股权激励工具传递管理利益。

证监会发布的《股权激励相关事项备忘录3号》要求期权激励计划规定上市公司的行权条件，实施激励的股票等待期、锁定期不得任意买卖，在实施激励期间公司的业绩必须符合一定的行权条件，文件要求行使的最低条件应该是公司股东的净收入和扣除非经常性损益的企业净利润，至少授权前3个会计年度的平均值，而不是亏损。同时，企业的期权激励计划不应设置绕过行政监督的措施，如授权人可以提前加速行使权利或解锁权利，上市公司严禁利用控制权变更、合并与分立等行为加速行使或解锁限制性股权。上市公司应当按照股权激励授予条件的要求，及时、完全授权对象，鼓励和资助条件达到后30天内，上市公司必须完成法律程序，如授权、登记和公告的授权对象的权利及利益。文件还规定了股权激励事项的会计处理方法。上市企业应及时公布股权激励计划的具体内容和实施方案，并衡量股权激励计划成本对企业未来业绩的影响等关键因素。除期权激励的授权对象为上市公司的董事、高管和核心技术人员外，上市公司对其他授权对象实施期权激励计划必须说明实施原因及其对企业绩效的影响。在该备忘录中，证监会严格禁止“上市公司撤回激励资金购买已发行A股”和“股东转让股权”两种期权激励方式。也就是说，上市公司不能使用预先抽取的激励资金购买企业股权，以奖励被授权对象或行使期权。此外，控股股东可能不会使用该企业股权转让或直接给出激励对象，如果股东批准股权激励计划，按程序也应该先将股份赠予或转让给上市公司，并由上市公司在1年内将回购股份授予激励对象，而完成转让的主要目的是减少国有企业在缺乏外部股东直接监管内部人的情况下利用其控制权和信息优势实施自利行为的可能性。

在国有上市企业外部治理环境和内部治理机制尚不理想的情况下，国有企业内部人员也享有大部分剩余控制权，为了规范缺乏内部和外部治理机制的国有控股上市公司实施股权激励计划，2008年10月，国务院国资委发布了《关于规范国有控股上市公司实施股权激励制度相关问题的通知》，对国有控股上市公司在实施股权激励条件方面进行了严格限制，主要包括对行权条件、激励价格、激励期限、激励数量和激励对象的严格规定。通知还要求国有上市企业加快完善公司治理结构，完善股权激励机制的绩效评估，在性能要求的条件下，科学设计、合理控制股权激励收入水平，加强联动性能指标收入和股权激励机制，加强股权激励计划的指导和管理，科学规范实施股权激励。国务院国资委对国有上市公司股权激励方案进行规范，引导国有上市公司进行股权激励管理，将企业的长期价值和管理目标为自身利益进行交流，激励管理者发挥最大作用，促进企业发展，提高市场效率，同时要对企业国有资产监管条件和行使条件中授予的期权进行严格规定，减少企业内部人员利用期权激励计划来获取国有资产的利益。中央政府对国有企业激励的规定反映了国有企业人力资本仍然是一个完全竞争的市场，存在的垄断优势为企业外部市场价值出租空间。而且，国有企业从中央政府获得的机构租金越多，国有企业人力资本的垄断性就越强，机构租金的耗散和流失就越严重，中央政府的监管也就越严格。

2009 年 1 月 13 日，财政部发布了《金融企业国有及国有控股企业负责人薪酬管理办法》，专门针对国有金融企业限制高管薪酬过高的问题，要求金融企业负责人的年薪必须按照金融企业绩效考核结果进行，以基本工资为基数，通常绩效工资应在基本工资的 3 倍范围内，且最高为基本工资，金融企业负责人应控制在年度工资定额的 5 倍范围内，高管薪酬不得超过公司职工平均工资增长率等。这些严格的规定反映出，在当前的外部治理条件下，国有企业期权激励的范围和程度非常有限。然而，国有上市企业建立了什么样的激励机制很难确定。投资者无法确定这是不是一个合规的激励制度，也无法确定激励机制的建立是否真的起了作用。这说明国有上市企业的治理还存在很多问题，管理层股权、期权等中长期激励机制还不完善。

（四）党的十八大以来的激励制度探索

党的十八大以来，国务院国资委出台了一系列深化企业改革的政策文件，对建立和完善国有企业职业经理人制度提出了规划和要求。随着一系列针对各级管理机构的中长期激励措施的出台，上市公司股权激励、科技企业股权激励和分红激励、混合所有制员工持股、智力价值参与收益分配等长期激励机制形式逐渐被各企业采用。虽然国务院国资委在加强职业经理人队伍建设和建立中长期激励机制方面进行了大量探索，并从制度层面进行了全面规范，国有企业在实践中也取得了初步成效，但是职业经理人中长期激励机制仍处于初级阶段。

1. 全面深化改革决定发布

2013 年 11 月 15 日，《中共中央关于全面深化改革若干重大问题的决定》（以下简称《决定》）正式发布，成为新形势下全面深化改革的纲领性文件，标志着中国改革开放进入了 1978 年以来的新阶段。《决定》是党的十八届三中全会为贯彻落实十八大关于全面深化改革的战略部署，研究决定全面深化改革若干重大问题而做出的。《决定》阐述了中国全面深化改革的重要意义，总结了中国改革开放35年的历史成就和宝贵经验，提出了到2020年全面深化改革的指导方针、总体思路、主要任务和主要措施。《决定》指出：推进国有企业完善现代企业制度。国有企业是全民所有的，是推进国家现代化、维护人民共同利益的重要力量。作为国有企业通常结合市场经济，它们必须适应新的市场化、国际化形势，进一步深化国有企业改革，注重标准化业务决策，维护和增加资产的价值，公平参与竞争，提高企业效率，增强企业活力和承担社会责任，明确国有企业的职能。国有资本加大对公益性企业的投入，以及对公共服务的贡献。在国有资本继续控股的自然垄断行业实行政企分开、政资分开、特许经营、政府监管。针对不同行业特点实行网络与运营分离、开放竞争性业务，推进公共资源配置市场化。进一步打破各种形式的行政垄断。同时，完善协调、有效平衡的公司治理结构。建立职业经理人制度，更好地发挥企业家作用。深化管理者上下、职工出入、收入增减的制度改革。建立长效激励约束机制，强化国有企业经营投资问责。探索国有企业财政预算等重大信息公开。此外，国有企业应合理提高市场化招聘比例。这是探索新时期国有企业经营者激励制度的前奏。

2. 员工持股计划意见出台

2014年6月，为贯彻党的十八届三中全会和国务院《关于进一步促进资本市场健康发展的若干意见》，经国务院同意，制定并发布了《中国证监会关于上市公司试行员工持股计划的指导意见》，在上市公司试行员工持股计划。员工持股计划的实施是企业鼓励员工持股的有效途径。该指导意见明确规定，上市公司可以根据员工意愿实施员工持股计划，使员工通过合法途径获得公司股份并长期持有，股份权益可以根据协议分配给员工。实施员工持股计划，相关资金可以来自员工薪酬或以其他合法方式筹集，所需本公司股票可以来自上市公司回购、直接从二级市场购买，认购非公开发行股票、公司股东自愿赠予等合法方式。该指导意见还对员工持股计划的实施程序、管理模式、信息披露和内幕交易的预防与控制等做了规定。

从目前我国国有企业的经营和发展来看，企业的高级管理人员由国家政府任命，其工资和报酬根据高级管理人员的行政级别来确定。因此，薪酬控制制度在中国的实施早就有所体现。2014年8月，《中央企业首席执行官薪酬制度改革方案》和《关于合理确定和严格规范中央企业首席执行官履职和业务费用的意见》的发布再次引起了公众对薪酬控制的关注。在薪酬控制的背景下，股权激励引起了企业和学者的关注与重视。这是因为股权激励能够平衡国有企业薪酬控制与激励之间的关系，从而提高企业管理者的积极性，促进国有企业的持续稳定发展。股权激励制度的实施不仅可以约束管理者的短视行为，而且在很大程度上整合了管理者与所有者之间的利益关系。由于股权激励制度的激励效果显著，许多国有企业从2014年开始实施股权激励制度。

3. 国有企业改革指导意见出台

2015年8月24日，中共中央、国务院发布了《关于深化国有企业改革的指导意见》，这是新时期指导和推进我国国有企业改革的纲领性文件。建议国有企业实行与社会主义市场经济相适应的企业薪酬分配制度。该指导意见分为八章三十条，分类从改革的总体要求出发，推进国有企业改革，完善现代企业制度和国有资产管理体制，发展混合经济，加强监督，防止国有资产流失，加强和改善党对国有企业的领导，为国有企业改革创造良好环境等提出新时期国有企业改革的目标任务和重大举措。根据该指导意见，到2020年，重要领域和关键环节将取得决定性成果，国有资产管理体制、现代企业制度和市场化运行机制将更加符合我国基本经济制度和社会主义市场经济的要求。国有经济的活力、影响力和抗风险能力将显著增强。该指导意见指出，要建立和完善符合劳动力市场基本需求、与企业经济效益及劳动生产率挂钩的工资和正常增长机制。推进全体员工的绩效考核，以绩效为导向，科学评价不同岗位员工的贡献，合理拉开收入分配差距，有效实现收入增减和奖罚分明，充分调动广大员工的积极性。

4. 员工持股开放试点

2016年2月26日，财政部、科技部、国务院国资委发布了《国有科技企业股权和分红激励暂行办法》（财字〔2016〕4号）（以下简称《暂行办法》）。该办法第六章第四十六条由财政部、科技部负责解释，包括总则、实施条件、股权激励、股利激励、激励方案管理及补充规定，于2016年3月1日起施行。企业根据《财政部、科技部关于印发〈中关村国家创新示范企业股权和分红激励实施办法〉的通知》（财企〔2010〕8号）、《财政部 科技部关于〈中关村国家创新示范企业股权和分红激励实施办法〉的补充通知》制定并实施激励方案，正在施行的方案实施期满，新的统一激励方案按本办法执行。这种方法是在以往试点政策以及大量调查的基础上调整和完善的实践。一是加强了与公司法、证券法等法律促进科技成果转化的衔接，并充分考虑到相关部委已出台的政策文件，股权和股利激励政策的重点实施主体为“非上市国有企业”。二是适当降低政策门槛，扩大试点范围，调整实施条件，针对大、中、小微企业不同特点进行引导。三是划定行为底线，审慎处理无偿奖励的实施条件；控制总股权激励，确保国有产权性质不变。四是简化审批流程和程序，细化不同类型企业的审批程序，建立激励计划实施报告制度。2016年8月，国务院国资委、财政部、证监会三部门联合发布了《关于国有控股公司对混合所有制企业开展员工持股试点的意见》，该意见对试点实施员工持股原则、试点企业的条件、员工持股、股权管理、试点项目的具体实施等问题予以明确，对当前国有企业混合制度改革具有重要意义。从试点企业的范围、股权激励计划的内容、股权激励计划的实施等规定来看，防止国有资产流失的措施相对到位，但对员工持股的限制略严，激励效果减弱。

为推动政策的实施，财政部、科技部和国务院国资委于2017年4月联合成立了股权激励工作小组，先后到国有中央企业、国有地方科技企业、高等院校和科研院所、证监会等进行专项调研，及时总结政策实施中的问题和建议。2017年11月，财政部、科技部、国务院国资委三部委联合发布了《关于国有科技企业股权和分红激励暂行办法的问答》，系统回答了相关问题。在国家自主创新示范区内，对北京中关村、武汉东湖、安徽合浦桑园、苏南和成都5个示范区进行了机制和制度探索，并成立了联合工作小组。北京中关村、武汉东湖、上海张江、安徽合浦桑园、西安和珠三角示范区相继出台了相关配套政策与实施细则，多个示范区及时进行了宣传、指导和培训，并加大了相关政策的实施力度。截至2016年底，全国示范区近300家国有企事业单位实施了股权和分红激励试点。大多数示范区报告说，虽然地方政府采取了一些措施来促进政策的执行，但由于各种原因，政策进展缓慢。另外，由于《暂行办法》在实施股权和分红激励时，企业采取了“精简机构、下放权力”的审计方式，一些企业的实际执行情况无法被准确理解。

5. 工资决定机制发布

2018年5月26日，国务院发布了《关于改革国有企业工资决定机制的意见》。该意见指出，国有企业工资决定机制改革是完善国有企业现代企业制度的重要组成部分，是深化收入分配制度改革的重要任务。它关系到国有企业的健康发展，关系到国有企业职工的切身利益，关系到收入的合理有序分配。改革开放以来，国家采取了国有大中型企业工资总额与经济效益挂钩的办法，对促进国有大中型企业经济效益的提高和调动职工积极性发挥了重要作用。随着社会主义市场经济体制的逐步完善和国有企业改革的不断深入，目前国有企业工资决定机制仍存在市场化程度低、分配秩序不规范、监督体系不完善等问题，难以适应改革和发展的需要。该意见指出，改革应该坚持建立中国特色现代国有企业制度，坚持效率取向和维护公平的统一，坚持市场决策和政府监督的结合，坚持分类的基本原则和分级管理。该意见提出，改革国有企业工资确定机制包括四项关键内容：一是改革工资总额确定机制，二是改革工资总额管理，三是完善内部工资分配管理，四是完善工资分配的监督体制和机制。

6. 股权激励办法出台

2018 年 8 月 15 日，证监会发布了《关于修改〈上市公司股权激励管理办法〉的决定》，此次修改主要是扩大股权激励对象的参与范围，只有在该管理办法规定的境内工作的外籍员工才可以成为激励对象，新的管理办法扩大到所有外籍员工，并允许外籍激励对象开立 A 股交易证券账户。近年来，随着中国企业“走出去”和“引进来”步伐的加快，发展跨境业务的需求进一步增加。对国外人才的股权激励和参与中国证券市场交易是企业吸引国外优秀人才的重要手段。可以认为，修订《上市公司股权激励管理办法》是扩大中国资本市场对外开放的必然举措。2018 年以来，中国资本市场开放步伐明显加快，外资流入不断增加，境外投资者参与 A 股交易规模进一步扩大。2018 年修订《上市公司股权激励管理办法》顺应了中国资本市场对外开放的趋势，是改革背景下的必然举措。

2019 年，根据国务院国资委的要求，原则上尚未尝试对国有科技企业实施股权和分红激励的中央企业在年底前实现破冰。4 月 28 日，国务院正式发布《国有资本授权经营制度改革方案》。5 月，国务院国资委副主任翁杰明在媒体会上透露了一组数据，其中有 45 家中央企业控股 92 家实施股权激励计划的上市公司，占国有控股上市公司的 22.8%，主要分布在通信和信息技术、科研设计、医药、机械、军工、能源等领域。他表示，实施股权激励一年以上的企业营业收入、利润总额和市场价值的年增长率分别达到 16.7%、14.6%和 7.0%，明显高于国有上市公司的整体水平。6 月 3 日，国务院国资委下发了《关于印发（2019 年版）授权名单的通知》，正式将“股权激励的实际收入水平不得计入单位工资总额基数”写入文件。正在研究和制定更详细的上市央企股权激励操作方案。在配套方案出台之前，中央企业已经出台了混合所有制改革和中长期激励的指导意见，以使股权激励改革成为现实。但从数据来看，大多数国有企业上市公司尚未实施股权激励计划。国务院国资委研究中心研究员周丽莎指出：近年来，一些国有企业控股的上市公司，特别是科技企业，已经引入了股权激励，包括中国联合网络通信集团有限公司（以下简称“中国联通”）、海康威和国电南瑞。但是，与上市公司整体股权激励情况相比，国有控股上市公司的股权激励比例较低，需要加强。股权激励的引入有利于管理层和股东利益的扩大，提高管理层的市场价值意识和股东回报意识。从激励的角度来看，主要包括股票期权、股票增值权和限制性股票。

7. 股权激励全面推行

2019 年 11 月，为建立和完善企业长期激励约束机制，加强积极激励，国务院国资委发出通知，从科学制订股权激励计划、支持科创板公司实施股权激励、完善股权激励管理制度、引导中央企业控股上市公司进一步规范实施股权激励。为加强股权激励，国务院国资委印发了《关于进一步完善央企控股上市公司股权激励工作的通知》，进一步完善了激励对象、激励方式、授予权益数量、授予价格、股权激励收益等规定。在增加授予比例方面，通知首次将股权激励计划下科技创新类上市公司授予的股份比例从占总股本的 1%提高到 3%，将上市公司因重大战略转型等特殊需要授予的累计授予比例提高到 5%。在增加股权授予价值方面，该通知将授予董事和高级管理人员的股权授予价值占总薪酬水平的比例统一提高至 40%，不再对股权激励对象的实际收益进行调整。为完善股权激励绩效考核要求，通知重点指导企业开展国际标杆行业标杆管理。为支持科创董事会对上市公司实施股权激励，该通知遵循科创董事会的上市规则，允许限制性股票授予价格低于公平市场价格的 50%，支持实施股权激励的、尚未盈利的公司，只从维护股东权益、防止国有资产流失、延长股票解锁期限或价格入手，对股票授予权利的有效比例做出相应的限制。通知明确指出，中央企业集团主要负责其控股上市公司的各级股权激励工作，国有股东只审核股权激励计划，不再批准分阶段实施计划。同时，通知强调，国有控股股东应要求并督促上市公司真实、准确、完整、及时地披露股权激励实施情况。

五、国有企业经理人激励制度演进图解

本章在国有企业改革的背景下，根据国家相关政策的发展历程，结合以往学者的研究，主要聚焦于对各项改革政策的解读，对国有企业经理人激励制度的演进进行了详细探讨。综合上文，为了更直观地展示国有企业经理人激励制度自中华人民共和国成立以来的演进历程，特将国有企业深化改革、国有企业薪酬制度改革、国有企业中长期激励改革的相关政策法规按时间顺序梳理如图3-1所示。

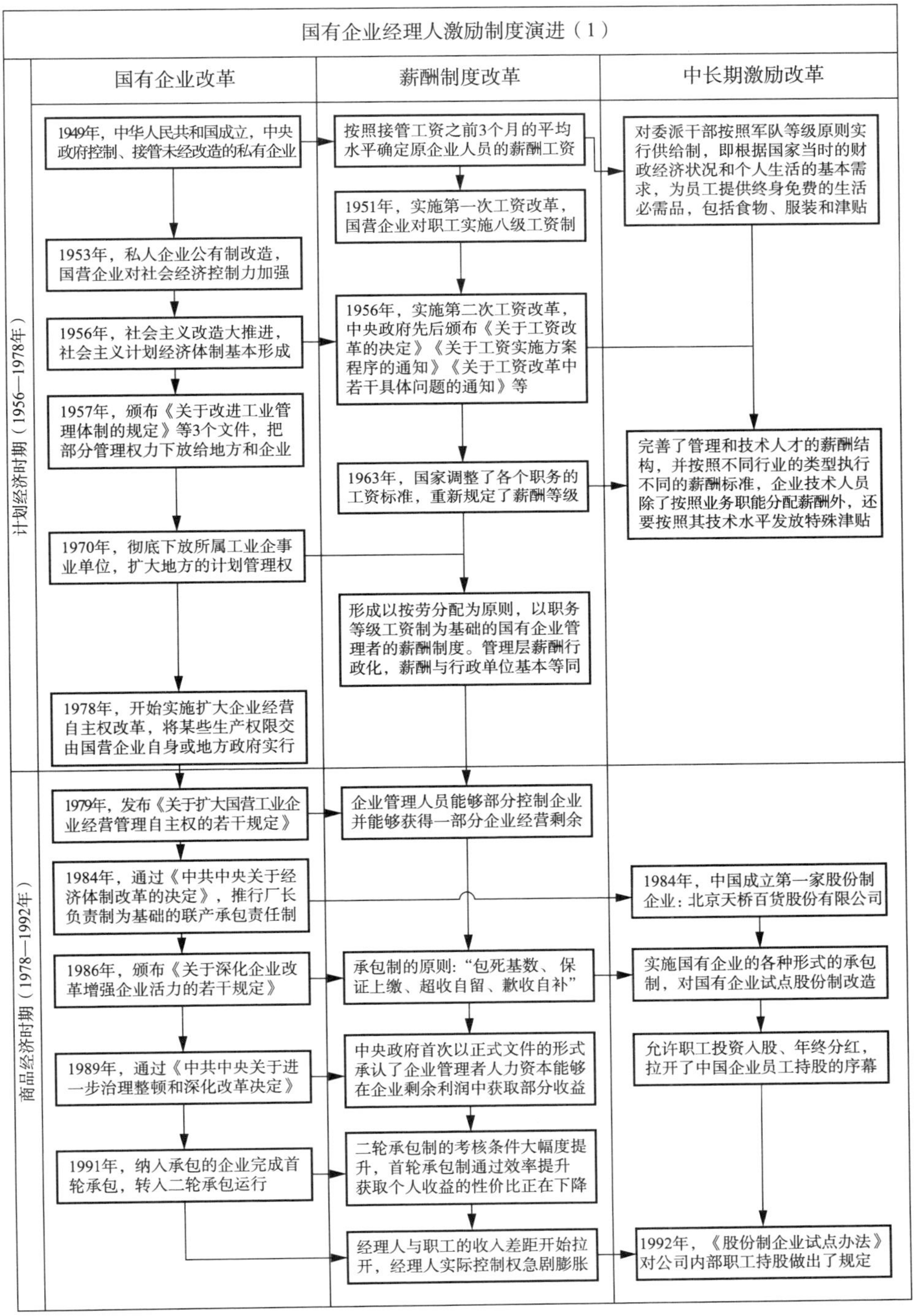
国有企业经理人激励制度演进（1）
国有企业改革
薪酬制度改革
中长期激励改革
计划经济时期（1956—1978年）
商品经济时期（1978—1992年）
1949年，中华人民共和国成立，中央政府控制、接管未经改造的私有企业
1953年，私人企业公有制改造，国营企业对社会经济控制力加强
1956年，社会主义改造大推进，社会主义计划经济体制基本形成
1957年，颁布《关于改进工业管理体制的规定》等3个文件，把部分管理权力下放给地方和企业
1970年，彻底下放所属工业企事业单位，扩大地方的计划管理权
1978年，开始实施扩大企业经营自主权改革，将某些生产权限交由国营企业自身或地方政府实行
按照接管工资之前3个月的平均水平确定原企业人员的薪酬工资
1951年，实施第一次工资改革，国营企业对职工实施八级工资制
1956年，实施第二次工资改革，中央政府先后颁布《关于工资改革的决定》《关于工资实施方案程序的通知》《关于工资改革中若干具体问题的通知》等
1963年，国家调整了各个职务的工资标准，重新规定了薪酬等级
形成以按劳分配为原则，以职务等级工资制为基础的国有企业管理者的薪酬制度。管理层薪酬行政化，薪酬与行政单位基本等同
对委派干部按照军队等级原则实行供给制，即根据国家当时的财政经济状况和个人生活的基本需求，为员工提供终身免费的生活必需品，包括食物、服装和津贴
完善了管理和技术人才的薪酬结构，并按照不同行业的类型执行不同的薪酬标准，企业技术人员除了按照业务职能分配薪酬外，还要按照其技术水平发放特殊津贴
1979年，发布《关于扩大国营工业企业经营管理自主权的若干规定》
1984年，通过《中共中央关于经济体制改革的决定》，推行厂长负责制为基础的联产承包责任制
1986年，颁布《关于深化企业改革增强企业活力的若干规定》
1989年，通过《中共中央关于进一步治理整顿和深化改革决定》
1991年，纳入承包的企业完成首轮承包，转入二轮承包运行
企业管理人员能够部分控制企业并能够获得一部分企业经营剩余
承包制的原则：“包死基数、保证上缴、超收自留、歉收自补”
中央政府首次以正式文件的形式承认了企业管理者人力资本能够在企业剩余利润中获取部分收益
二轮承包制的考核条件大幅度提升，首轮承包制通过效率提升获取个人收益的性价比正在下降
经理人与职工的收入差距开始拉开，经理人实际控制权急剧膨胀
1984年，中国成立第一家股份制企业：北京天桥百货股份有限公司
实施国有企业的各种形式的承包制，对国有企业试点股份制改造
允许职工投资入股、年终分红，拉开了中国企业员工持股的序幕
1992年，《股份制企业试点办法》对公司内部职工持股做出了规定

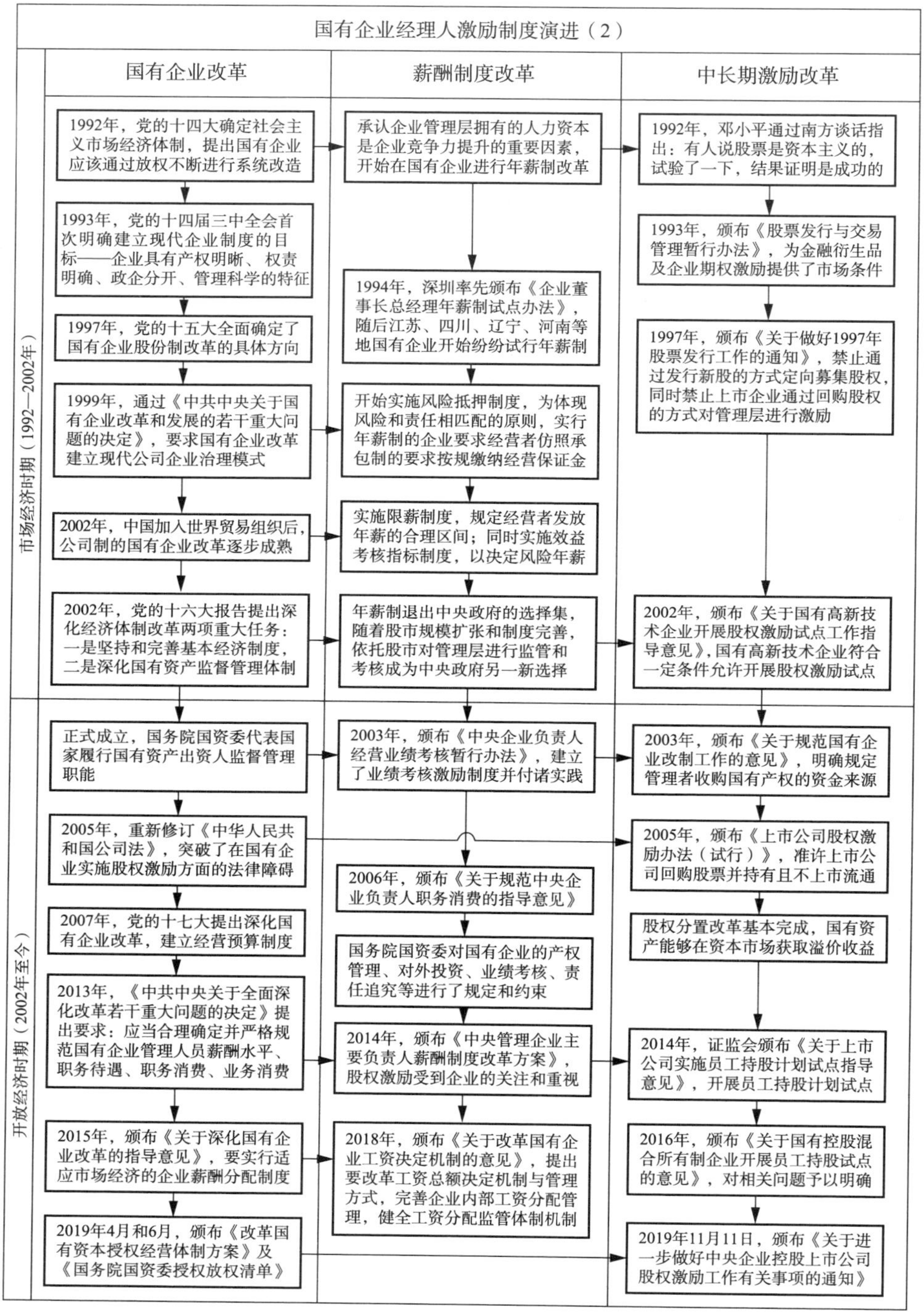

图 3-1　国有企业经理人激励制度演进

现状与对策篇

只有清楚地了解国有企业经理人中长期激励的现状，才能深入分析现状背后的原因，提出有针对性的思路和对策。因此，本篇聚焦于国有企业经理人中长期激励的现状分析和对策研究。

首先，针对国有企业经理人中长期激励的实践探索进行了归纳与总结，并提出目前国有企业经理人中长期激励中存在的四个关键问题。为了更加深入了解和分析这些问题，我们在资料收集与现状分析的基础上，对若干中央企业与省属国企二级公司的领导班子成员进行了问卷调查，借助有限的数据统计和分析对国有企业经理人中长期激励的现状有了更加直接的了解。

其次，我们对国外企业经理人中长期激励的管理实践进行了信息收集和整理，从激励制度和激励模式两个角度提出了若干可供中国国有企业经理人长期激励方面可借鉴的启示。

最后，基于上述现状分析和借鉴启示，我们针对中国国有企业的特点和经理人中长期激励目标，从中长期激励的系统性、中长期激励的合规与创新、中长期激励的经济利益与精神激励三个视角进行了思路性的分析和探讨，进而提出了比较系统的逻辑思路和比较现实的逻辑对策。

第四章　国有企业经理人中长期激励的现状与问题

一、实践探索

（一）地方国有企业

地方国有企业经理人中长期激励的探索起步较早。上海、北京、济南、深圳等地在一些高新技术企业做了大胆的尝试，采用的中长期激励模式包括股票期权、虚拟股票、管理层收购、内部员工股票等。从地方国有企业的实践探索来看，面向经理人的中长期激励具有以下特点：一是探索以试点模式进行，企业规模相对较小；二是探索采用的模式多种多样；三是激励来源主要是企业新增权益；四是激励对象主要是董事长、总经理等高级管理人员，少数企业扩展到中层经理、技术骨干等关键人员；五是试点取得了一些经验，但还没有形成统一的政策，难以推广。

此外，在地方国有企业的上市公司中，面向经理人的中长期激励也有了长足发展。特别是2000年以后，"红筹股"和H股上市公司普遍考虑对高管的长期激励计划。目前采用的主要方式有股票期权、股票增值权、虚拟股票期权、绩效股票等。其有三个特点：第一，激励对象一般为总经理、董事长和公司的少数关键人物；第二，在给予中长期激励时，股票购买价格一般由公司净资产或股票价格决定；第三，用于激励的股权金额不大。

（二）中央企业

中央企业，是指受国务院国资委监督管理的国有企业。因此，中央企业经理人的中长期激励与普通国有企业有一定的相似之处，但也存在一定的差异。中央企业经理人的激励政策由国务院国资委监管，不同于一般地方国有企业有明显的地方特色。中央企业经理人的中长期激励实践经历了三个阶段：第一阶段是1994年以前以常规薪酬激励为主，缺少中长期激励；第二阶段是

1994年以后实行年薪制为主的激励；第三阶段是2006年开始的股权激励。

年薪制是以年度为单位，依据企业的生产经营规模和经营业绩，确定并支付经营者年薪的分配方式。年薪制突破了薪酬结构常规，对高层管理人员来说，年薪制代表身份和地位，能够促进人才的建设，也可以提高年薪者的积极性。随着年薪制在中央企业的实施，中央企业经理人激励不足、薪酬与绩效贡献不匹配的问题得到了初步解决。同时，随着年薪制的引入，国务院国资委实施了中央企业绩效考核机制，包括年度考核和任期考核。绩效考核机制为年薪制等中长期激励的实施提供了科学依据，与之相匹配的年度考核和任期考核使年薪制的实施更加实用、更加科学，激励效果也更好。然而，年薪制的激励周期相对较短，即使加上任期考核，其考核重点依然是企业的年度收益，在信息不对称的情况下，会导致企业经理人行为短期化。在这种激励模式下，企业经理人容易因为短期利益而放弃公司的长期利益，不利于国有资产的保值增值。

国务院国资委2006年9月颁布了《国有控股上市公司（境内）实施股权激励试行办法》和《国有控股上市公司（境外）实施股权激励试行办法》，这标志着国有企业的股权激励进入了正式推广阶段，也为中央企业经理人的中长期激励带来了新的空间。这之后，涌现出了宝钢集团、中粮集团、中集集团等一批开展股权激励卓有成效的中央企业。但是，由于我国资本市场还处于发展阶段，中央企业的公司治理结构还有待规范，股权激励相应的配套改革还不够到位，因此在股权激励试点中出现了一些问题，如激励条件过于宽泛、绩效考核不够严格、激励回报未达预期等。

为了在国有企业中更好地规范实施股权激励等中长期激励机制，自2013年以来，国务院国资委发布了一系列国有企业深化改革的政策文件，同时对建立和完善国有企业职业经理人制度提出了规划和要求。这些都从政策层面上为国有企业经理人的中长期激励提供了规范化的支持。目前，上市公司的股权激励、混合所有制企业的员工持股等多类中长期激励方式已被越来越多的国有企业实施应用，国有企业经理人的中长期激励在长期实践中取得了越来越良好的成效。

总之，经过改革开放40多年的探索和努力，随着企业规模的扩大和员工整体收入的增加，国有企业经理人的薪酬和收入水平也有所提高。特别是，通过实行年薪制和股权激励等新的收入分配方式，使国有企业经理人的薪酬水平与业绩提升水平相挂钩，发挥了薪酬应有的激励作用。纵观几十年来国有企业经理人中长期激励改革的历程，总体上效果明显，在一定的历史条件下激发了企业经理人的积极性，为中国国民经济的发展创造了良好的条件。但是目前以年薪为主的短期激励仍占据主导地位，中长期激励在制度和实践上还处于探索阶段。因此，有必要针对国有企业的特点，认真研究理论和政策，找出适合中国国情和现状的中长期激励模式和方法，以促进国有企业的可持续发展。

二、现存问题

从国有企业改革历程和国有企业经理人中长期激励的现状来看，虽然经理人中长期激励机制在不断完善，但是还存在着一些亟待解决的问题。国有企业经理人中长期激励的治理基础有待健全；国有企业经理人市场化选聘、任期制与契约化管理有待深入推行；国有企业对经理人的激励还是以短期激励为主，与企业经济长期可持续发展目标挂钩的中长期激励仍未有效建立，监督和约束的作用也十分有限。具体表现在以下四个方面。

（一）法人治理结构有待健全

法人治理结构是公司合理运转的组织基础，是现代公司治理的重要组成，也是中国特色现代企业制度的根本体现。2017 年 5 月 4 日，国务院办公厅下发了《关于进一步完善国有企业法人治理结构的指导意见》，明确指出：完善国有企业法人治理结构是全面推进依法治企、推进国家治理体系和治理能力现代化的内在要求，是新一轮国有企业改革的重要任务。国有企业经理人中长期激励必须依托国有企业的法人治理结构来实现。因此，建立健全有效制衡的法人治理结构是保障国有企业开展经理人中长期激励的组织基础。

目前，虽然大部分国有企业根据公司法和国务院国资委相关政策的要求已初步建立了中国特色现代企业制度，形成了相对规范的法人治理结构，但从实践情况来看，存在中国特色现代企业制度仍不够完善，法人治理结构中存在权责不清、约束不够、缺乏制衡等问题，一些董事会未能发挥应有作用。表现在法人治理机制上，国有企业的经营管理决策还没有真正形成现代公司制企业相互制衡、科学民主的决策机制。同时，股权结构不完善、董事会作用发挥不够、经营班子责权不清等因素都会导致对国有企业经理人的激励和约束不足。

正在开展的混合所有制改革就是完善国有企业法人治理结构的举措之一。

混合所有制改革的有效实施，有助于明确公司法人治理结构中各治理主体的定位和职责。那么需要董事会发挥主导作用的国有企业经理人中长期激励体系就会更加有效地建立起来，从而在实践中不断优化调整，激励更多国有企业的经理人在本职岗位上承担应该有的担当和指标，将公司的长远发展与个人利益更好地结合起来。

需要说明的是，非国有股东参与混合所有制改革将稀释国有股权在企业中的占比，非公有资本有可能成为大股东，也有可能成为小股东。在国有资本控股的企业中，非公有资本的话语权相对较弱，非国有股东参与混合所有制改革不仅面临着经理人等企业高管的道德风险，而且有保障自身权益的要求。因此，如果没有健全有效制衡的法人治理结构和机制，也就难以吸引非公有资本参与国有企业混合所有制改革。

总之，国有企业在深化改革中还面临着建立健全有效制衡的法人治理结构的挑战，这也是国有企业经理人中长期激励的治理结构基础。因此，需要不断探索、大胆创新，进一步规范董事会组成和运作机制，建立充分独立的董事会制度，逐步建立有效运转和相互制衡的公司治理结构和机制，形成有利于经理人中长期激励和职业成长的公司治理制度。同时，也要探索和建立与混合所有制股权结构相匹配的法人治理结构和机制，鼓励非国有股东参与国有企业公司治理。

（二）经理人市场化选聘有待深入推进

经理人市场化选聘是国有企业经理人中长期激励的前提条件，也是建立职业经理人制度的重要基础。但是，目前很多国有企业经理人的身份更多来自行政任命，而不是市场化选聘，这在一定程度上导致国有企业开展经理人中长期激励难以突破现有干部管理体制，影响了经理人中长期激励的有效开展。因此，需要在党管干部的原则下，科学推进国有企业经理人市场化选聘。

从 20 世纪末开始，中国就在积极探索符合现代企业制度要求的国有企业选人用人新机制。国务院国资委成立以来，先后七次面向全球公开招聘中央企业高管，共为 100 多家企业招聘了 138 名高级经营管理者和高层次科研管理人才。但由于国有企业董事会还不够完善，还没有实现由董事会依法选择经营管理者。从 2014 年开始，国务院国资委在宝钢、新兴际华、中国节能、中国建材、国药集团五家中央企业落实了董事会选聘和管理经营层成员的职权。按照党组织推荐、董事会选择、市场化选聘、契约化管理的基本思路，新兴际华董事会选聘了总经理，宝钢、中国节能、国药集团选聘了6名副总经理，新兴际华董事会后续又市场化选聘了全部经理层副职。这些试点举措为国有企业市场化选聘经理人带来了很大的创新局面。但是，试点企业的数量还比较少，目前国有企业的经理人依然是行政任命的多，市场化招聘的少。而且相当比例的国有企业经理人具有处级、厅局级等行政级别。同时，外部选聘的经理人能够留下来并且发挥作用的比例也不高，主要原因是国有企业在经理人选聘方面依然受制于现有干部管理体制，导致市场化的薪酬激励措施难以奏效，在某种程度上束缚了经理人才能的发挥。如何进一步明确经理人的角色和职能，同时打破国有企业经理人的行政级别，是需要解决的又一个重要问题。只有在明确经理人身份的基础上，才能进一步深化相应的经理人中长期激励机制改革。因此，如果不对现有干部管理体制进行深入改革，国有企业经理人中长期激励就难以深入落地。

2016年以来，国务院国资委加快了国有企业深化改革的步伐，国有企业改革也进入深水区，面临一些难啃的骨头。2018年8月10日，国务院国有企业深化改革领导小组公布了《国企改革双百行动工作方案》（以下简称《工作方案》）。《工作方案》列明“五突破、一加强”六大主要目标，其中，对职业经理人制度建设、中长期激励等方面也提出了明确要求：全面推行经理层成员任期制和契约化管理，按照市场化选聘、契约化管理、差异化薪酬、市场化退出的原则，大力推行职业经理人制度。这为国有企业在深入推进经理人市场化选聘方面提供了重要支持和鼓励。

（三）薪酬激励契约化有待加强

薪酬待遇是激励的基础，也是国有企业经理人中长期激励的基本保障。经理人契约化就是被聘任的经理人要基于岗位任期与企业签订年度契约和任期契约，必须且有必要与经理人任期制同步应用。契约化通常采取《企业经营目标责任书》等形式，用来约定经理人应该达到的年度经营业绩目标和任期经营业绩目标。同时契约化还要约定对应的薪酬待遇，达到业绩目标如何兑现，没有达到业绩目标如何处理等等，其中通常包含针对经理人的业绩分红、超额利润分享、股权激励等中长期激励内容。因此，契约化是保证经理人中长期激励效果的重要保障。国有企业如果不能建立科学合理的薪酬激励契约化，就无法构建更加长期的国有企业经理人激励机制。

国有企业深化改革所面临的难点之一就是如何基于任期制，构建形成真正与薪酬激励挂钩的契约化。党的十八届三中全会就明确提出国有企业要深化企业内部管理人员能上能下、员工能进能出、收入能增能减的制度改革。实现“能上能下、能进能出、能增能减”首先要从经理人开始，才能在国有企业建立起长效激励机制。因此，加强契约化的薪酬激励要从契约内容、契约考核等方面入手。在契约内容方面，要明确经营业绩应该占有的核心地位，同时考虑社会责任等国有企业特点的指标和要求；在契约考核方面，要将经理人的薪酬待遇（包括业绩分红、超额利润分享、股权激励等中长期激励）的兑现要求与考核指标（国有资产增值保值、经营业绩等）紧密联系在一起，这些与企业的中长期发展息息相关。考核指标的选择不仅要体现企业的战略定位，还要引导国有企业经理人关注所有者利益和企业可持续发展。总之，构建考核内容合理全面、考核程序严格、考核结果高度透明的契约化体系，是建立国有企业经理人中长期激励机制的关键环节。

（四）股权激励有待发挥更大作用

股权激励是目前国际通行的一种长期激励方式，主要是通过授予公司经理人股票或股票期权，将经理人薪酬的一部分以股权收益的形式体现，将其收入的实现与公司经营业绩和市场价值挂钩，激发经理人通过提升企业长期价值来增加自己的财富，促使经理人将个人利益与公司的利益联系在一起。实行股权激励本质上是要促进公司长期持续稳定的发展。因此，股权激励是国有企业经理人中长期激励的核心内容和重要工具之一，也是解决企业股东层与管理层委托代理问题的有效手段。股权激励引入了风险共担机制，有利于企业经理人与投资者共同成长，有利于激励人才、吸引人才，有利于企业长期发展，增强企业竞争力。

目前，在国有企业经理人的薪酬结构中，股权和期权占薪酬总额的比例还不高。国有企业对经理人的激励仍以短期薪酬激励为主，表现为绩效奖金、固定月薪和年薪，股权激励等中长期激励方式仅仅起到辅助作用。早在 1996 年，期股制等股权激励就已经在国有企业中出现，但是由于股权激励的相应法规还不够完善，导致股权激励的实施经历了许多波折。2006 年，在股权分置改革的基础上，国务院国资委与财政部适时出台《国有控股上市公司（境外）实施股权激励试行办法》《国有控股上市公司（境内）实施股权激励试行办法》，对国有控股上市公司和资本市场的健康发展将起到重要的积极作用。

近年来，国有企业不断深化收入分配制度改革，积极探索资本、管理、技术等要素参与分配的方式和途径，逐步实施经理人股权激励和员工持股等中长期激励方式。根据锐思数据库公布的数据来看，国有企业实施股权激励的比例在逐年提高。这些股权激励将个人利益与企业长期业绩提升紧密结合，有力地促进了国有企业改革发展。

虽然国有企业经理人的股权激励从小范围内的试点逐步扩展到更大的范围，也取得了积极的成效。但是从目前的股权激励实践来看，还存在着激励力度不足、激励方案落地难度较大、决策效率有待提高等问题。

总之，发挥好股权激励的作用对于建立国有企业经理人中长期激励机制具有重要意义。特别是综合运用好国有控股上市公司股权激励、国有科技型企业股权与分红激励、国有控股混合所有制企业员工持股等不同的激励路径及相关激励工具，将有助于更好更长期地激励国有企业经理人。

三、一项针对经理人中长期激励的问卷调查

为了充分了解目前国有企业在经理人中长期激励实践中的具体情况，科学调查国有企业经营管理团队对经理人中长期激励的认知与实施现状，我们采用问卷调查的方式对国有企业的经理人中长期激励情况进行收集和分析，希望为本书后续的国有企业经理人中长期激励模式的思考分析和建议提供依据。

（一）问卷设计

本调查问卷的结构共分为三个部分。

1. 调查对象的基本信息

问卷第一部分包括四个题项，主要用于了解调查对象的基本情况。

题项 1 用于了解调查对象在公司的任职情况。

题项 2 用于了解调查对象所在公司的所处行业。

题项 3 用于了解调查对象所在公司的类型。

题项 4 用于了解调查对象所在公司是否参与了混合所有制改革。

2. 对经理人中长期激励的认知

问卷第二部分包括六个题项，主要用于了解调查对象经理人中长期激励

的认知情况。

题项 5 用于了解调查对象对中长期激励价值和作用的认知情况。

题项 6 用于了解调查对象对中长期激励必要性的认知情况。

题项 7 用于了解调查对象对中长期激励实施存在问题认知情况。

题项 8 用于了解调查对象对国有企业中长期激励适用性的认知情况。

题项 9 用于了解调查对象对国有企业中长期激励适用方法的认知情况。

题项 10 用于了解调查对象对国有企业中长期激励前提条件的认知情况。

3. 所在公司经理人中长期激励的现状及评价

问卷第三部分包括四个题项，主要用于了解调查对象所在公司中长期激励的现状及其看法。

题项 11 用于了解调查对象所在公司近年来中长期激励实施方式的情况。

题项 12 用于了解调查对象所在公司近年来中长期激励实施效果的情况。

题项 13 用于了解调查对象所在公司近年来中长期激励实施意愿的情况。

题项 14 用于了解调查对象所在公司近年来中长期激励保障机制的情况。

（具体的调查问卷内容详见附录）

（二）调查过程

本次问卷调查的实施过程包括信息收集、问卷设计、问卷发放及回收、数据汇总、数据分析等主要环节，整个过程历时 3 个多月，具体工作时间及工作内容如表 4-1 所示。

表 4-1　问卷调查工作时间及内容

时间	工作内容
2019 年 4 月 1—26 日	国有企业经理人中长期激励理论分析
2019 年 5 月—31 日	国有企业经理人中长期激励调研问卷设计
	确定问卷调查对象及调查时间
2019 年 6 月 3—21 日	问卷调查
2019 年 6 月 24 日—7 月 5 日	补充问卷调查
2019 年 7 月 8—10 日	问卷汇总整理、编号、信息录入
2019 年 7 月 11—12 日	问卷信息校对

续表

时间	工作内容
2019 年 7 月 15—17 日	问卷数据分析——认知维度分析
2019 年 7 月 18—19 日	问卷数据分析——现状维度分析
2019 年 7 月 22—26 日	问卷分析结果讨论

本次问卷调研的调查对象为中央企业与省属国企二级公司的领导班子，共回收问卷 40 份，其中有效问卷 40 份。本次调查采用了 Cronbach's alpha 系数对调查问卷进行信度分析。α 值越高，信度越高，内部一致性越好。通过 SPSS 19.0 分析得到总体 α 系数平均值为 0.837，大于 0.8，数据内部一致性较好，可信度较高。

（三）数据统计

1. 问卷第一部分：基本情况

（1）调查对象在公司所任职位的占比情况如图 4-1 所示。由图 4-1 可知，55%的调查对象在公司任董事长或总经理，这说明调查对象能够对本公司中长期激励情况有一定程度的把握，有利于提高调查结果的可信程度。

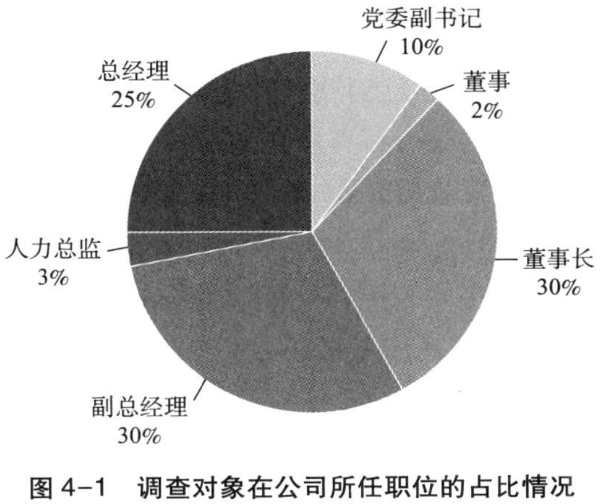

图 4-1　调查对象在公司所任职位的占比情况

（2）调查对象所在公司所处的行业及类别分布情况如图 4-2 和图 4-3 所示，可以看出，样本公司行业分布较为均匀，各个类别均有覆盖，且处于充分市场竞争环境的“商业一类”公司占比超过了半数，具有较好的代表性。

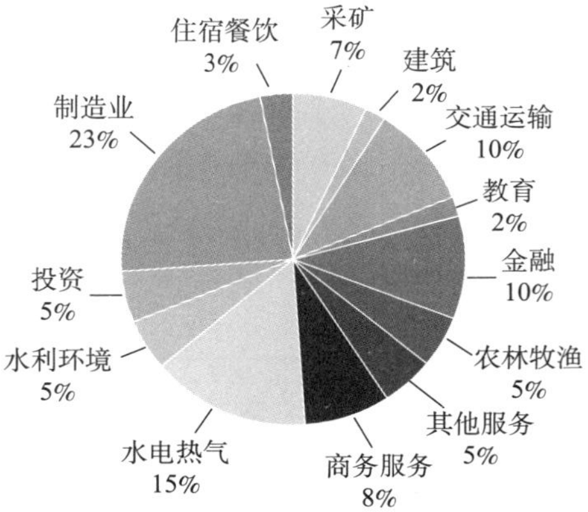

图 4-2 调查对象所在公司所处的行业分布情况

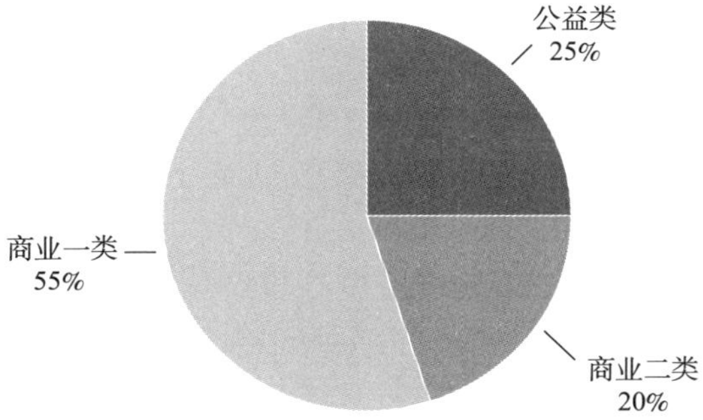

图 4-3 调查对象所在公司的类别分布情况

（3）调查对象所在公司实施混合所有制改革情况如图 4-4 所示。由图4-4 可知，有 15%的公司参与了混合所有制改革，这有利于我们分析国有企业实施混合所有制改革能否推动中长期激励。

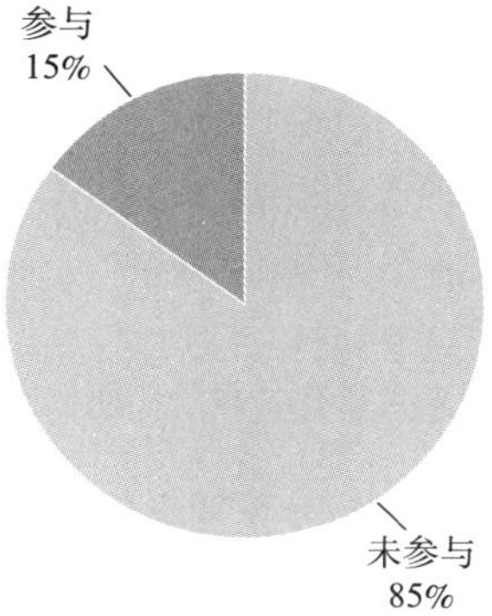

图 4-4 调查对象所在公司实施混合所有制改革情况

2. 问卷第二部分：经理人中长期激励的认知情况

（1）调查对象对国有企业中长期激励重要性及必要性的认知情况如图 4-5 所示。可以看出，95%的调查对象对中长期激励的重要性表示赞同，87.5%的调查对象对中长期激励的必要性表示赞同。分析其原因，一方面，中长期激励可以有效减少委托代理成本、实现利益共享风险共担、平衡短期与中长期目标、优化薪酬结构、提升薪酬竞争力、吸引和保留关键人才，对于完善公司治理、倡导绩效文化、完善薪酬体系都有重要意义；另一方面，在近年来深化国有企业改革的实践过程中，很多中央企业反映在吸引人才、保留人才方面遇到越来越多的挑战，并将主要原因归为员工薪酬的市场化程度不够高，特别是缺乏有效的中长期激励机制。

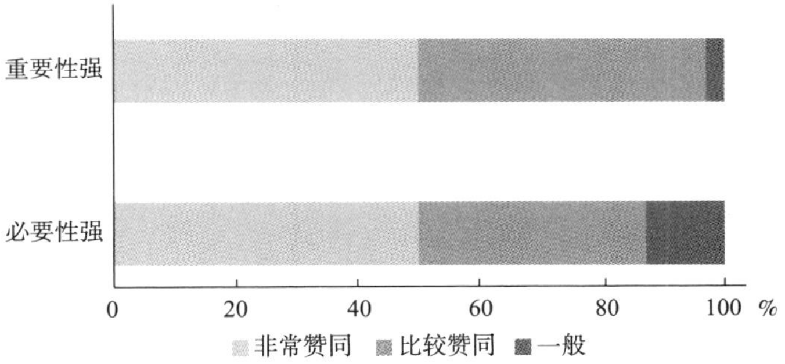

图 4-5 调查对象对国有企业中长期激励重要性及必要性的认知情况

（2）调查对象对国有企业中长期激励存在问题的认同情况如表 4-2 所示。从得分情况来看，国有企业中长期激励存在两个主要问题：一是“国企经理人薪酬结构单一，中长期激励占比较低”；二是“与中长期激励对应的绩效管理体系不健全”。相比较而言，大多数经理人对“中长期激励政策滞后，缺乏科学性与系统性”“中长期激励所需的法人治理机制不健全”这两个问题有一定的认知，但在认知程度上，薪酬和绩效方面的问题更加突出。

表 4-2 调查对象对国有企业中长期激励存在问题的认知情况

序号	存在问题	非常赞同	比较赞同	一般	不太赞同	很不赞同	得分
1	政策滞后	16	24	0	0	0	4. 40
2	机制不健全	17	20	3	0	0	4. 35
3	薪酬单一	26	12	2	0	0	4. 60
4	绩效缺陷	21	18	0	0	0	4. 50

（3）调查对象对国有企业中长期激励适用方式的认知情况如表4-3所示。从得分情况来看，国有企业中长期激励最被认可的适用方式是现金激励模式（超额利润分享、业绩单元或奖金、岗位分红、项目收益分红、虚拟股权及增值权等）；除此之外，福利激励模式（补充养老保险、补充医疗保险、企业年金、弹性福利、团体保险、教育培训补助等）在部分公司也非常适用；相比较而言，公允投资（员工持股、股权出售等）和股权激励（限制性股票、股票期权等）模式适用性稍低，这两种激励模式可能受到更多政策的限制，实施难度和条件要求也稍高。

表4-3 调查对象对国有企业中长期激励适用方式的认知情况

序号	适用方式	非常适用	比较适用	一般	不太适用	很不适用	得分
1	股权激励	9	17	6	7	1	3.65
2	公允投资	6	25	6	2	1	3.83
3	现金激励	12	19	7	2	0	4.03
4	福利激励	14	13	8	4	1	3.93

（4）调查对象对国有企业中长期激励侧重点和前提条件的认知情况如图4-6所示。可以看出，75%的调查对象赞成“国企经理人中长期激励应侧重于物质激励而非精神激励”的观点，这说明物质激励相比于精神激励能够持续更长时间，也更符合经理人的心理期待。另外，27.5%的调查对象没有赞成“国企经理人中长期激励的前提是建立职业经理人制度”这一观点，可以推断，建立成熟、有效的职业经理人制度是一个长期的过程。在此之前，企业仍然有许多途径可以实施中长期激励。

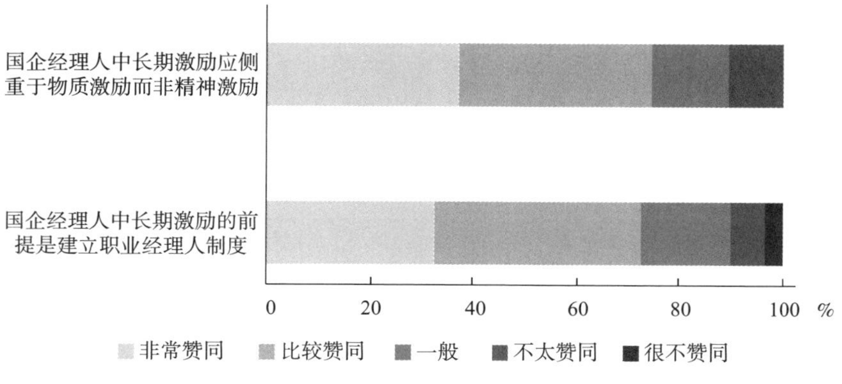

图4-6 调查对象对国有企业中长期激励侧重点和前提条件的认知情况

3. 问卷第三部分：所在公司中长期激励的现状及其看法

（1）调查对象所在公司中长期激励的实施方式情况如图 4-7 所示。由图 4-7可知，有半数以上公司已经实施了中长期激励，但激励模式比较单一，多集中于绩效单位（授予部分绩效单位，其价值和 3~5 年的长期经营绩效结果挂钩）和福利类（补充养老医疗保险、企业年金、弹性福利、团体保险、培训补助等），很少有公司实施类似于股权形式的中长期激励。

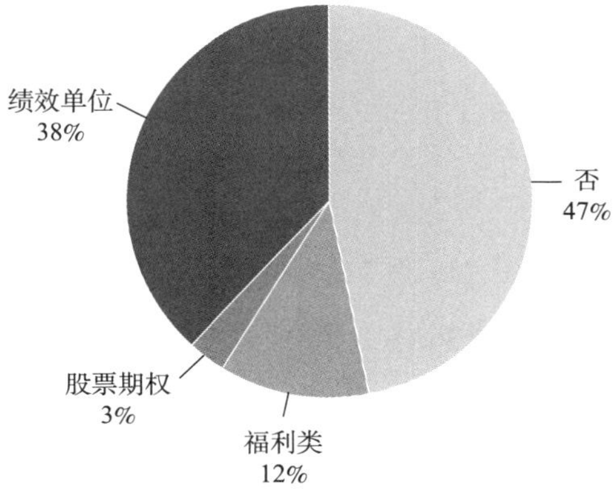

图 4-7 调查对象所在公司中长期激励的实施方式情况

（2）调查对象所在公司中长期激励的实施效果情况如图 4-8 所示。结合上述数据可知，在 21 家已经实施了中长期激励的样本公司中，仅有 2 家实施效果较好，甚至有部分调查对象认为公司的中长期激励没有效果，这说明目前各公司中长期激励的实施尚不成熟，还有较大的发展空间。

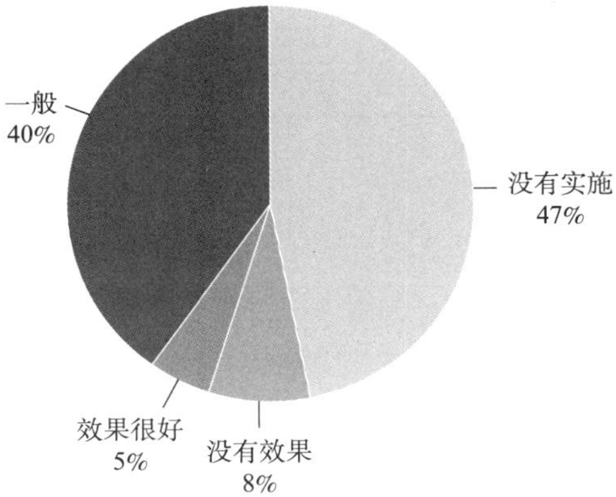

图 4-8 调查对象所在公司中长期激励的实施效果情况

（3）调查对象所在公司中长期激励的实施意愿情况如图 4-9 所示。由图 4-8可知，超过 87%的调查对象希望公司能进一步加大中长期激励的实施力度，即使在当前没有实施中长期激励的公司，也希望未来能够建立起中长期激励模式。

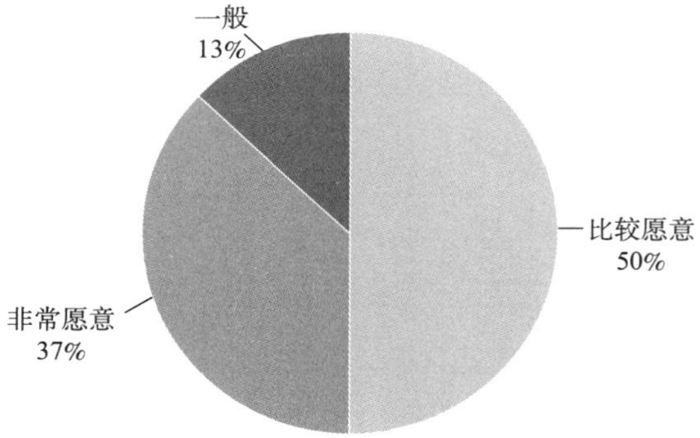

图 4-9 调查对象所在公司中长期激励的实施意愿情况

（4）调查对象对国有企业中长期激励保障机制的认知情况如表 4-4 所示。总体来看，大多数调查对象都赞成国有企业中长期激励的三类保障机制：一是学好用足现有政策，因企制宜选择中长期激励的路径和工具；二是加强全面薪酬管理，综合施策吸引、保留和激励核心骨干人员；三是完善相关政策体系，建立科学规范、有序高效的中长期激励机制。

表 4-4 调查对象对国有企业中长期激励保障机制的认知情况

序号	保障机制	非常重要	比较重要	一般	不太重要	很不重要
1	路径和工具选择	24	15	1	0	0
2	薪酬管理	26	12	1	1	0
3	现金激励	25	13	2	0	0

（四）分析讨论

根据上述统计数据，我们对国有企业经理人中长期激励中表现出的一些特点和问题进行了分析和讨论。

1. 国有企业经理人对中长期激励的总体认知水平较高

如图 4-10 所示，从国有企业经理人对中长期激励重要性、必要性、存在问题、适用方式等方面的认知情况来看，各题项认同程度的平均得分均超过

3.5 分，绝大部分题项的标准差低于 1.0，这说明国有企业经理人在中长期激励方面的总体认知水平较高，能够与中长期激励内在的理论逻辑和实践特点保持一致。具体分析可知，参与调查的国有企业经理人能够普遍认同中长期激励的重要性和必要性，同时普遍认为中长期激励当前面临的各项问题较为严峻，与上述情况相比，在对中长期激励适用方式的认知上稍有差异，显现出一些缺乏信心的态度。总体来讲，国有企业经理人对中长期激励的认知呈现出“重要性强、存在问题多、适用性存疑”的特点。

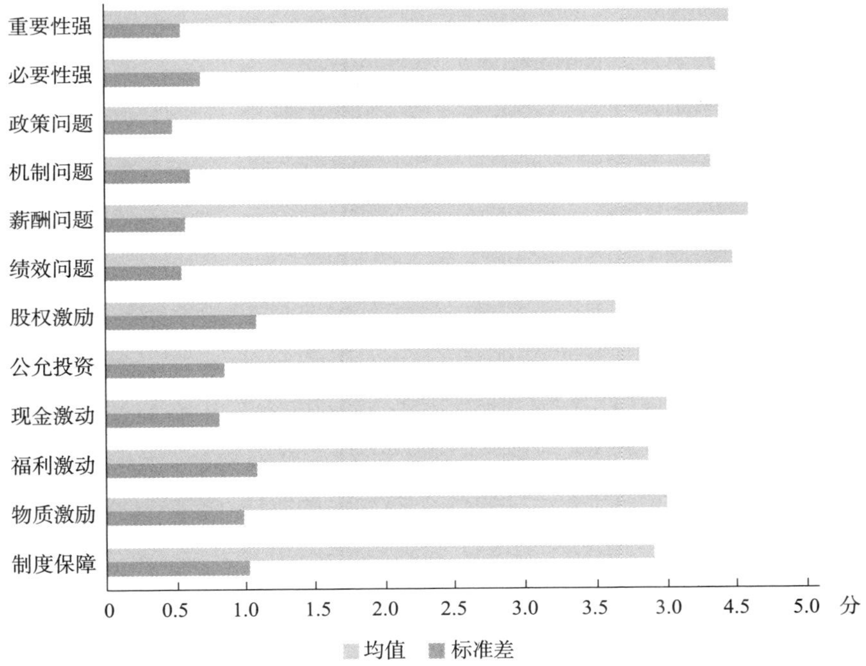

图 4-10　国有企业经理人对中长期激励的认知情况

2. 不同类别企业激励过度与激励不足并存

如图 4-11 所示，不同类别样本企业实施经理人中长期激励的情况差异较大，市场竞争较为充分的国有企业实施经理人中长期激励的数量占比较低，而处于垄断行业和公益类国有企业实施经理人中长期激励的数量占比较高，存在激励过度和激励不足的问题。目前，国有企业的人工成本额度受到各级国资委的监管，为了便于管理，各企业基本执行着同样标准的薪酬和激励政策，而忽视了不同国有企业所属行业的特性，导致拥有垄断性资源的国有企业激励过度，而完全竞争行业的商业型国有企业及科技创新型国有企业激励明显不足。正是由于薪酬激励政策的"一刀切"使国有企业经理人的报酬与付出不对应。尤其是在完全竞争行业的商业型国有企业及科技创新型国有企业，相对垄断性国有企业的发展更多地依赖于职业经理人的贡献和主动性，而激励不足的现状使职业经理人出现了一定程度的流失，进而导致国有企业在这些行业逐渐退出。

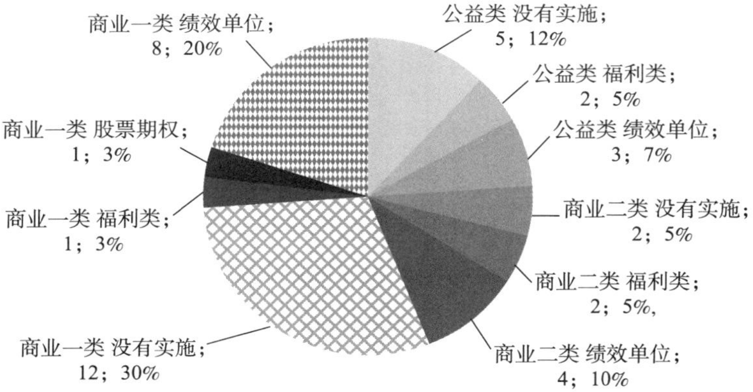

图 4-11　不同类别样本企业实施经理人中长期激励的情况

3. 中长期激励方式较为单一，激励效果明显不足

如图 4-12 所示，样本企业实施经理人中长期激励形式较为单一，实施效果较差。在 40 家被调查企业中并没有实施经理人中长期激励且"成效显著"的样本，并且在题项所列的 9 种中长期激励工具中，这些被调查企业只覆盖了绩效单位、福利类和股票期权 3 种类型，激励手段不是很丰富。加上近几年受外部环境和垄断性企业过度激励的影响，国务院国资委对国有企业经理人的固定薪酬水平有较强监管，从而导致人才是核心竞争力的商业性国有企业经理人固定工资普遍较市场水平低，没有形成薪酬激励的市场化配置。在激励方式单一的情况下，这类企业的经理人又没有得到较好的中长期激励，从而使经理人利用权力换取利益及"逆向选择"的情况较为严重。

4. 推动混合所有制改革是探索经理人中长期激励的有效途径

如图 4-13 所示，从样本企业实施混合所有制改革情况与实施经理人中长期激励的情况对比可以看出，参与混合所有制改革的 6 家企业全部实施了经理人中长期激励。因此可以推断，推动混合所有制改革可以有效促进国有企业经理人中长期激励的实施。当前，各级国有企业推进混合所有制改革已成"星火燎原"之势：在第三届中国企业改革发展论坛上发布的《中央企业高质量发展报

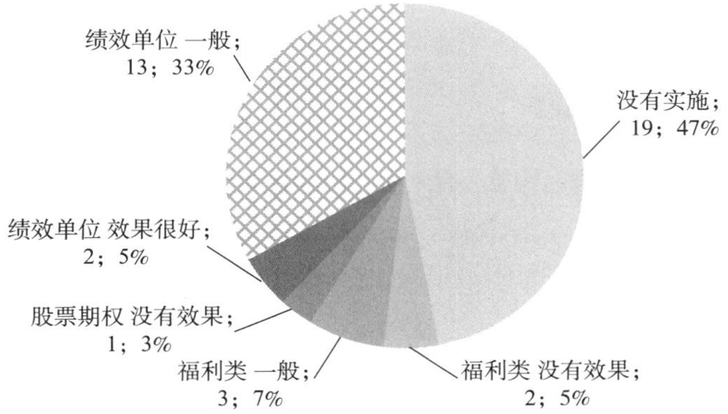

图 4-12 样本企业实施经理人中长期激励形式及效果

告》披露，2013—2017 年，民营资本通过各种形式参与中央企业混合所有制改革，投资金额已经超过 1.1 万亿元。从第一批试点以来，央企、国企混合所有制改革由点到面，使企业的运行机制得到了改造，员工的积极性受到激发，对高质量的发展起到了有益的推动作用，产生了一批好的典型。未来，随着混合所有制改革进程的深化，市场化机制改革、员工中长期激励机制等方面焦点陆续浮现。这确实需要政策指引，也需要好的典型引路。此次公布的操作指引用了很大的篇幅，对混合所有制改革企业的激励机制做了明确规定。因此，无论是基于本次问卷调研的结果，还是从中央的最新政策来看，推进混合所有制改革的相关要求都积极鼓励国有企业探索多种形式的中长期激励，这也为当今国有企业如何通过中长期激励实现激励目标提供了良好的政策环境，也为广大国有企业指明了改革方向。

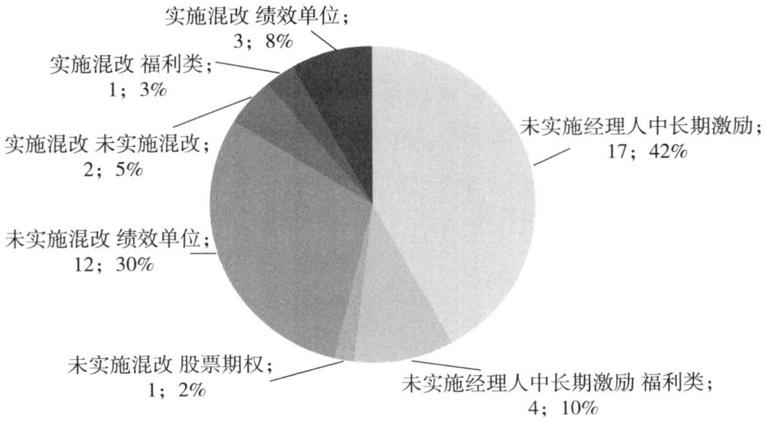

图 4-13 样本企业实施混合所有制改革情况与实施经理人中长期激励情况对比

第五章　国外企业经理人中长期激励的实践与借鉴

随着现代公司的出现和发展，所有权与经营者分离，经营者激励成为所有者解决委托代理问题的重要手段。为此，一些国家和企业在建立经营者中长期激励机制方面进行了大量的实践探索。由于不同的历史、文化、体制、资本市场发展程度、公司资本结构和融资方法，中长期激励机制的建立在不同的国家经历了不同的开发过程。本章主要介绍了中长期激励机制在美国、欧洲国家和亚洲国家的实践，并为中国基于国外企业经理人中长期实践形成自己的激励机制提出一些教训和灵感。

一、国外企业的实践与探索

（一）美国

美国是世界上最早也是最发达的建立长期激励机制的国家。早在 1950 年，美国就对企业进行了限制性股票期权的相关立法；1964 年，股票期权取代了限制性股票期权；1974 年，美国通过了第一部员工股票所有权计划法；1976 年,员工退休被收入保障法，有条件的股票期权在美国终止；1981 年，激励性股票期权出台，对激励性股票期权和非法定股票期权进行了严格区分，适用不同的税收待遇；1984 年，美国国会通过了 1984 年的税收改革法案，股权激励正式给予税收激励。20 世纪 80 年代末，美国有 25 个州通过法律来促进员工持股计划。美国共有 10237 家企业实施员工持股计划，涉及员工1153 万人。90 年代，美国国会通过了第 162 号法案。该法案的颁布导致高管薪酬激励实践中对股票期权的过度依赖和过度授予。这一法案的颁布，加上 20 世纪 90 年代中后期至 2000 年美国股市的繁荣，使得股票期权几乎等同于绩效薪酬，在许多公司高管薪酬激励计划中，占高管薪酬激励的 90%以上。2004 年，美国 80%以上的上市公司实施了股票期权计划。随着 2001 年后美国股市泡沫的破裂，特别是安然等公司丑闻的爆发，国际监管机构进一步加强了对公司治理结构方面的监管要求，美国证券交易委员会要求上市公司更明确地披露董事薪酬和高管薪酬，包括薪酬理念及高管薪酬激励如何与公司业绩挂钩；纽约证券交易所和纳斯达克证券交易所也要求改变公司治理结构，更加透明地披露高管薪酬激励措施。

“绩效薪酬”理念深受北美企业和职业经理人的认可。职业经理人的长期激励能否实现及实现的程度与企业选择的绩效指标密切相关。一般情况下，会选择反映企业经营状况、盈利能力等可直接衡量的财务指标。采用的中长期激励绩效指标多为股东总回报和总利润，以驱动合理可控的绩效增长。以美国和加拿大为例，美国企业最常选择的绩效指标是股东总回报、利润指标、经营指标、回报指标和现金流指标。在加拿大，最常选择的业绩指标是利润、股东总回报、运营、回报和现金流。大多数北美企业的职业经理人薪酬包括基薪、奖金、长期激励等。基薪是职业经理人的基本生活保障，事先确定，在一定时期内保持不变，反映了职业经理人价值的基本位置固定现金收入，约占总薪酬的15%，基薪与企业绩效一般无关，主要与行业规模、企业规模等因素有关。奖金即绩效，是一种短期激励。奖金是基于公司短期业绩或个人业绩的可变薪酬，约占薪酬总额的25%。大多数北美企业高度重视长期激励机制建设，中长期激励作为一种重要的工具被用来吸引、留住和激励人才，牵引性能改进。因此，经常的中长期激励占比更大，一般来说，约占总薪酬的60%，但也有一些企业可以达到80%甚至更高。

在美国，企业所有者主要受负责人收入最大化这一个人目标的激励。美国公司，尤其是大公司，非常注重采用高薪，有时是高薪激励了他们的经理。正是这种支付给企业负责人的高薪酬，对企业绩效起着积极作用。薪酬结构主要由四部分组成：底薪、短期激励、额外收入和长期激励。长期激励在企业负责人中的薪酬比例大大增加，包括股票期权、虚拟股票、股票溢价和其他有关证券市场的长期激励、长期浮动收入奖励以及其他长期激励。

据统计，美国近100%的高科技公司中，约90%以上的上市公司都有股票期权计划。股票期权已经成为激励管理者、留住优秀人才的有力武器，也是美国企业文化的一个重要特征。除了具有广泛的适应性外，股票期权作为一种资本产品，也得到了很大的发展。在普通股票期权的基础上又发展了股票增值权、虚拟股票和有条件股票期权等形式。此外，在约束机制方面，董事会对管理层进行监督。为了保持监督的独立性，增加外部董事数量、在董事会内部落实多委员会职责等，这种制度设置提高了内部监督机制的有效性。

早在1982年微软公司就面向员工发行了股票。该计划是等待一年获得这些股份，然后在4年内分8次等额支付。员工入职18个月后可获得25%的期权，此后每6个月可获得12.5%的期权；10年内随时赎回所有期权，每2年发行1次新期权；员工可以用自己工资的10%以15%的折扣购买公司的股票。当时，原始股份只有0.95美分。新雇佣的工程师平均能得到2500股，10年后，价值接近400万美元。

1993年美国第三大航空公司西北航空公司破产了。为了避免破产和员工失业，债权人、股东和员工代表达成协议，实施员工持股计划以挽救企业。员工在3年内通过减薪来偿还公司债务，并购买公司30%的股权。由于收入差异，减薪率上升：收入低于1.5万美元的人没有减薪；对于年收入超过8万美元的人，减薪20%。员工股占公司总股本的30%，其中飞行员占42.6%、技术人员占39%、空乘占9%、地勤占9.4%。员工股是优先股，每年有5%的股息，可以转换为普通股。2003年还清债务后，员工想要出售股份，公司就回购了所有股份。

早在1998年，美国的350家公司中有近30%有股票期权计划，这些计划被员工广泛持有。在这些计划中，平均约8%的股份以股票形式持有。在IT公司，这一比例高达16%。据调查，与未实行员工持股的企业相比，实行员工持股的类似企业的利润增长了约50%，劳动生产率提高了约30%，员工收入水平提高了25%~60%。

美国的股权激励制度历经几十年的发展，目前已趋于成熟。特别是2000年之后，出现了一些新的特点。首先，更加注重长期激励。福特公司、通用电气公司、苹果公司都逐渐设计了面向经理人的长达10年周期的激励计划。其次，多种中长期激励工具的组合使用。例如，福特公司在2008年推出的长期激励计划就采用了“业绩股票单元+股票期权”的组合方式，在个人总体分配份额上，两者比例为75∶25。脸书在2012年度股权激励计划中的激励工具就涵盖了股票期权、限制性股票奖励、限制性股票单元（RSU）、股票增值权、业绩股票等多种类型。

（二）欧洲国家

在欧洲国家中，英国、法国、荷兰、爱尔兰等的股票期权制度有着悠久的历史。20世纪70年代初，这些国家相继在本国公司法或其他专门法律法规中对公司股票期权制度进行了相应的立法，各种股票期权制度较为健全。1970年，法国在《商业公司法》中规定了股票期权的实施方式。如果该股票期权计划经管理部门批准，且该员工行使股权后持有该股票超过 5 年，就仅按出售该股票时超过行使价收益的 40%征收薪俸税。2001 年，新经济法规要求公司披露年度财务报告，向 10 名雇员授予股票期权。

相比之下，德国的股票期权制度起步较晚。在经营者激励机制中是以大股东利益为主导的一种相对稳定的方式。德国公司主要管理人员的薪酬总额一般为基本工资的 65%、年度奖金的 17%、奖金的 18%，而且已经很长时间没有股票或股票期权奖励。但近年来，随着新的激励理论的发展，这种稳定的薪酬模式逐渐松动，股权激励逐渐被引入。德国企业经营者的薪酬包括基本年薪、可变收入和津贴。目前，德国经营者激励机制十分重视高薪酬和长期激励的作用。例如，戴姆勒—奔驰集团的每位董事会成员可以购买 2000 股该公司的股票。如果股票的交易价值增长超过 15%，公司就会支付高额的股息，否则，只能按最低利润率进行划分。此外，德国企业经营者享有良好的福利待遇，经营者所享有的一系列福利待遇与普通民众享有的福利待遇有很大不同。就长期病假而言，高级管理人员的 100%工资支付期限为 1 年，普通员工仅为 6 周。养老基金经理几乎完全有资格享受这一待遇。加上社会保险经办机构发给的退休金，经营者在晚年可以获得可观的收入，减少退休的忧虑。

以英国、法国、德国等为代表的欧洲国家的股权激励由于各自国家的法律法规有所不同，近年来在股权激励方面呈现出比较明显的不同。例如，股票期权在英国的发展深受税法的影响，因为税收待遇的不同，出现了核准型期权计划（Approved Option Plans）、未核准型期权计划（Unapproved Option Plans）以及企业管理层激励计划（Enterprise Management Incentive Plan）等若干类型的股权激励计划。

（三）亚洲国家

亚洲国家是股票期权制度发展的新星，在 20 世纪 90 年代有了很大的发展，日本、印度、新加坡等国家发展迅速。作为东亚模式的代表，日本的公司治理结构与欧美完全不同。日本企业以公司股东为主体，外部治理机制薄弱。公司股权主要由法人控制，包括金融机构和工业公司。1989 年，日本公司的法人持股比例达到 70%以上。这种法人之间的相互持股使公司的股权结构非常稳定，企业难以被兼并或收购，形成了经营者主导公司的现象。日本企业的薪酬结构约为底薪的 70%、奖金和津贴的 15%，很少有股权激励。基本薪酬占首席执行官薪酬的 64%，奖金占 31%、福利和津贴占 3%、长期激励占 2%。近年来，日本企业开始重视长期激励薪酬。在日本上市公司的高科技企业中，高级管理人员的长期激励薪酬比例已达到 15%，主要通过股票期权方式进行激励。修订后的《日本商业守则》于 2003 年 4 月实施，以鼓励日本公司在高管薪酬方面的做法和改革。

同时，日本公司领导的薪酬主要包括基本工资、奖金、养老金和特殊福利。日本公司负责人的薪酬水平低于美国公司负责人，普通员工的薪酬与美国的差距较小。企业负责人一般还持有该公司的股票，但不准出售，股票收入较少。但是奖励激励效果还是比较好的。原因在于企业领导人的激励机制不是以物质激励为基础，这与日本强调集体主义和社会地位等文化特征有关。另外，"内部晋升制度"也是日本最有效的激励方式。日本企业的管理层都是逐步提升的，通常只在一家公司工作多年，职位晋升可以实现他们的社会地位、事业成就的满足感等；此外，社会保险、退休保险、人寿保险和俱乐部会员资格等非现金报酬也增加了很多。如果你放弃了自己多年积累的知识和经验，那么离开公司的代价可能会很高。

新加坡目前主要授予高级管理人员的股票期权尚未扩大到一般员工。1999 年，新加坡修改了相关税收办法，降低了股票期权行使收入的有效税率，促进了期权计划的发展。与此同时，新加坡交易所还提高了对高管薪酬的披露要求，使高管薪酬的实践更加透明。

总之，亚洲国家对经理人的中长期激励与该国所处的市场经济发展阶段密切相关。比较发达的日本、韩国、新加坡等国家在股权激励方面逐渐成熟，并体现出带有各自文化背景的特点。近年来，随着更多亚洲国家经济的快速发展和资本市场的不断完善，股权激励等中长期激励工具在经理人群体中的使用明显增加。

（四）现存问题与发展趋势

1. 现存问题

在发达国家，特别是美国，经营者的长期激励模式主要是股权激励。股权激励的引入不仅成为企业吸引人才的有效措施，而且有效降低了高昂的激励成本和代理费用，激发了管理者的创新意识，促使管理者做出科学决策，提高了企业的管理效率。然而，在具体实践中，也出现了一些问题。

（1）股权激励与公司绩效之间缺乏相关性。股权激励能够真正发挥长期激励作用，最重要的前提就是股价能够真实地反映企业的基本信息。事实上，当股市处于牛市时，大多数股票都会上涨。不同的是它们上涨的方式不同。

股价的上涨与经营者的绩效之间不存在显著的因果关系。这样，在股权激励制度下，经营者虽然没有给企业带来多少利润，但是通过股权的安排，经营者有可能获得巨大的利润。但是，当企业经营不善或股票市场低迷导致股价下跌时，股权激励制度就失去了激励作用，经营者可能会停止为企业努力工作或离开企业。一些管理者甚至会通过不正当手段提高业绩，使企业股价上涨，进而通过行使股权来获取利润。

（2）公司治理不健全，外部监督薄弱。这一问题导致股票期权制度被滥用，损害股东利益。许多公司授予越来越多的股票期权。一些经理每年通过股票期权赚取数亿美元，而股东的利益被过度稀释。此外，由于监管不力和各种中介机构的失职，使得管理层滥用股权激励，通过操纵利润和股价来获取利润。在这种情况下，一些公司的股票期权可能不再是一种保障经营者利益与所有者利益趋同的机制，而是经营者侵害股东利益的工具。

2. 发展趋势

经过多年的理论研究和实践，国际上对管理者的长期激励已趋于成熟。主要形式有股票期权、限制性股票收益和长期激励，但最主要的一个是股票期权。自 1952 年以来，美国辉瑞制药公司期权计划推出股权激励作为一种长期激励的主要形式，从高级管理人员扩大到普通工人，在西方国家尤其是美国和日本已经十分普遍，成为许多企业的一项重要制度。

2009 年，作为长期激励措施，沃尔玛首席执行官李·斯科特的薪酬是基本工资的 3 倍以上。爱立信从 2007 年开始提高了中长期激励薪酬的比例。2006 年，可口可乐甚至提议，薪酬完全由股权构成。巴菲特称赞说：“这真的把董事和投资者的利益结合在一起了。我从未见过一个系统像现在这样好。”华信惠悦的研究显示，支持高管和员工长期持股的公司比那些不太支持这种制度的公司拥有更高的股东回报。另一项研究表明，与其他薪酬形式相比，长期激励是企业保持长期健康发展、确保高管人员将企业利益放在首位的最优薪酬机制。根据翰威特的研究，越来越多的美国公司提高了长期激励计划在其薪酬结构中的比例，从 20 世纪 60 年代的 20% 增加到 90 年代的 70%，2006 年达到 90%。此外，随着企业越来越重视薪酬战略与企业发展战略之间的联系，许多企业为了应对不同宏观经济环境下的不同管理目标，采用了两种以上的激励方案。

虽然国外企业的中长期激励已经比较成熟地采用了多种形式的股权激励工具，但是也出现了一些负面影响。有一些突出的例子表明，高管会过度关注实现自己的财务目标，而牺牲整个企业的长期最佳利益。例如，追求高回报的高管不计后果地收购股票，可能会因为一意孤行地抬高股价而让公司背上沉重的债务。甚至，管理层利用篡改财务数据的方式来影响股价和控制奖金的数额，从而在其中获得巨大的利润。美国监管机构在2007年一份关于房利美财务状况的报告中称，1998—2004年，房利美故意伪造收入数据，以使高管更有可能获得奖金。针对上述缺点，从2008年美国金融危机之后，外国企业中长期激励的一个显著变化是，越来越多的企业不再只关注股票价格的波动性，而是更看重股票和公司的长期价值；同时在执行计划时对绩效指标进行更加严格的考核。例如，通用电气和微软已将股票期权从高管薪酬构成中剔除。华信惠悦的一份长期激励状况报告显示，2009年，美国上市公司采用全价值股票的比例首次超过股票期权。目前，员工持股已成为一种国际趋势。20世纪90年代末，约1750家英国公司和200万名英国工人参与了政府批准的计划；法国工业部门员工持股比例超过50%，金融部门部分企业员工持股比例超过90%。在德国，员工持股是留住人才、使其参与管理、促进企业发展的基本制度。超过一半的日本上市公司采用了员工所有制，这在西班牙和泰国等国家也很常见。

此外，除了企业强调长期激励外，许多国家的政府监管机构也鼓励在经济低迷时期使用长期激励，将长期激励视为有效的激励措施。例如，在2010年的经济危机中，美国总统发布了一项限制薪酬的命令，规定政府资助企业的高管如果想要拿到超过1万美元的薪酬，就必须采用限制性股票的形式。政府要求英国金融机构以延期或股票的形式支付奖金。自2010年以来，随着经济环境的恶化，美国采取了一些针对金融业高管薪酬的措施。收回政策就是其中之一，这是一种追溯机制。如果高管在行为或表现上有错误，将从企业已经支付的薪酬中收回一部分。在薪酬确定的制度中，首先要使实际账面价值与其进行匹配。例如，在实施时应以企业的实际业绩作为考核的条件。此外，重视股东意见，赋予股东不具约束力的表决权。也就是说，可以在股东大会上对高管薪酬水平进行表决，如果反对的投票比例较大，薪酬委员会就必须考虑大多数股东的意愿。它扩大了一系列薪酬相关信息的范围和透明度，其中包括续约、解雇及延期发放奖金。

基于以上国外中长期激励的实施情况，适用于高管和员工的长期激励工具在国外企业中得到了普及，并在经济运行到经济低迷时期得到了巩固和完善。其中，政府和监管部门也不遗余力地推动后续的长期激励。未来的发展趋势可以体现在以下四个方面。

（1）股东更注重长期激励制度的建立和激励计划的实施。股东投票反对高管薪酬计划的比例增加，反映出股东对公司治理的参与更加积极，对高管的约束也加强了。

（2）中长期激励结构多元化，会计薪酬水平有所降低。由于股票期权在美国公司高管薪酬中所占比例最大，因此已成为监管和公司治理运动的焦点。此外，随着近年来企业丑闻的不断涌现，以及前几年互联网股票泡沫中股票期权的破灭，越来越多的企业调整了薪酬理念：一方面，在提高底薪比例和短期激励的同时，重点降低股票期权的授予水平；另一方面，调整长期激励结构，将股票期权与限制性股票和长期绩效激励计划结合实施，并增加更严格的绩效条款。同时，公司要求管理层在任职期间持有一定数量的股票。2004 年，管理层基本工资平均上涨了 7%、奖金平均上涨了 18%、现金薪酬平均上涨了 12%。长期激励平均下降 16%，导致直接薪酬下降 9%。公司治理结构运动、监管机构、股票期权会计制度改革及公众对高管薪酬的监督都对其产生了明显影响。

（3）监管进一步加强。随着美国安然公司财务造假丑闻的曝光，美国企业更加重视外部监督机制的完善。在对公司产权运作的监管方面，美国加强了外部作用，主要表现在三个方面。第一，美国政府加强了对中介机构的监管，美国国会也通过了 2001 年的萨班斯—奥克斯利法案。该法案要求建立一个上市公司会计监督委员会，以监督注册会计师行业。第二，美国证券交易委员会等部门纷纷出台措施加强监管。例如，设立一个独立的、有权力的监督委员会来监督审计企业的运作，上市公司董事会中独立董事的人数应该增加到 50%。第三，形成强有力的社会监督机制，主要有舆论监督、司法干预、自律等。

（4）薪酬理念不断更新。薪酬设计与企业实际绩效的关系越来越密切。公司治理结构的运动、股票期权会计制度的改革、公众对高管薪酬的监督，以及近年来公司丑闻的不断曝光，都对新的薪酬理念的确立产生了很大的影响。一方面，加强薪酬的结构性管理使薪酬的全过程更加严格；另一方面，设计更合理、更严格的绩效条款，提高中长期激励与公司实际绩效之间的正相关关系。

二、对国有企业的借鉴启示

（一）激励制度的借鉴

第一，完善的公司治理结构是实施中长期激励的制度基础。分离公司的所有权和管理是一种常见的实践，通过中长期激励机制以避免经营者的短期行为，防止经营者的道德风险和逆向选择，并确保股东利益的最大化和公司的可持续发展。但前提是公司的治理结构相对完善，董事会可以形成对企业管理水平的有效限制，真正执行业主代表股东的权利，充分发挥决策和监督的功能，以防止和避免内部人控制的风险。

第二，建立中长期激励机制需要完善考核制度。考核是将经营者薪资收入与业主利益紧密联系在一起的关键环节，与企业的发展息息相关。评价指标的选择不仅要体现企业的战略定位，而且要引导经营者关注所有者的利益和企业的可持续发展。考核程序严格、考核结果高度透明是建立中长期激励机制的关键。

总之，任何制度的有效性都受到其产生和发展的环境制约。当环境发生变化时，制度的有效性就会发生变化，没有完美的制度，也没有永远有效的制度。中国的企业要想建立长期激励机制，经营者不仅要研究和借鉴外国公司的经验，还要结合国有企业改革和国有企业自身的发展，选择适当的激励模式，同时进行改善，不能复制，不要盲目地迷信任何系统或模式，使经营者的中长期激励机制成为连接管理层与股东利益的机制。

（二）激励模式的启示

根据以上研究可以发现，外国企业经营者薪酬结构主要包括基薪、短期激励、长期激励和福利，长期激励的薪酬水平呈现上升趋势，尤其是欧美国家的长期激励薪酬水平较高。日本虽然长期激励薪酬不高，但是注重精神激励。日本的“职务晋升制度”从长期来看可以有效地激励管理者，并努力实现股东权益的最大化。企业年金作为一种福利措施，在世界范围内得到了广泛应用，是一种有效的长期激励手段。国外企业年金计划与工资收入水平密切相关。同时，其企业年金账户支付除由个人和企业承担外，还将得到政府的部分补贴，扩大企业年金的保护功能。

从国外的激励方式和薪酬结构来看，国外企业注重在利益激励下指导管理者的长期行为，这是由客户追求长期利益最大化的必然要求决定的。实践证明，能够击败强大竞争对手的公司，有两个共同特点：一是高级管理人员具有长远的战略眼光，二是高层领导具有长期稳定性。企业经营者对公司合并、资产重组、投资、改造等一系列重大战略问题的决策往往具有长期效应，要到三五年甚至十年后才会显现。因此，有必要建立一种动态机制，使经营者的决策行为始终有利于所有者长期利益的实现。当所有者的长期利益目标逐渐成为现实时，经营者的利益回报就会逐步实现。从本质上讲，这些未来收益也是所有者为经营者的市场选择设定的“门”或“机会成本”。因此，“引导行为、稳定人才”“着眼长远、面向未来”等激励措施可以一举两得。同时，国外长期激励机制健全，激励效果良好，能有效地将股东利益和管理者利益结合在一起。欧美国家和日本经历了数百年的变革，市场经济体制已经非常完善，市场经济的法律法规为各种长期激励模式的应用提供了良好的外部实施环境，同时这些国家的公司也有良好的公司治理结构和长期激励理念，为长期激励的应用创造了内部条件。

但是，我国的市场经济体制还有待提升，各种法律法规和外部监督机制还不完善，各种内部监督机制还没有形成。在这样的内外部环境中，中长期激励措施的实施将受到影响。在我国不成熟的外部和内部条件下，我们不能照搬国外的长期激励模式。例如，我国的股票市场还处于初级阶段，公司股票市场的价格往往不能反映公司的真实价值，因此股权激励的应用效果会大大降低。因此，我们应该采取不太依赖外部条件的激励方式，如净利润分享计划和激励。该方法适用于尚未进行企业重组和改造，受外部条件影响不大的企业。同时，该方法操作简单，有利于成为国有企业管理者长期激励的试点。股权激励是一种非常有效的激励方式，我们应该逐步建立股权激励机制，但在具体方式上，我们可以着重选择有限条件的股票期权计划，如虚拟股权、绩效股、股票增值权等。

第六章 国有企业经理人中长期激励的逻辑对策

国有企业经理人中长期激励是一个比较复杂的系统工程，涉及相关政策法规、理论依据、行业特点、企业属性等要素，不是简单地靠政策指引、学习实践经验就能实现的。党的十八届三中全会指出，全面深化改革必须更加注重改革的系统性、整体性、协同性。国有企业深化改革已经进入深水区，要有效解决国有企业经理人中长期激励的难题，需要构建科学合理的系统，只有在理论依据、政策法规、激励模式、实操方案之间找到足够的匹配与平衡，才能发挥各类激励模式和技术工具的效用价值。

因此，本章将在前述理论与政策的基础上，针对目前国有企业经理人中长期激励存在的问题，从系统性、合规与创新、经济利益与精神激励三个视角提出逻辑对策。

一、国有企业经理人中长期激励的系统性

党的十八届三中全会指出，全面深化改革必须更加注重改革的系统性、整体性、协同性。国有企业经理人的中长期激励是国有企业深化改革整个体系中比较复杂、比较艰难的一个问题。习近平总书记在党的十八届三中全会报告中对国有企业深化改革提出的要求中明确指出：健全协调运转、有效制衡的公司法人治理结构。建立职业经理人制度，更好发挥企业家作用。深化企业内部管理人员能上能下、员工能进能出、收入能增能减的制度改革。建立长效激励约束机制，强化国有企业经营投资责任追究。这其中，“能上能下、能进能出、能增能减”是对国有企业构建激励机制最基本的要求，“建立职业经理人制度”更是实现国有企业经理人中长期激励的基础条件。

习近平总书记对国有企业深化改革的要求中蕴含着国有企业经理人中长期激励的系统性逻辑。工具只能解决具体事情，系统才能解决系统问题。国有企业经理人中长期激励的问题是比较复杂的系统问题，已经不是“点的突破、线的理顺”可以彻底解决的了，需要有一个科学的逻辑系统才能从容应

对。因此，国有企业经理人的中长期激励需要从系统性、整体性、协同性来思考和构建。

依据前述相关法人治理理论、人力资本理论、职业经理人理论及各类激励理论，我们认为，形成系统有效的国有企业经理人中长期激励机制必须从以下三个方面来予以逻辑构建。

（一）健全国有企业有效制衡的法人治理结构

法人治理结构又被译为“公司治理”结构，是现代企业制度中最重要的组织管理架构。狭义的法人治理主要是公司内部股东、董事、监事及经理层之间的关系，广义的法人治理还包括与利益相关者（员工、客户、存款人和社会公众等）的关系。

1. 法人治理结构对经理人中长期激励的意义

在现代公司治理中，法人治理结构是公司合理运转的组织基础。公司作为法人，也就是作为由法律赋予了人格的团体人、实体人，需要有相应的组织体制和管理机构，使之具有决策能力、管理能力行使权力和承担责任，从而使公司法人有效地活动起来，因此法人治理结构很重要，是公司制度的核心。

2017 年 5 月 4 日，国务院办公厅下发了《关于进一步完善国有企业法人治理结构的指导意见》，明确指出：完善国有企业法人治理结构是全面推进依法治企、推进国家治理体系和治理能力现代化的内在要求，是新一轮国有企业改革的重要任务。当前，虽然多数国有企业已初步建立了现代企业制度，但从实践情况来看，现代企业制度仍不完善，部分企业尚未形成有效的法人治理结构，权责不清、约束不够、缺乏制衡等问题较为突出，一些董事会形同虚设，未能发挥应有的作用。

按照公司法规定，公司法人治理结构由股东会、董事会、监事会、经理层四部分组成。作为国有企业，“坚持党的领导、加强党的建设”也是健全法人治理结构的一部分。《关于进一步完善国有企业法人治理结构的指导意见》明确提出：依照法律法规和公司章程，严格规范履行出资人机构、股东会、董事会、经理层、监事会、党组织和职工代表大会的权责，强化权利责任对等，保障有效履职，完善符合市场经济规律和我国国情的国有企业法人治理结构，进一步提升国有企业运行效率。

2018 年 10 月 9 日，刘鹤副总理在国有企业改革座谈会上的讲话再次明确提出：要有效划分企业各治理主体权责边界，充分发挥党委（党组）的领导核心作用，切实落实和维护董事会依法行使重大决策、选人用人、薪酬分配等权力，保障经理层经营自主权，加快形成有效制衡的法人治理结构。

因此，国有企业经理人中长期激励必须依托国有企业的法人治理结构来实现。这其中，由于中长期激励涉及公司的股权激励，对法人治理的有效制衡提出了更大挑战。

2. 如何形成国有企业有效制衡的法人治理结构

面对出资人机构、股东会、董事会、经理层、监事会、党组织和职工代表大会等多个治理主体之间的职责边界和协调运转，结合理论思考和实践探索，混合所有制改革是比较有效的抓手。

混合所有制改革并不是新举措，而是20世纪90年代提出的改革方案。该方案允许国内民间资本和外资参与国有企业改组改革，经济改革的实践证明，混合所有制能够有效促进生产力发展。党的十八届三中全会提出积极发展混合所有制经济，并强调国有资本、集体资本、非公有资本等交叉持股、相互融合的混合所有制经济是基本经济制度的重要实现形式。2013年的《政府工作报告》强调要加快发展混合所有制经济。在新阶段，发展混合所有制经济应从产权开放和产业开放两个方面着手。

从产权开放来看，发展混合所有制经济主要有两种方式："国企改革式"，立足于国有企业，吸引民营资本、外资与国有资本融合；"民企发展式"，立足于民营企业，让国资、外资与民营资本融合。这两种方式之间并不矛盾，也不排斥，而是平等竞争、共同发展。

从产业开放来看，发展混合所有制经济的重点是推进垄断行业改革。

民营资本如何进入垄断行业？从战略上来看，首先需明确国有资本控制的几条底线：第一，涉及国家安全的产业；第二，真正的自然垄断性环节，指具有网络系统性特征的环节，如电网、通信网、民航网、铁路网、邮政网等；第三，公共产品的生产和服务行业；第四，承担政府特殊任务的企业。在底线之上，应积极推进垄断性行业开放，逐步使民营资本进入垄断性行业。

具体而言，在国有企业混合所有制改革中，可以参照如下四种具体形式：①涉及国家安全的少数国有企业和国有资本投资公司、国有资本运营公司，可以采用国有独资形式；②涉及国民经济命脉的重要行业和关键领域的国有企业，可保持国有绝对控股；③涉及支柱产业和高新技术产业等行业的国有企业，可保持国有相对控股；④国有资本不需要控制且可以由社会资本控股的国有企业，可采取国有参股形式或全部退出。

2018 年 10 月 9 日，刘鹤副总理在国有企业改革座谈会上的讲话也明确提出，要“突出抓好混合所有制改革”。要切实转换企业经营机制，增强企业内部约束和激励，保护各类所有制产权的合法权益，科学进行资产定价；要通过发展混合所有制经济提高国有资本配置效率，同时大力支持和带动非公有制经济发展，实现各种所有制资本取长补短、相互促进、共同发展。

国有企业的混合所有制改革一旦实行到位，公司法人治理结构中各治理主体的角色和定位就会更加清晰，各治理主体的职责就会更加明确。在法人治理结构中发挥核心作用的董事会和经理层就会在党组织、股东会、监事会、职代会等治理主体的领导和监督下，依据公司章程发挥应有的作用和功能。这样需要董事会发挥主导作用的国有企业经理人中长期激励体系就会更加有效地建立起来，从而在实践中不断优化调整，激励更多国有企业经理人在本职岗位上承担应该有担当和指标，将公司的长远发展与个人利益更坚定地结合在一起。

（二）建立科学合理的国有企业职业经理人制度

1. 国有企业职业经理人制度与经理人中长期激励的关系

关于职业经理人的内涵和相关理论在本书 2.2 中有专门的介绍和论述。这里需要强调的是：职业经理人在一个所有权、法人财产权和经营权分离的企业中，承担法人财产的保值增值责任，对法人财产拥有经营管理权；由企业在职业经理人市场（包括外部社会市场和企业内部市场）中聘任，而其自身为以受薪、股票期权等为获得报酬主要方式的职业化企业经营管理专家。

国务院国资委在新出台的《“双百企业”推行职业经理人制度操作指引》中指出，职业经理人是按照“市场化选聘、契约化管理、差异化薪酬、市场化退出”原则选聘和管理的，在充分授权范围内依靠专业的管理知识、技能和经验实现企业经营目标的高级管理人员。

因此，建立职业经理人制度与上一节介绍的“法人治理结构的健全有效”存在非常直接的关联性。同时，“市场化聘任”是职业经理人制度的运转平台，也是国有企业经理人中长期激励的前提条件。职业经理人的价值来自市场的认可，没有市场化的聘任和流动，就不可能有职业经理人发挥作用的平台。市场化既可以是企业外部的职业经理人市场，也可以是企业内部的职业经理人市场。

现代人力资本理论将职业经理人与技术创新者均称为“人力资本”。也就是说，职业经理人属于人力资本范畴。作为职业经理人，必须具备较高的个人素质以及较高的专业技能和管理才能，具有经营管理的专业才能。职业经理人的职责和价值决定了需要更长期的激励机制，对其的激励不能是短期的薪金和报酬，应该更加注重源自法人财产增值收益所产生的长期回报。面向国有企业经理人的中长期激励也应该考虑职业经理人具备的人力资本要素。

《中共中央国务院关于深化国有企业改革的指导意见》提出：推行职业经理人制度，实行内部培养和外部引进相结合，畅通现有经营管理者与职业经理人身份转换通道，董事会按市场化方式选聘和管理职业经理人，合理增加市场化选聘比例，加快建立退出机制。推行企业经理层成员任期制和契约化管理，明确责任、权利、义务，严格任期管理和目标考核。同时，进一步明确：对市场化选聘的职业经理人实行市场化薪酬分配机制，可以采取多种方式探索完善中长期激励机制。

因此，职业经理人制度是国有企业经理人中长期激励的制度载体。如果没有职业经理人制度，国有企业就无法科学系统地构建面向各级经理人的激励机制。甚至可以根据某个国有企业是否具有面向经理人的中长期激励机制来判断该国有企业的职业经理人制度是否有完整的体系。

习近平总书记在十九届四中全会上关于《中共中央关于坚持和完善中国特色社会主义制度、推进国家治理体系和治理能力现代化若干重大问题的决定》的说明中指出：新时代改革开放具有许多新的内涵和特点，其中很重要的一条就是制度建设分量更重，改革更多面对的是深层次体制机制问题，对改革顶层设计的要求更高，对改革的系统性、整体性、协同性要求更强，相应地建章立制、构建体系的任务更重。因此，国有企业经理人中长期激励的有效实现就需要进行专门的制度建设。其中，国有企业职业经理人制度就是重中之重，是国有企业经理人中长期激励能否有效实现的制度基础。

2. 如何建立科学合理的职业经理人制度

依据《“双百企业”推行职业经理人制度操作指引》推行职业经理人制度要履行的操作流程包括：制定工作方案、履行决策审批程序、市场化选聘、签订各种契约、开展业绩考核、结果反馈应用决策。在遵循基本操作流程的同时，国有企业要想建立科学合理的职业经理人制度，必须从如下三个方面针对职业经理人制度达成共识。

（1）职业经理人制度不是孤立的制度，而是现代企业制度的一部分。职业经理人制度能够产生的前提和基础是健全有效、合理制衡的法人治理结构，国有企业完善优化法人治理结构就是为职业经理人制度提供切实可行的组织根基。

（2）职业经理人制度必须建立在市场化的平台上。这个“市场化”不仅是职业经理人的聘任市场化，而且是企业所面临的充分的市场竞争和市场准入。没有充分的市场竞争和市场准入，企业不会有建立职业经理人制度的积极性，也不会有市场化的职业经理人聘任。

（3）职业经理人制度必须符合现代人力资源管理的科学性和系统性。职业经理人制度不是简单的选聘和任用，而是一套完整的人力资源管理逻辑架构。这个逻辑架构的核心价值在于能够为国有企业的经理人提供可持续的中长期激励。

从逻辑体系来看，科学有效的职业经理人制度应该包含“一个基础、两个平台、五大环节”。

“一个基础”是指符合现代企业制度要求的、健全有效的公司法人治理结构。这是职业经理人生存、发展及发挥作用的制度基础。如果国有企业的股东会、董事会、监事会和经营层（职业经理人）之间没有形成相对独立、职责分明、相互制衡的治理结构，职业经理人将无法发挥预期的作用。如果国有企业的出资人机构、党组织、职代会在法人治理结构中的定位和职责划分不够明确，就会影响国有企业的正常运营，从而影响职业经理人的价值体现。

“两个平台”包括面向企业的市场竞争和市场准入平台；面向职业经理人的聘任市场化平台。这两个平台为职业经理人制度的运行提供了必要的市场化环境。其中，面向企业的市场竞争和市场准入平台是企业建立并实现职业经理人制度的外部市场环境，没有这个平台化的市场环境，面向职业经理人的聘任市场化也难以实现。

“五大环节”源自现代人力资源管理体系的基本要求。具体包括：①职业经理人的素质界定；②职业经理人的甄选；③职业经理人的聘用（含退出）；④职业经理人的激励（绩效评价、薪酬奖励等）；⑤职业经理人的职业发展（培养、职业规划等）。这五个环节形成了职业经理人制度运行的具体内容，从职业经理人的选聘、激励到职业发展，构成了一个可持续的架构。

其中，职业经理人的激励是一个依据职业经理人的价值给予报酬、依据职业经理人的经营业绩给予奖励的长期激励环节。包括薪酬结构的设计、经营业绩指标的确定及评价、股权激励方案设计等人力资源管理的技术方案。而且，职业经理人的甄选、聘用、职业发展等环节的最终目标都围绕“经理人中长期激励”展开。

因此，我们认为，建立科学有效的职业经理人制度应该从上述的“一个基础、两个平台、五大环节”切入，通过健全合理制衡的法人治理结构，奠定职业经理人制度的基础；通过强化国有企业的市场竞争和市场准入，推行职业经理人的聘任市场化，为职业经理人制度提供可持续的平台；通过构建科学的“选、育、用、留”等人力资源管理环节，确保职业经理人制度可落地、可实施。

国有企业建立职业经理人制度的根本目标是通过科学有效地实现对国企经理人的中长期激励来提升国有企业的核心竞争力。因此，通过职业经理人制度的有效发挥来实现“能上能下、能进能出、能增能减”，才能最大限度地激发国有企业经理人的内在动力。国有企业职业经理人制度建设体系见图 6-1。

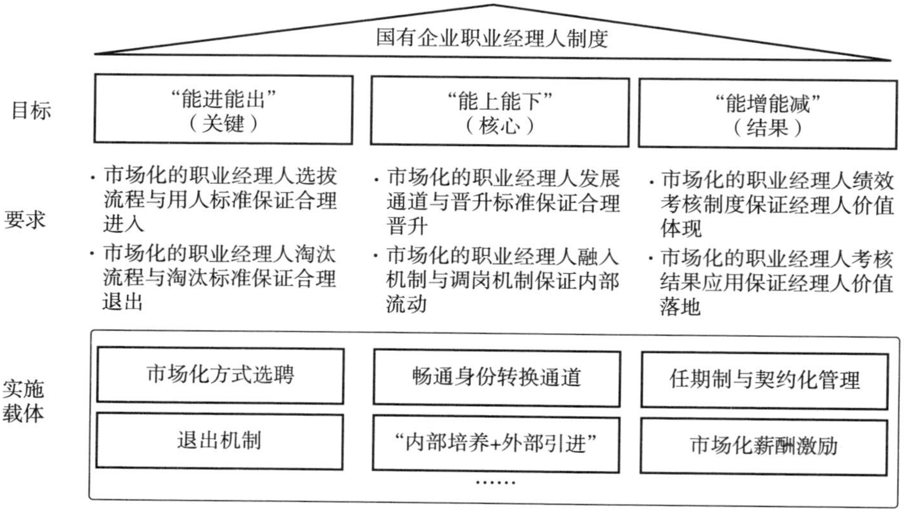

图 6-1 国有企业职业经理人制度建设体系

资料来源：怡安翰威特。

二、国有企业经理人中长期激励的合规与创新

国有企业的属性和特点决定了面对经理人的中长期激励必须符合国家法规政策，但是国有企业深化改革又需要加强经理人中长期激励的创新，从而激发国有企业经理人的活力和创造力，提高国有资本投资收益率，促进国有资产保值增值，为全国人民创造更有价值的国有资本。

（一）确保国有企业经理人中长期激励的合规

国有资本的全民所有属性是国有企业经理人中长期激励合规性的来源和要求。有中国特色的社会主义市场经济是我们需要探索的，也是我们需要开拓的，所以在这个过程中，难免会存在各种各样的问题。特别是，国有企业在法人治理结构的健全有效性方面还存在一定的问题，这就导致在国有企业深化改革过程中，如何在鼓励改革的同时加强监管成为一个有些矛盾的难题。监管过度会影响改革的积极性，监管过松又会出现“借改革之名谋利益”的现象。特别是，在国有企业经理人中长期激励中，必然会应用到股权激励等技术工具，一旦使用不当，就会引起很大的分配不公平，甚至引起国有资产变相流失。因此，作为代表出资人的机构，国务院国资委围绕国资国企深化改革和国有企业经理人中长期激励先后出台了很多政策法规及指导意见。

1. 混合所有制改革中的国企中长期激励合规性

2019 年 10 月 31 日，为贯彻落实中共中央、国务院关于积极发展混合所有制经济的决策部署，稳妥有序推进中央企业混合所有制改革，促进各种所有制资本取长补短、相互促进、共同发展，夯实社会主义基本经济制度的微观基础，按照《中共中央、国务院关于深化国有企业改革的指导意见》（中发〔2015〕22 号）、《国务院关于国有企业发展混合所有制经济的意见》（国发〔2015〕54 号）等文件精神和有关政策规定，国务院国资委在总结中央企业混合所有制改革工作的基础上，制定了《中央企业混合所有制改革操作指引》。

根据该指引，中央企业所属各级子企业通过产权转让、增资扩股、首发上市（IPO）、上市公司资产重组等方式引入非公有资本、集体资本，实施混合所有制改革，一般应履行以下基本操作流程：可行性研究、制定混合所有制改革方案、履行决策审批程序、开展审计评估、引进非公有资本投资者、推进企业运营机制改革。

在《中央企业混合所有制改革操作指引》中，不仅对“混资本”相关环节的操作要点进行了详细规定和指引，而且针对“改机制”相关环节的操作要点进行了具体规定和说明。其中，“关于混合所有制企业公司治理和管控方式”从三个方面进行了规范指引：①混合所有制企业法人治理结构；②混合所有制企业管控方式；③混合所有制企业党的建设。更是针对与国有企业经理人中长期激励有直接关联的“三项制度改革”，进行了明确指引：“建立市场化选人用人机制，实现管理人员能上能下。推动混合所有制企业在更大范围实行经理层成员任期制和契约化管理，具备条件的建立职业经理人制度，积极探索建立与市场接轨的经理层激励制度。”

《中央企业混合所有制改革操作指引》中专门列出了一条“关于激励约束机制”，明确提出：“鼓励混合所有制企业综合运用国有控股混合所有制企业员工持股、国有控股上市公司股权激励、国有科技型企业股权和分红激励等中长期激励政策，探索超额利润分享、项目跟投、虚拟股权等中长期激励方式，注重发挥好非物质激励的积极作用，系统提升正向激励的综合效果。”

由于权益类的股权激励和现金类的分红激励等中长期激励技术和手段都直接涉及国有资产证券化或国有资产价值评估，所以合规性尤为重要。为此，《中央企业混合所有制改革操作指引》针对三类国有企业的中长期激励给予了明确的分类指引和具体的政策法规约束。

（1）混合所有制企业员工持股。混合所有制企业员工持股应按照《关于印发〈关于国有控股混合所有制企业开展员工持股试点的意见〉的通知》（国资发改革〔2016〕133 号）稳慎开展。坚持依法合规、公开透明，增量引入、利益绑定，以岗定股、动态调整，严控范围、强化监督等原则。优先支持人才资本和技术要素贡献占比较高的科技型企业开展员工持股。员工持股企业应当具备以下条件：主业处于充分竞争行业和领域的商业类企业；股权结构合理，非公有资本股东所持股份达到一定比例，公司董事会中有非公有资本股东推荐的董事；公司治理结构健全，建立市场化的劳动人事分配制度和业绩考核评价体系，形成管理人员“能上能下”、员工“能进能出”、收入“能增能减”的市场化机制，营业收入和利润 90%以上来源于所在企业集团外部市场。员工持股总量原则上不高于公司总股本的 30%，单一员工持股比例原则上不高于公司总股本的 1%。

（2）中央企业控股上市公司股权激励。中央企业控股上市公司应按照证监会和国务院国资委有关规定规范实施股权激励，建立健全长效激励约束机制，充分调动核心骨干人才创新创业的积极性。股权激励对象要聚焦核心骨干人才队伍，结合企业高质量发展需要、行业竞争特点、关键岗位职责、绩效考核评价等因素综合确定。股权激励方式一般为股票期权、股票增值权、限制性股票等，也可以探索试行法律、行政法规允许的其他激励方式。中小市值上市公司及科技创新型上市公司，首次实施股权激励计划授予的权益数量占公司股本总额的比例，最高可以由 1%上浮至 3%。上市公司两个完整会计年度内累计授予的权益数量一般在公司总股本的 3%以内，公司重大战略转型等特殊需要的可以适当放宽至总股本的 5%以内。股权激励对象实际获得的收益不再设置调控上限。中央企业控股上市公司根据有关政策规定，制定股权激励计划，在股东大会审议之前，国有控股股东按照公司治理和股权关系，经中央企业审核同意，报国务院国资委批准。除主营业务整体上市公司外，国务院国资委不再审核上市公司股权激励分期实施方案，上市公司依据股权激励计划制定的分期实施方案，国有控股股东应当在董事会审议决定前报中央企业审核同意。

（3）国有科技型企业股权和分红激励。鼓励符合条件的国有科技型企业按照国家相关规定实施股权和分红激励，充分调动科研骨干和关键人才的积极性和创造性。明确激励政策导向，以推动形成有利于自主创新和科技成果转化的激励机制为主要目标，根据科技人才资本、技术要素贡献占比及投入产出效率等情况，合理确定实施企业范围和激励对象，建立导向清晰、层次分明、重点突出的中长期激励体系。优先支持符合《“十三五”国家科技创新规划》战略布局和中央企业“十三五”科技创新重点研发方向，创新能力较强、成果技术水平较高、市场前景较好的企业或项目实施股权和分红激励。综合考虑职工岗位价值、实际贡献、承担风险和服务年限等因素，重点激励在自主创新和科技成果转化中发挥主要作用的关键核心技术、管理人员。科学选择激励方式，鼓励符合条件的企业优先开展岗位分红激励，科技成果转化和项目收支明确的企业可选择项目分红激励，在积累试点经验的基础上稳妥实施、逐步推进股权激励。合理确定总体激励水平，从经营发展战略及自身经济效益状况出发，分类、分步推进股权和分红激励工作，坚持效益导向和增量激励原则，根据企业人工成本承受能力和经营业绩状况，合理确定激励水平。规范制度执行，中央企业开展股权和分红激励要按照《关于印发〈国有科技型企业股权和分红激励暂行办法〉的通知》（财资〔2016〕4 号）等相关规定，不得随意降低资格条件。

2. 国有企业改革“双百行动”中的国有企业中长期激励合规性

国有企业改革“双百行动”是国务院国有企业改革领导小组组织开展的国有企业改革专项行动之一，计划选取百余户中央企业子企业和百余户地方国有骨干企业，在 2018—2020 年，全面落实“1+N”系列文件要求，深入推进综合性改革，在改革重点领域和关键环节率先取得突破，打造一批治理结构科学完善、经营机制灵活高效、党的领导坚强有力、创新能力和市场竞争力显著提升的国企改革尖兵，充分发挥示范突破带动作用，凝聚起全面深化国有企业改革的强大力量，形成全面铺开的国企改革崭新局面和良好态势。

自国有企业改革“双百行动”实施以来，有超过400家央企所属企业和地方国有骨干企业入围“双百企业”名单。

2018年8月10日，国务院国有企业改革领导小组在国有企业改革“双百行动”信息化工作平台公布了《国企改革双百行动工作方案》，列明“五突破、一加强”六大主要目标。其中，将稳妥推进股权多元化和混合所有制改革率先取得突破列为首要目标；同时，在法人治理结构、职业经理人、中长期激励等方面也提出了明确的突破要求。

（1）在健全法人治理结构方面：重点是将董事会对企业中长期发展的决策权、经理层成员选聘权、业绩考核与薪资分配等落实到位，充分保证经理层经营自主权，形成权责对等、运转协调、有效制衡的决策执行监督机制。

（2）在完善市场化经营机制方面：重点是全面推行经理层成员任期制和契约化管理，按照市场化选聘、契约化管理、差异化薪酬、市场化退出的原则大力推行职业经理人制度。

（3）在健全激励约束机制方面：重点是建立与劳动力市场基本适应，同国有企业经济效益和劳动生产率挂钩的工资结构及正常增长机制，规范实施员工持股、股权激励、岗位分红等中长期激励，构建工资收入市场化对标体系。

随着国有企业改革“双百行动”的不断开展，为深入贯彻落实中共中央、国务院关于推行国有企业经理层成员任期制和契约化管理、建立职业经理人制度的决策部署，指导“双百企业”率先推进相关工作，2020年1月22日，国务院国有企业改革领导小组办公室印发了《“双百企业”推行经理层成员任期制和契约化管理操作指引》和《“双百企业”推行职业经理人制度操作指引》。其中，明确指引“双百企业”要在经理人中长期激励方面有所行动和突破。

2020年6月22日，国务院国资委改革办发布了23条关于《“双百企业”推行经理层成员任期制和契约化管理操作指引》和《“双百企业”推行职业经理人制度操作指引》有关问题的回答，就两个操作指引执行中的一些共性问题予以解答。其中，明确提出“双百企业”推行经理层成员任期制和契约化管理，不得变相涨薪、借机涨薪，企业应制定薪酬追索扣回规定，薪酬追索扣回规定同样适用于离职的经理层成员。

国务院国资委改革办在回答中指出，任期制和契约化管理主要针对过去很多国有企业对经理层成员无任期、无契约、有契约但不具体、契约执行不严格等系列突出问题，提出了更加符合市场化改革方向的规范性要求。职业经理人制度，在任期制和契约化管理的基础上，更加突出落实董事会选人用人权，更加强调市场化的选聘和退出。

两个操作指引针对的对象是“双百企业”的经理层成员。在同一企业的经理层成员中，原则上应当在本企业的经理层成员中全面推行任期制和契约化管理，或全面推行职业经理人制度。

按照规定，未建立董事会的“双百企业”不得实行职业经理人制度，实行职业经理人制度的“双百企业”必须满足操作指引中明确的企业条件。但是未建立董事会的“双百企业”可以实行经理层成员任期制和契约化管理，可以由其控股股东及其党组织负责组织制定相关工作方案，在与其他主要股东协商一致后，由控股股东与“双百企业”经理层成员签订契约。

国务院国资委改革办其还针对业绩考核及对应的薪酬水平等问题进行了答疑，明确要求：推行任期制和契约化管理不得变相涨薪、借机涨薪，可以结合企业经营业绩情况、市场水平及内部分配政策等因素，坚持业绩导向，按照增量业绩贡献决定薪酬分配原则，逐步实现市场化薪酬水平，重点形成强激励、硬约束机制，进一步强化“业绩升、薪酬升”“业绩降、薪酬降”。

（二）倡导国有企业经理人中长期激励的创新

改革必然伴随着创新，没有创新的改革只能是“新瓶装旧酒”。所以，在合规性的前提下，国有企业深化改革，特别是国有企业经理人的中长期激励必然需要科学创新。为此，中共中央、国务院多次提出要敢于创新，要在深化改革中鼓励倡导企业家的创新精神。党的十八届三中全会确定了全面深化国有企业改革的总体目标，提出要健全国有企业工资决定和正常增长机制，健全资本、知识、技术、管理等由要素市场决定的报酬机制的总体要求。

2018 年 10 月 9 日，刘鹤副总理在国有企业改革座谈会上的讲话中谈到“突出抓好市场化经营机制”时，明确提出要推行经理层任期制和契约化管理，按照“市场化选聘、契约化管理、差异化薪酬、市场化退出”原则建立职业经理人制度。要加快工资总额管理制度改革，统筹用好员工持股、上市公司持股计划、科技型企业股权分红等中长期激励措施，充分调动企业内部各层级干部职工积极性，同时提出要加快推进经理层任期制和契约化管理、工资总额管理等可操作的举措，充分发挥企业家作用，落实好“三个区分开来”，为担当负责的国有企业家撑腰打气，把那些想改革、谋事业、善经营的企业家大胆用起来，把有思路、有闯劲、有潜力的年轻人提起来，推动国有企业家队伍不断发展壮大，将企业家的创新精神作为推行经理层任期制、契约化，建立职业经理人制度，统筹用好中长期激励措施等的保障和支持。

2020 年 5 月 18 日，《中共中央、国务院关于新时代加快完善社会主义市场经济体制的意见》（以下简称《意见》）指出，毫不动摇巩固和发展公有制经济，毫不动摇鼓励、支持、引导非公有制经济发展，探索公有制多种实现形式，支持民营企业改革发展，培育更多充满活力的市场主体。

《意见》提出，积极稳妥推进国有企业混合所有制改革。在深入开展重点领域混合所有制改革试点基础上，按照完善治理、强化激励、突出主业、提高效率的要求，推进混合所有制改革，规范有序发展混合所有制经济。针对充分竞争领域的国家出资企业和国有资本运营公司出资企业，探索将部分国有股权转化为优先股，强化国有资本收益功能。支持符合条件的混合所有制企业建立骨干员工持股、上市公司股权激励、科技型企业股权和分红激励等中长期激励机制。深化国有企业改革，加快完善国有企业法人治理结构和市场化经营机制，健全经理层任期制和契约化管理，完善中国特色现代企业制度。针对混合所有制企业，探索建立有别于国有独资、全资公司的治理机制和监管制度。对国有资本不再绝对控股的混合所有制企业，探索实施更加灵活高效的监管制度。

从这份最新的《意见》中，我们能感受到来自高层对创新的鼓励和倡导。特别是，《意见》明确指出："支持符合条件的混合所有制企业建立骨干员工持股、上市公司股权激励、科技型企业股权和分红激励等中长期激励机制。"这表明，国有企业的深化改革需要更大的创新力度，面向国有企业经理人的中长期激励也需要在思路、方法、技术方面有所突破。

虽然国有企业经理人中长期激励的合规性要求很高，但是没有创新就没有真正的深化改革。因此，我们针对国有企业经理人中长期激励的创新实践提出如下建议。

第一，要从人力资本的视角看待经理人中长期激励，创新分配思路。如前所述，职业经理人是拥有专业经营管理能力的专门人才，其价值不能仅靠短期薪资予以体现。因此，需要积极尝试国有企业深化改革中的"按要素分配"，将经理人作为重要的人力资本要素或管理要素纳入分配体系。

第二，坚持"一企一策"，结合企业特点开发有针对性的经理人中长期激励模式。虽然国务院国资委围绕国有企业改革和经理人中长期激励发布了很多指导意见、操作指引，但最终的实施主体和责任主体依然是具体的国有企业。而且每家国有企业在行业属性、市场化程度、发展阶段、法人治理健全度、内部管控等方面都不同。因此，只有坚持“一企一策”，在合规性的前提下找准企业的特点，才能设计开发适用企业的经理人中长期激励模式，才能真正有所创新。

第三，对经理人也要分类分层，这样才能设计出匹配的中长期激励模式。国有企业通常规模都比较大，包含众多下属分子公司，经理人的层级和类别也比较多，各类各层经理人的职责指标、绩效产出、绩效度量等都存在很大差异。所以，国有企业在设计开发经理人中长期激励模式时，要基于分类、分层原则，增强激励方案的针对性和匹配性，这样才能体现出更适用的经理人中长期激励创新。

三、国有企业经理人中长期激励中的经济利益与精神激励

在我们的惯性思维中，一提到激励，通常都会想到经济利益方面的激励，包括薪金待遇、业绩奖励、股权激励等。但是，对于国有企业的经理人中长期激励，我们在重视经济利益激励的同时，也必须关注基于使命感和成就感的精神激励。因此，本书在探讨国有企业经理人中长期激励的逻辑对策时，特意用这一节内容来讨论经理人中长期激励中的经济利益一致性，以及如何通过使命感和成就感等精神激励来实现国有企业经理人的中长期激励效果。

（一）通过经济利益一致性实现国有企业经理人中长期激励

无可厚非，经济利益是每个人安身立命的物质基础，也是实现个人美好生活的基本动力。在国有企业深化改革过程中，我们既要尊重国有企业经理人对经济利益的追求，更要通过科学合理的中长期激励模式来鼓励和强化基于经济利益的一致性，使国有企业经理人的中长期经济利益和国有企业的中长期发展目标统一起来，真正实现国有企业经理人的可持续性。

本章前述内容中所强调的法人治理结构、职业经理人制度都是为了确保在国有企业建立起企业长期发展与经理人中长期经济利益的共赢。在这个实现经济利益一致性的过程中，需要注意如下几点。

第一，国有企业混合所有制改革是健全国有企业法人治理结构、推行职业经理人制度的重大改革。只有实现科学有效的混合所有制改革，才能确保在国有企业建立起企业长期发展与经理人中长期经济利益的共赢局面。所以，国有企业混合所有制改革中的科学合规始终是重要的前置条件。只要有完善

可行的法律法规及配套机制的健全做保障，中央企业担忧的“国资流失”及民营企业担心的“羊入虎口”均就可以避免。

第二，国有企业经理人的市场化是通过经济利益一致性实现国有企业经理人中长期激励的重要平台。不科学规范地推行经理层任期制和契约化管理，没有“市场化选聘、契约化管理、差异化薪酬、市场化退出”，就没有经理人的中长期经济激励。甚至可能让部分经理人借助“经理人市场化”的噱头变相涨工资、提待遇，从而伤害更多致力于国有企业市场化改革的优秀经理人。

第三，国有企业人力资源管理的系统性与科学性是顺利实现国有企业经理人中长期经济激励的重要保障。国有企业深化改革的顶层设计已经高屋建瓴，国务院国资委也已经发布了众多带有具体操作指引的改革文件，但是具体到企业层面，还需要国有企业有组织能力、有执行能力、有落地和实施效果保障能力，而这一切的基础都在于国有企业是否具有系统科学的人力资源管理体系。因为，国有企业经理人的中长期经济激励终究要通过非常明确、非常具体、可操作的激励指标、奖励额度、激励形式、时间条件等实操类的方案来予以实施。

总之，追求经济利益符合经济学原理、符合企业管理规律，更是组织行为与人力资源管理理论的具体实践。从微观来看，国有企业经理人关注经济利益是每个人追求外在需求的满足过程。因此，通过经济利益一致性实现国有企业经理人中长期激励是国有企业激活经理人队伍、提升国有企业竞争力的重要前提。本书的第七章到第九章聚焦国有企业经理人的中长期经济激励，从经济激励的技术工具与操作实务方面提供更多的信息和资料。

（二）基于使命感实现国有企业经理人中长期激励

基于使命感来激励国有企业经理人显然属于不太受关注的精神激励层面。但是，针对国有资本的全民所有属性，我们更应该在使命感这类精神激励方面多思考、多探索，才能体现出国有企业经理人中长期激励的特点和创新。

1. 使命感对于国有企业经理人中长期激励的意义

使命感即一个人对自我天生属性的寻找与实现。马克思曾说过：“作为确定的人、现实的人，你就有规定、就有使命、就有任务，至于你是否意识到这一点，那是无所谓的。这个任务是由于你的需要及其与现存世界的联系而产生的。”

习近平总书记指出，国有企业是中国特色社会主义的重要物质基础和政治基础，关系公有制主体地位的巩固，关系我们党的执政地位和执政能力，关系我国社会主义制度。因此，作为国有企业的经理人，特别是重要岗位上的核心经理人，不同于普通的企业经理人。国有企业的属性决定了国有企业经理人必须担负的使命感，就是要为中国特色社会主义的经济和管理实践做出回答。

使命感不同于责任感，责任感只是把一件事情做好，负责到底，而使命感是高于责任感的，使命感更多地源于为国家担责任、为社会尽心力、为企业员工谋发展。2017 年 10 月 18 日，习近平总书记在十九大报告中指出，在全党开展“不忘初心、牢记使命”主题教育，用党的创新理论武装头脑，推动全党更加自觉地为实现新时代党的历史使命不懈奋斗。这里的“牢记使命”就是要唤醒中国共产党党员思考自己的使命感，回答自己作为党员应该追求什么，应该为国家、为社会、为人民做些什么？

同样的逻辑，作为国有企业的经理人（大多数是中国共产党员），更无法回避“使命感”这个灵魂拷问。众多国有企业的企业家在他们各自的岗位和角色中都思考、践行了“使命感”。中国石油化工集团原董事长傅成玉曾说：“处在这个时代的优秀企业家要有使命感和责任感。这个使命感体现为积极拥抱这个时代、融入这个时代，牢牢把握时代主题，积极投身时代潮流，成为时代的弄潮儿。不要等待观望，更不要指责抱怨。社会主义是干出来的，优秀企业家是在市场上拼杀出来的。这个责任感体现为对国家、对社会、对人民大众有更大的担当。”中国建材和国药集团原董事长宋志平认为，企业家的使命感就是要有爱国主义精神，把企业发展与国家战略、社会利益紧密联系在一起，带领企业自觉肩负起政治责任、经济责任、社会责任，在保障经济的平稳发展、积极吸纳就业、加强环境保护等方面发挥积极的作用。企业家还要有强烈的事业心和责任感，把培育优秀的企业作为自己的神圣使命、崇高荣誉和毕生追求，带领企业做强做优，在国际舞台上冲锋陷阵。

因此，如何让国有企业经理人从内心真正认同自己应该承担的使命感，是国有企业深化改革中必须直面且实现的首要目标。只要大多数经理人能主动承担国有企业发展壮大的使命感和责任感，那么深化改革中大大小小的问题和难点就会逐渐化解。毕竟，在任何时候，人都是决定因素，一旦方向确定了，成效就基本上取决于拥有什么样的干部队伍。

2. 如何基于使命感有效激励国有企业经理人

使命感固然重要，但是毕竟属于思想意识和理想信念范畴。提升国有企业各级经理人的使命感，不是简单的思想教育工作就可以实现的，需要科学思考、统筹规划。针对提升国有企业经理人使命感，通过使命感实现国有企业经理人中长期激励提出两点思考和建议。

第一，将“不忘初心、牢记使命”主题教育与国有企业深化改革的挑战深度融合。作为国有企业都会投入大量时间精力开展专门的“不忘初心、牢记使命”主题教育，但是在内容和形式上还有优化的空间。毕竟互联网时代的思想教育更加难于通过简单的宣讲达成预期目标，所以需要国有企业系统设计主题教育的逻辑体系和实施形式，将企业深化改革中的问题和实践与经理人“不忘初心、牢记使命”的主题教育融合起来，通过案例研讨、行动学习等方式真正触动各级经理人的内心世界，只有激活经理人主动思考与践行的意愿，才能最大限度地认同国有企业经理人在国家发展和富强这个历史征程中应该承担的使命感。

第二，基于战略目标的分解与细化，将各级经理人的使命感与岗位目标联结起来。实现目标需要强大的使命感来驱动，使命感也需要通过具体目标来予以可感知、可行动。虽然国有企业非常重视战略规划及目标，但是战略目标的分解与细化还有很多细致扎实的工作需要深耕细作。只有让各级经理人都能从各自的岗位目标、年度目标、业绩指标中感受到与企业长远发展的关联，感受到与行业创新的关联，感受到与国家富强的关联，才能让使命感成为真实的存在，才能真正发挥使命感对国有企业经理人的中长期激励作用。

（三）基于成就感实现国有企业经理人中长期激励

成就感也属于精神激励的范畴，但是相对于使命感，成就感更容易被感受到，也更广泛地存在于每个人的工作内容和工作成果中。所以，针对国有企业的各级经理人，关注他们工作中的成就感，为各级经理人增强工作成就感的获得性，就会在很大程度上提升其成就感，形成国有企业经理人的中长期激励效应。

1. 成就感激励的理论依据

成就激励理论是美国哈佛大学教授戴维·C. 麦克利兰通过对人的需求和动机进行研究，于20世纪50年代在一系列文章中提出的。麦克利兰把人的高层次需求归纳为对成就、权力和情谊的需求。他对这三种需求，特别是成就需求做了深入研究。

成就需求是一个人追求卓越、争取成功的内驱力。具有成就需求的人，经常考虑个人事业的前途、发展问题；对工作的胜任感和成功有强烈的要求；他们把做好工作取得成就看作人生最大的乐趣。这类人一般不常休息，喜欢长时间、全身心地工作，并从工作的完成中得到满足，即使真正出现失败也不会过分沮丧。一般来说，他们喜欢表现自己。

麦克利兰认为，一个人成就需求的高低直接影响着他的进步和发展；一个组织或国家拥有高成就需求人的多少，直接决定着其繁荣和兴旺。国有企业是中国特色社会主义的重要物质基础和政治基础，是中国特色社会主义经济的“顶梁柱”。如果我们能够激活更多国有企业经理人的成就需求，通过工作来有效提升各级经理人的成就感，那么不仅能实现对国企经理人的中长期激励，而且有助于激发国有企业经理人的活力和创造力，提高国有资本投资收益率，促进国有资产保值增值，为全国人民创造更有价值的国有资本。

2. 高成就需求者的特征

麦克利兰对成就需求做了系统的研究，认为具有高度成就需求的人不仅可以自我激励，而且对组织的发展有重要作用。他认为，自我激励的高成就需求者具有下述四个特征。

（1）高成就需求者乐于设置自己的目标，并承担责任。他们总想有所作为，总是精心选择自己想要达成的目标。他们热衷于接受挑战，往往为自己树立有一定难度而又不是高不可攀的目标。他们不喜欢寻求别人的忠告或帮助，但肯请教能提供他们所需要技术的专家。高成就需求者愿意尽可能地承担达到他们目标的责任。如果赢了，就要求应得的荣誉；如果输了，就甘受责备。高成就需求者更关注解决问题，不喜欢把成功和成果委之于机会或依靠其他人。

（2）高成就需求者采取适中程度的风险措施。人们从常识出发一般会认为具有高度成就需求的人往往会采取高度的冒险措施。麦克利兰的研究证明，高成就需求者敢于冒险，又能以现实的态度对待冒险。他们绝不会以迷信和侥幸心理对待未来，而是通过认真的分析和估计来决定行动；他们不愿意选择过于容易的任务，也不愿意选择过于困难无法完成的任务。

（3）高成就需求者往往要求及时得到工作的反馈信息。他们希望在工作中得到及时的反馈信息，他们喜欢那些在达到目标的过程中能得到及时和明确反馈信息的职业和工作。例如，有明确规定的产量标准、销售标准或管理标准的工作，他们不喜欢绩效没有明确标准、含混不清和拖延时间的工作。

（4）高成就需求者能从工作的完成中得到很大的满足。具有高度成就需求的人具有很强的使命感，会从工作的完成中得到内在激励，而不是单纯追求物质报酬。他们把物质报酬看成他们取得成就的一种反馈形式。如果让他们在一项报酬较高而很容易完成的任务与一项报酬较低而有适中难度的工作之间进行选择，他们往往会选择后者。

麦克利兰认为，一个企业如果有很多高成就需求者，企业就会发展很快；一个国家如果有很多这样的企业，整个国家的经济发展速度就会高于世界平均水平。他还通过系统分析发现，古希腊、中世纪的西班牙和14—18世纪的英国及当代的一些国家，无论资本主义国家还是社会主义国家，无论发达国家还是发展中国家，都是如此。这些理论和研究发现为中国国有企业通过成就感来实现经理人的中长期激励提供了重要的指导和参考。

3. 如何基于成就感有效激励国有企业经理人

经理人的工作性质和工作内容往往对于企业中长期发展至关重要。因此，只要国有企业的各级领导者坚信成就感对于经理人的中长期激励具有重要的价值和意义，就会打开另外一扇窗，扩展我们对于国有企业经理人中长期激励的思路。对此，我们提出如下思考和建议。

（1）高成就需求可以通过教育培训获得。麦克利兰指出，一般情况下只有约10%的人有高成就需求。但是他认为，高成就需求可以通过教育培训获得。为此麦克利兰开发出培训成就需求的一些方法，组织了很多培训班，每期训练7~10人。据报道，这种训练在美国、墨西哥和印度都有，并取得了较好的效果。因此，建议更多的国有企业在人才培养和经理人专项培训中吸收借鉴这方面的专业方法，培育更多有高成就需求的经理人。

（2）要为高成就需求者的成长和发展提供更适宜的环境。在成就需求理论的研究中，存在着一个重要的因果关系问题，即究竟是由于一个组织配备了具有高成就需求的人员才使该组织成为一个有高成就的组织，还是由于把人员安置在具有高度竞争性的岗位或组织中才使他们产生了高成就的行为。麦克利兰认为前者比后者更重要，但许多研究者认为后者更重要。我们也认为，高成就需求不是生来俱有的，而是在人们的实践活动中培养起来的。因此，国有企业应该为培养具有高成就需求的人创造有利的工作条件和发展环境。

（3）在深化改革中要践行落实好“三个区分开来”，为有担当、敢负责的国有企业各级经理人撑腰，用实际行动支持那些想改革、谋事业、善经营的各级经理人，从而为国有企业经理人创造更加包容、更加有自主权的管理氛围。同时，在实际工作中，要健全绩效反馈机制，让更多经理人能够及时获得有关工作成果的反馈，从而提升工作带来的成就感。

总之，使命感和成就感都属于每个经理人的内在需求和内在激励。作为一个完整的人，国有企业经理人也是外在需求和内在需求的统一体，因此，我们强调基于使命感和成就感有效激励国有企业经理人，并不是排斥物质激励和经济利益的激励性，而是强调物质激励与精神激励的相辅相成。只有基于经济利益的物质激励，会造就更多唯利是图的“赚钱机器”；只强调基于使命感和成就感的精神激励而没有科学规范的经济激励措施来配合，也不会长久。

由于本书希望能在技术工具等实务方面给国有企业各级领导者和经理人带来更多可以参考和实操的手段及方法，所以从接下来的第七章开始，我们将用很大篇幅来详细介绍经济类激励模式。虽然我们都认识到，非物质激励（精神激励）也是国企经理人中长期激励的重要组成部分，但是使命感、成就感等作为思想意识层面的概念，很难技术化、工具化，也很难具有通用性。所以，本书不再安排专门的章节对非物质激励进行更多论述和探讨。

我们希望在新时代、在中国特色社会主义市场经济的环境下，有更多的国有企业领导者和经理人能够更加全面认知和理解中长期激励的系统性与复杂性。毕竟，目前已经有越来越多的政策法规来支持鼓励和推行对国有企业经理人进行股权激励、现金收益激励等中长期物质激励。但是，从非物质激励的视角来看，呼吁基于使命感和成就感来实现对国有企业经理人中长期激励的声音还不够多、不够响亮。期望我们在本书中的思考和建议能够促使更多的国资管理机构、更多的国有企业领导者从更加科学系统的视角关注和开展基于使命感与成就感实现国有企业经理人的中长期精神激励。从而通过培养一批有使命、有担当、有责任、有成就感的国有企业经理人，持续提升国有企业的核心竞争力。

工具与实务篇[1]

理论研究及分析的最终目的是更有效地行动，并实现预期目标。本篇聚焦于国有企业经理人中长期激励的常用技术工具与实务应用。

经过国内外众多企业的长期实践，目前中长期激励“工具箱”中的品种已经非常丰富，可供不同类型、不同战略、不同发展阶段、不同价值导向的企业自由选择。在这些工具中，有的侧重于按“管理要素”分配（任期激励），有的侧重于按“技术要素”分配（岗位分红权），有的侧重于按“资本要素”分配（员工持股和跟投机制），有的则侧重于按“知识要素”分配（股权、期权和科技成果作价入股）。为了便于读者更加简洁清晰地应用各类中长期激励工具，我们针对国有企业经理人中长期激励的需求，从经济型激励的视角，把经理人中长期激励划分为两大类模式。

（1）股权型激励模式：采用实股权益结算的方式来兑现成果的模式。主要包括股票期权、股票增值权、限制性股票、业绩股票、员工持股、员工跟投等具体技术和工具。

（2）现金型激励模式：采用现金结算方式来兑现成果的模式。主要包括分红权激励、超额利润分享激励、虚拟股票激励等具体技术和工具。

以下将对这两大类中长期激励模式所包含的若干种激励技术和工具进行介绍，对这些激励技术和工具的内涵、特点、优缺点进行分析。为了增强各类中长期激励技术和工具的可操作性及应用价值，本书从实务操作的视角结合各种激励技术和工具整理出了若干企业典型案例供读者参考。

① 本篇案例由编者根据该公司官网及相关媒体报道资料整理加工形成。

第七章 股权型激励模式

股权激励是混合所有制改革的重要工具，是解决股东层与管理层代理问题的有效手段。通常来讲，股权激励引入了风险共担机制，有利于企业内部人员与投资者共同成长，激励、吸引、保留人才；保持投资安定，有利于企业长期发展，增强企业竞争力，实现战略投资项目的运营；在企业融资、释放股权时，有利于市值管理，使企业融资效率最大化。

股权激励属于权益结算类的激励工具，最主要的特点是在授予时或约定期限之后，被激励对象获得激励的实现形式是实股。具体可以分为两种。一是权益让渡型。实质是将股东权益部分或全部让渡给被激励对象，被激励对象个人仅需付出部分成本甚至零成本。通常采用限制性股票、股票期权、股权奖励等方式，一般适用于上市公司。二是公允投资型。实质上是被激励对象按照公允价格获得一定数量的企业股份，兼具投资性和激励性。通常采用员工持股、股权出售、员工跟投等方式，上市公司和非上市公司均适用。

接下来，本章将具体介绍股票期权、股票增值权、限制性股票、业绩股票、员工持股及员工跟投这六种激励技术和工具的内涵、特点、优缺点和在企业中实际应用的案例。

股权型激励模式由于涉及公司的实股权益，所以符合政策法规是实施股权型激励的重要前提。因此，在本章专门列出，以体现其关键性。

根据 2018 年 8 月 15 日证监会《关于修改〈上市公司股权激励管理办法〉的决定》，股权激励须符合以下规定。

（一）上市公司具有下列情形之一的，不得实行股权激励

（1）最近一个会计年度财务会计报告被注册会计师出具否定意见或无法表示意见的审计报告。

（2）最近一个会计年度财务报告内部控制被注册会计师出具否定意见或无法表示意见的审计报告。

（3）上市后最近 36 个月内出现过未按法律法规、公司章程、公开承诺进行利润分配的情形。

（4）法律法规规定不得实行股权激励的。

（5）中国证监会认定的其他情形。

（二）股权激励对象

股权激励对象可以包括上市公司的董事、高级管理人员、核心技术人员、核心业务人员及公司认为应当激励的对公司经营业绩和未来发展有直接影响的其他员工，但不应包括独立董事和监事。外籍员工任职上市公司董事、高级管理人员、核心技术人员或核心业务人员的，可以成为激励对象。

单独或合计持有上市公司5%以上股份的股东或实际控制人及其配偶、父母、子女，不得成为激励对象。下列人员也不得成为激励对象：

（1）最近12个月内被证券交易所认定为不适当人选；

（2）最近12个月内被证监会及其派出机构认定为不适当人选；

（3）最近12个月内因重大违法违规行为被证监会及其派出机构行政处罚或采取市场禁入措施；

（4）具有公司法规定的不得担任公司董事、高级管理人员情形的；

（5）法律法规规定不得参与上市公司股权激励的；

（6）证监会认定的其他情形。

（三）股权激励计划中的要素

（1）股权激励的目的。

（2）激励对象的确定依据和范围。

（3）拟授出的权益数量，拟授出权益涉及的标的股票种类、来源、数量及占上市公司股本总额的百分比；分次授出的，每次拟授出的权益数量、涉及的标的股票数量及占股权激励计划涉及的标的股票总额的百分比、占上市公司股本总额的百分比；设置预留权益的，拟预留权益的数量、涉及标的股票数量及占股权激励计划的标的股票总额的百分比。

（4）激励对象为董事、高级管理人员的，其各自可获授的权益数量、占股权激励计划拟授出权益总量的百分比；其他激励对象（各自或按适当分类）的姓名、职务、可获授的权益数量及占股权激励计划拟授出权益总量的百分比。

（5）股权激励计划的有效期，限制性股票的授予日、限售期和解除限售安排，股票期权的授权日、可行权日、行权有效期和行权安排。

（6）限制性股票的授予价格或授予价格的确定方法，股票期权的行权价格或行权价格的确定方法。

（7）激励对象获授权益、行使权益的条件。

（8）上市公司授出权益、激励对象行使权益的程序。

（9）调整权益数量、标的股票数量、授予价格或行权价格的方法和程序。

（10）股权激励会计处理方法、限制性股票或股票期权公允价值的确定方法、涉及估值模型重要参数取值合理性、实施股权激励应当计提费用及对上市公司经营业绩的影响。

（11）股权激励计划的变更、终止。

（12）上市公司发生控制权变更、合并、分立及激励对象发生职务变更、离职、死亡等事项时股权激励计划的执行。

（13）上市公司与激励对象之间相关纠纷或争端解决机制。

（14）上市公司与激励对象的其他权利和义务。

（四）绩效考核指标

绩效考核指标应当包括公司业绩指标和激励对象个人绩效指标。相关指标应当客观公开、清晰透明，符合公司的实际情况，有利于促进公司竞争力的提升。

上市公司可以根据公司历史业绩或同行业可比公司相关指标作为公司业绩指标对照依据。公司选取的业绩指标可以包括净资产收益率、每股收益、每股分红等能够反映股东回报和公司价值创造的综合性指标，以及净利润增长率、主营业务收入增长率等能够反映公司盈利能力和市场价值的成长性指标。以同行业可比公司相关指标作为对照依据的，选取的对照公司不少于3家。

激励对象个人绩效指标由上市公司自行确定。

（五）股票来源

（1）向激励对象发行股份。

（2）回购本公司股份。

（3）法律、行政法规允许的其他方式。

（六）预留权益

上市公司在推出股权激励计划时，可以设置预留权益，预留比例不得超过本次股权激励计划拟授予权益数量的20%。上市公司应当在股权激励计划经股东大会审议通过后12个月内明确预留权益的授予对象；超过12个月未明确激励对象的，预留权益失效。

一、股票期权激励

（一）内涵及特点

1. 股票期权的内涵

期权又称“选择权”，是一种衍生性金融工具，是买卖双方在期权交易中达成的一种金融合约，规定买方向卖方支付期权费后拥有的在未来一段时间内或未来某一特定日期，以事先规定好的价格向卖方购买或出售一定数量的特定标的物的权利，但不负有必须买进或卖出的义务（期权买方拥有选择是否行使买进或卖出的权利，而期权卖方必须无条件服从买方的选择并履行成交时的允诺）。从本质上讲，期权是在金融领域将权利和义务分开进行定价，权利的受让人可以在规定时间内决定是否进行交易，而义务方必须履行。

股票期权属于期权的一种，也是目前国际上最经典、使用最广泛的股权激励模式。它是企业所有者授予激励对象（高管人员、技术骨干等）购买本公司股票的选择权，具有这种选择权的人可以在规定的时期内（锁定期）以事先约定好的价格（行权价）从公司购买一定数量的股票（此过程被称为“行权”），也可以放弃购买股票的权利，但股票期权本身不能转让。

股票期权在行权时间和数量上有限制，且需激励对象自行为行权支付资金，当股票交易价格大于行权价格时，激励对象可通过兑现获利。股票期权的行使会增加公司的所有者权益，因为持有者购买的流通股未对外发行，是直接从公司购买而非从二级市场购买的。从广义上来讲，股票期权模式包括上市公司股票期权模式和非上市公司股票期权模式；从狭义上来讲，股票期权模式仅指上市公司实施的股票期权。本书所指的是狭义的股票期权模式。

2. 股票期权的特点

根据2018年8月15日证监会《关于修改〈上市公司股权激励管理办法〉的决定》，股票期权具有如下特点。

（1）激励对象获授的股票期权不得转让、用于担保或偿还债务。上市公司在授予激励对象股票期权时，应当确定行权价格或行权价格的确定方法。行权价格不得低于股票票面金额，且原则上不得低于下列价格较高者：①股权激励计划草案公布前1个交易日的公司股票交易均价；②股权激励计划草案公布前20个交易日、60个交易日或120个交易日的公司股票交易均价之一。上市公司采用其他方法确定行权价格的，应当在股权激励计划中对定价依据及定价方式做出说明。

（2）股票期权授权日与获授股票期权首次可行权日的间隔不少于12个月。

（3）在股票期权有效期内，上市公司应当规定激励对象分期行权，每期时限不得少于12个月，后一行权期的起算日不得早于前一行权期的届满日。每期可行权的股票期权比例不得超过激励对象获授股票期权总额的50%。

（4）股票期权各行权期结束后，激励对象未行权的当期股票期权应当终止行权，上市公司应当及时注销。激励对象有权行使股票期权，也可以放弃这种权利，但不得转让、质押或偿还债务。在股票价格上升的情况下，激励对象可以通过行权获得潜在收益，当然如果在行权期，股票市场价格低于行权价，则激励对象有权放弃该权利，不予行权。股票期权的最终价值体现在行权时的差价上。

从世界范围来看，股票期权模式是一种最经典、使用最广泛的经理人股权激励模式。股票期权是金融衍生产品期权在经理人激励制度中的应用，产生于美国，最初只是一种对付高税率的变通手段，但实践证明，其激励效果明显大于避税效果。股票期权在我国应用得并不多，主要有两个原因：第一，股票期权在上市公司中使用是最方便的，但对于大多数非上市公司来说，股票期权并不是最理想的模式，而我国的非上市公司较多；第二，因我国资本市场有效性较差，股价波动随意，对于上市公司来说，使用股票期权有较大风险。

（二）优缺点分析

1. 股票期权的优点

（1）利益一致：通过授予核心人员股票期权，能有效地把企业利益和个人利益结合起来，实现经营者与资产所有者利益的高度一致，确保激励对象为公司的长期发展勤勉尽责。

（2）方式灵活：激励对象得到的是一种选择权，可以根据具体情况选择行权或不行权，方式更加灵活。

（3）更有保障：股票期权锁定了期权人的风险，持有人不行权就没有任何额外的损失，对激励对象来说更有保障。

（4）降低成本：股票期权是企业赋予经营者的一种选择权，是在不确定的市场中实现的预期收入，企业没有任何现金支出，有利于企业以较小的激励成本吸引和留住人才。

（5）力度较大：股票期权根据一级市场股价波动实现收益，激励力度较大。

（6）相对公平：股票期权受证券市场的自动监督，具有相对的公平性。

2. 股票期权的缺点

（1）行权限制：激励对象行权须支出现金。

（2）影响股本：激励对象的行权会分散股权，影响现有股东的权益，可能导致股权和经济纠纷。

（3）风险较大：资本市场的不稳定性带来股票价格的波动和不确定性，持续的牛市会产生“收入差距过大”的问题；当期权人行权但尚未售出购入的股票时，股价下跌至行权价格下降，期权人有同时承担行权后纳税和股票跌破行权价的双重损失风险。

（4）短期行为：由于股票期权的收益取决于交易市场股票价格的高低，当股价大涨时，可能促使公司的经营者片面追求短期利益，而忽略公司的长期发展，从而影响公司业绩。

（5）依赖市场：我国股票市场有效性较差，易受市场投机因素、政府宏观政策等突发事件的影响，经营者可能因不可控因素受到奖励或惩罚，这显然与激励的初衷相悖。

（三）应用实务

股票期权模式的特点是高风险、高回报，比较适合那些处于成长期或扩张期，初始财务资本投入较少、资本增值较快、人力资本依附性较强的企业，如高科技、网络、医药、投融资等风险较高或竞争性较强的行业。

一是由于企业处于成长期，市场有较大的潜力，此时如果公司能有效地激励员工，将使企业在市场上有更好的投资价值。二是一般初创或扩张企业无法拿出大量现金进行激励，通过股票期权，激励对象的收益与二级市场的股价波动紧密联系，既降低了企业当期激励成本，又达到了激励的目的。

股票期权是目前上市公司采用的主要股权激励模式。自 2006 年《上市公司股权激励管理办法（试行）》实施以来，在实施股权激励的 300 多家上市公司中，有 2/3 的公司采用了这种模式，如中牧股份、中兴通讯、东方电子、方圆支承、探路者、华业地产、苏宁电器等。

【案例 7-1】

中牧股份的股票期权激励

【企业简介】

中牧实业股份有限公司（以下简称“中牧股份”）是由中国牧工商（集团）总公司作为独家发起人，以募集方式于1998年12月25日设立的股份有限公司。公司股票于1999年1月7日在上海证券交易所上市。公司是集研发、生产、销售、服务于一体的大型动物保健品和动物营养品生产企业，以动物保健品和动物营养品为支柱业务，涉及兽用生物制品、兽用化药、饲料和饲料添加剂及贸易四大主营业务板块。

【激励方案】

（一）确定激励目标，选择激励模式

为进一步建立、健全公司长效激励机制，吸引和留住优秀人才，充分调动公司董事、高级管理人员、中层管理人员及其他核心员工的积极性，有效地将股东利益、公司利益和核心团队个人利益结合在一起，使各方共同关注公司的长远发展，在充分保障股东利益的前提下，按照收益与贡献对等的原则，根据《中华人民共和国公司法》（以下简称《公司法》）、《中华人民共和国证券法》（以下简称《证券法》）、《上市公司股权激励管理办法》（以下简称《管理办法》）、《国有控股上市公司（境内）实施股权激励试行办法》（国资发分配〔2006〕175号）、《关于规范国有控股上市公司实施股权激励制度有关问题的通知》（国资发分配〔2008〕171号）等相关法律、法规、规范性文件和公司章程的相关规定，结合公司实际情况选择使用股票期权对员工进行激励。

（二）充分明确激励条件

1. 获授条件

对公司而言，未发生以下任一情形才可以进行获授：①最近一个会计年度财务会计报告被注册会计师出具否定意见或无法表示意见的审计报告；②最近一个会计年度财务报告内部控制被注册会计师出具否定意见或无法表示意见的审计报告；③上市后36个月内出现过未按法律、法规、公司章程、公开承诺进行利润分配的情形；④法律、法规规定不得实行股权激励的；⑤证监会认定的其他情形。

对于激励对象而言，未发生以下任一情形才可以进行获授：①最近12个月内被证券交易所认定为不适当人选；②最近12个月内被证监会及其派出机构认定为不适当人选；③最近12个月内因重大违法违规行为被证监会及其派出机构行政处罚或采取市场禁入措施；④具有《公司法》规定的不得担任公司董事、高级管理人员情形的；⑤法律、法规规定不得参与上市公司股权激励的；⑥证监会认定的其他情形。

同时，公司业绩考核条件需要达标，即达到以下条件：授予年份上一年度公司净利润不低于公司前3年平均水平，净资产收益率不低于7.62%，即对标企业50分位水平。

2. 行权条件

对于公司而言，未发生以下任一情形才可以进行行权：①最近一个会计年度财务会计报告被注册会计师出具否定意见或无法表示意见的审计报告；②最近一个会计年度财务报告内部控制被注册会计师出具否定意见或无法表示意见的审计报告；③上市后36个月内出现过未按法律、法规、公司章程、公开承诺进行利润分配的情形；④法律、法规规定不得实行股权激励的。⑤证监会认定的其他情形。

对于激励对象而言，未发生以下任一情形才可以进行行权：①最近12个月内被证券交易所认定为不适当人选；②最近12个月内被证监会及其派出机构认定为不适当人选；③最近12个月内因重大违法违规行为被证监会及其派出机构行政处罚或采取市场禁入措施；④具有《公司法》规定的不得担任公司董事、高级管理人员情形的；⑤法律、法规规定不得参与上市公司股权激励的；⑥证监会认定的其他情形。

同时，公司层面业绩考核要求本计划授予的股票期权，在行权期的3个会计年中，分年度进行绩效考核并行权，以达到绩效考核目标作为激励对象的行权条件。各年度业绩考核目标如下。

行权期业绩考核目标以2016年业绩为基数，2018年净利润复合增长率不低于6.0%，2018年净资产第一个行权期收益率不低于8.3%，且上述指标都不低于同行业平均水平或对标企业75分位值，2018年经济增加值指标完成情况达到集团公司下达的考核目标，且$\Delta EVA>0$。

以2016年业绩为基数，2019年净利润复合增长率不低于6.0%，2019年净资产第二个行权期收益率不低于8.6%，且上述指标都不低于同行业平均水平或对标企业75分位值，2019年经济增加值指标完成情况达到集团公司下达的考核目标，且$\Delta EVA>0$。

以2016年业绩为基数，2020年净利润复合增长率不低于6.0%；2020年净资产第三个行权期收益率不低于9.0%，且上述指标都不低于同行业平均水平或对标企业75分位值，2020年经济增加值指标完成情况达到集团公司下达的考核目标，且$\Delta EVA>0$。

另外，个人绩效考核公司董事会薪酬与考核委员会将对激励对象每个考核年度的绩效考评进行打分，并依照评分结果来确定当年的行权比例：个人当年实际可行权数量=行权比例×个人当年计划行权额度。

激励对象的绩效评价结果划分为“优”“良”“合格”“不合格”4个档次，考核评价表适用于考核对象。若激励对象上一年度个人绩效考核结果为“优”/“良”/“合格”，则上一年度激励对象个人绩效考核“达标”；若激励对象上一年度个人绩效考核结果为“不合格”，则上一年度激励对象个人绩效考核“不达标”。若激励对象考核“达标”，则激励对象可按照本计划规定的比例分批次行权。未能行权的部分由公司注销；若激励对象考核“不达标”，则公司将按照本计划的规定，其相对应行权期所获授但尚未行权的股票期权被注销。

（三）科学设计激励方案

1. 激励对象的确定

确定为公司（含分公司和控股子公司，下同）的董事、高级管理人员、中层管理人员、核心技术（业务）骨干等（不包括独立董事、监事）。共计273人，约占公司2016年末在册员工总数（4371人）的6.25%。以上激励对象中，董事、高级管理人员必须经股东大会选举或公司董事会聘任。所有激励对象必须在公司授出股票期权时及在本计划的考核期内于公司任职并签署聘用合同或劳动合同。

2. 股票来源

为公司向激励对象定向发行公司A股普通股。计划拟授予的股票期权数量不超过796.6万股，占本激励计划草案及其摘要公告日公司股本总额（42980.0万股）的1.85%。

3. 行权价格

本次授予的股票期权的行权价格为19.86元，即满足行权条件后，激励对象可以每股19.86元的价格购买公司向激励对象增发的公司股票。

4. 行权期安排

本激励计划授予的股票期权自授予日起24个月内为等待期。激励对象根据本激励计划获授的股票期权在等待期内不得转让、用于担保或偿还债务。在行权期，公司为满足行权条件的激励对象办理行权事宜，未满足行权条件的激励对象持有的股票期权作废。

（四）有效实施激励方案

具体股权激励实施方案如下。

（1）拟定股票期权激励计划草案。公司董事会薪酬与考核委员会负责拟定股票期权激励计划草案，并提交董事会审议。

（2）投票表决。公司股东大会在对本计划进行投票表决时，独立董事应当就本计划向所有股东征集委托投票权，并且公司在提供现场投票方式时提供网络投票的方式。

（3）国务院国资委审核批准。本计划经国务院国资委审核批准并经公司股东大会审议通过后，符合本计划的考核规定，公司在规定时间内向激励对象授予股票期权。授予日必须为交易日，且符合规定。

（4）股票期权授予、激励对象的行权。股票期权的授予，公司股东大会审议通过本计划后，公司与激励对象签署《股权激励协议书》，以此约定双方的权利和义务关系。公司董事会根据股东大会的授权办理具体的股票期权授予事宜。

（5）终止程序。公司在股东大会审议本激励计划之前拟终止实施本激励计划的，须经董事会审议通过。公司在股东大会审议通过本激励计划之后终止实施本激励计划的，应当由股东大会审议决定。

【案例 7-2】

苏宁电器的股票期权激励

【企业简介】

1990年，苏宁电器在江苏南京创立，是中国3C（家电、计算机、通信）家电连锁零售企业的领先者，是商务部重点培育的“全国15家大型商业企业集团”之一。2004年7月，苏宁云商［苏宁电器（002024）］在深交所上市，成为国内首家IPO上市的家电连锁企业，连锁网络覆盖海内外600多个城市，拥有1600多家门店，海内外销售规模2300亿元，员工总数18万人，先后入选《福布斯》亚洲企业50强、全球2000大企业、中国零售业第一、中国民营企业前三强，品牌价值1052.35亿元。苏宁电器坚持“整合社会资源，合作共赢；满足顾客需要，至真至诚”的经营理念，全力打造并逐步形成了自己包括店面规模、服务能力、信息技术、服务品牌、协同供应和企业文化的核心竞争力体系，一直引领行业发展。

【激励方案】

苏宁电器早在2007年就实施了股票期权激励计划，该计划草案的要点如下。

（一）授予期权的数量和对象

公司拟授予激励对象2200万份股票期权，占激励计划公告日公司股本总额的3.05%，分多次授予：第一次授予期权数量为1851万份，主要授予34名公司高管；剩余349万份股票期权授予董事长提名的骨干人员和有特殊贡献人员。

（二）行权价格

首次授予的期权行权价格为公告前一日收盘价66.6元，行权额度上限为获授股票期权总额的20%。

（三）行权条件

苏宁电器2006年度的净利润较2005年度的增长率达到或超过80%，且

2006年度的每股收益不低于0.9元；2007年度的净利润较2006年度的增长率达到或超过50%，且2007年度的每股收益不低于1.35元；2008年度的净利润较2007年度的增长率达到或超过30%，且2008年度的每股收益不低于1.75元。

按照激励计划，苏宁电器共拿出2200万股（占总股本的3.05%，不到可行使股权激励的1/3）用来激励管理团队，行权价格为66.60元，以2007年1月29日收盘价为基准；授权对象包括苏宁部长级以上管理人员、连锁店店长及部分重要部门负责人；所有股票期权分三期进行行权，行权条件为公司连续3年业绩同比增长幅度分别达80%、50%和30%。

【案例点评】

苏宁电器上市以后发展潜力巨大、业绩增长迅速，是中小板成长最快、市值最高的绩优股之一。因此，股票期权对它来说是比较合理的激励模式，激励力度非常大。

二、股票增值权激励

（一）内涵及特点

1. 股票增值权的内涵

股票增值权是上市公司授予激励对象在未来一定时期和约定条件下，获得规定数量的股票价格上升所带来收益的权利。如果公司股价上升，那么激励对象可通过行权获得相应数量的股价升值收益，而激励对象不用为行权付出现金，在行权后获得现金或等值的公司股票。股票期权实质上是一种选择权，权利被授予者可以使用，也可以放弃。

2. 股票增值权的特点

股票增值权有以下三个特征。第一，不拥有实际股权。享有股票增值权的激励对象不实际拥有股票，也不拥有股东表决权、配股权、分红权等。第二，不能转让、担保、偿还债务。由于激励对象不享有股票的所有权，所以其持有权利不能转让、担保、偿还债务等。第三，股票增值权与股票价格挂钩。每份股票增值权的收益=股票市价-授予价格，与股票价格挂钩。

股票增值权经常在以下三个条件下使用：第一，股权激励计划下可得股票有限；第二，股票期权或股票赠与导致的股权稀释太大；第三，封闭公司，没有股票授予员工。

3. 股票增值权与股票期权的对比

股票增值权和股票期权的共同点。第一，都是未来风险收益获取的权利。股票期权和股票增值权同属期权金融工具在企业激励中的应用，它们共同赋予激励对象一种未来风险收益获取的权利。当市场价格高于激励对象的行权价格时，激励对象可以行权获得收益；反之，激励对象可以放弃行权，避免给自身带来损失。第二，获利原理相同。股票期权和股票增值权的获利原理相同，均是通过二级市场股票交易价格和企业授予激励对象期权时约定的行权价格之间的差价来获利。第三，都具有长期性和很好的激励性。股票期权和股票增值权都是一种长期激励工具，具有很好的激励性，但约束性偏弱。

股票增值权和股票期权的不同点。第一，激励标的不同。股票期权的激励标的是企业的股票，激励对象在行权后可以获得完整的股东权益。而股票增值权是一种虚拟股权激励工具，激励标的仅是二级市场股价和激励对象行权价格之间的差价，激励对象并不能获取企业的股票。第二，激励来源不同。股票期权采用的是“企业请客，市场买单”的方式，激励对象获得的收益由市场支付。而股票增值权采用的是“企业请客，企业买单”的方式，激励对象的收益由企业支付，其实质是企业奖金的延期支付。

（二）优缺点分析

1. 股票增值权的优点

（1）激励对象没有股票所有权，不拥有表决权、配股权，不会稀释控制权。

（2）股票增值权通过“市场请客，企业买单”的方式将企业长期利益与激励对象利益联系起来，且行权期一般超过任期，这样可约束激励对象的短期行为。

（3）激励对象无须现金支出，容易激发员工信心。

（4）操作条件相对宽松，比较容易通过股东会审核。

（5）支付方式灵活，可以使用现金、股票支付或“现金+股票”组合支付。

2. 股票增值权的缺点

（1）公司的现金支付压力较大。

（2）资本市场的弱有效性使股价与激励对象业绩关联不大，激励效果有限。

（3）当股价下跌时可能起不到激励作用。

（三）应用实务

根据股票增值权的特点，这种股权激励方式适用于非上市公司；股权激励计划可得股票数量有限，实施实际股权激励会造成较大稀释的企业。由于股票增值权并未涉及所有权和控制权的变更，是一种保值增值的优选方案，因此比较适合国有企业。另外，由于其会给公司带来现金支付压力，因此公司须有充足的现金流或发展稳定。

与股票期权一样，股票增值权的有效性高度依赖资本市场的有效性，而我国资本市场的有效性比较差，因此建议股票增值权与其他激励方式结合使用。但通过股票增值权来保值增值不失为一种方式。

【案例 7-3】

中科创达的股票增值权激励

【企业简介】

中科创达软件股份有限公司（以下简称“中科创达”）成立于 2008 年，公司致力于提供卓越的智能操作系统产品、技术及解决方案，立足于智能终端操作系统，聚焦于人工智能关键技术，助力并加速智能手机、智能物联网、智能网联汽车、智能行业领域的产品化与技术创新。中科创达注册资金 7500 万元，总部在北京，在南京、成都、杭州、西安、大连、沈阳设有研发中心，硅谷、东京、首尔、台北、上海、深圳等地设有技术支持中心，拥有以高通、Intel、微软、索尼、夏普、三星等全球知名厂商为主的客户资源和战略合作伙伴。公司将主营业务准确定位于操作系统技术，集中资源对 Android、Linux 和 RTOS 操作系统及智能视觉、智能语音、UI 引擎和安全相关技术进行持续开发与投入，拥有技术开发和服务能力。

【激励方案】

2016 年 1 月，中科创达发布了股票增值权激励计划草案，主要内容如下。

（1）此次激励计划采用股票增值权工具，以中科创达股票为虚拟标的股票，在满足业绩考核标准的前提下，由中科创达以现金方式支付行权价格与兑付价格之间的差额，该差额即激励额度。

（2）本计划的激励对象范围为受政策限制无法纳入限制性股票激励计划的公司员工，即公司境外（含港澳台地区）业务和技术骨干，合计 12 人。

（3）本计划不涉及真实股票交易，所涉及的公司虚拟标的股票总数为 28.30 万股，相当于公司股本总额的 0.283%。股票增值权有效期内若发生资本公积金转增股本、派发股票红利、股份拆细、缩股、配股等事宜，股票增值权数量及所涉及的虚拟标的股票数量将根据本计划相关规定进行调整。

（4）股票增值权行权价格与“中科创达软件股份有限公司限制性股票激励计划”中限制性股票授予价格相同。在本计划下授予的股票增值权有效期内发生派息、资本公积转增股本、派发股票红利、股份拆细、缩股、配股等事宜，行权价格将根据本计划相关规定进行调整。公司在发生增发新股的情况下，股票增值权的数量和行权价格不做调整。

（5）本期计划授予的股票增值权的行权等待期为 1 年，自股票增值权授权日起至该日的第一个周年日止。等待期满后的 3 年为行权期。

（6）本计划授予的股票增值权，在行权期的 3 个会计年中，分年度进行绩效考核并行权，每个会计年度考核一次，以达到绩效考核目标作为激励对象的行权条件。

【案例点评】

2015 年，中科创达实现净利润 1.17 亿元，同比增长 4.17%，现金流充足；自 2015 年 12 月上市以来，中科创达股价稳定上涨，位列资金流入速度最快的个股前五名；加之此次激励对象为受政策限制无法纳入限制性股票激励计划的外籍员工，所以股票增值权是比较合适的激励模式。

【案例 7-4】

百视通新媒体的股票增值权激励

【企业简介】

百视通新媒体股份有限公司（以下简称“百视通新媒体”）是上海广播

电视台旗下、由上海东方传媒集团有限公司控股的新媒体上市企业。百视通新媒体在PTV、手机电视、网络电视、互联网电视、移动互联网、多媒体舞美与制作、数字媒体平台研发与建设等新媒体领域开展技术、内容等全业务运营。2014年，百视通为支持公司战略实现长期持续发展，进一步吸引、激励和保留核心人才，优化公司治理，实施了股票增值权激励计划。

【激励方案】

（一）激励对象范围的确定原则

激励对象原则上限于公司高级管理人员及对公司经营业绩和持发展有直接影响与长期贡献的管理和技术骨干，不得随意扩大范围；公司监事、独立董事不得参加本计划；证监会规定的不得成为激励对象的人员不得参与本计划。

（二）激励模式

本计划采用股票增值权作为激励工具。本计划下授予的每份股票增值权，在满足生效条件和生效安排的情况下，可以获得一股本公司A股普通股股票行权日市价高于行权价格的增值部分收益，由公司以现金形式支付。

（三）激励来源

本计划不涉及真实股票交易，虚拟标的股票为公司A股普通股股票。股票增值权属于激励对象本人（激励对象死亡时，由其法定继承人继承），不可出售、转让、担保、押记、质押、抵偿债务。

（四）激励数量

本计划向激励对象授予的股票增值权总量涉及的虚拟标的股票数量为13.43万股，相当于公司股本总额的0.012%。

（五）激励价格

本计划下授予的股票增值权的行权价格为44.33元，为以下价格中较高者：本计划草案公告前1个交易日公司股票的收盘价；本计划草案公告前30个交易日，公司股票的算术平均收盘价。

（六）激励时间

（1）有效期：本计划下授出的股票增值权的有效期最长为5年，自授予日起计算，即员工可在授予日起的5年内按照股票增值权计划的生效安排进行行权。授予日起满5年后，未行权的股票增值权将自动失效。

（2）行权期：本计划授予股票增值权的行权限制期为2年（24个月），

在限制期内不得行权。限制期满后，在百视通新媒体满足相关业绩条件的前提下，股票增值权将分3批匀速生效，具体生效安排如下。①自授予日起满2年（24个月）后，该次授予的股票增值权总数的1/3生效。激励对象个人生效数量还须根据其上一年度个人绩效考核结果进行调节，但实际生效数量不得超过个人本次获授总量的1/3。该批生效的股票增值权可在授予日起24个月后的首个交易日起至授予日起36个月内的最后一个交易日之间行权，逾期作废。②自授予日起满3年（36个月）后，该次授予股票增值权总数的1/3生效。激励对象个人生效数量还须根据其上一年度个人绩效考核结果进行调节，但实际生效数量不得超过个人本次获授总量的1/3；该批生效的股票增值权可在投予日起36个月后的首个交易日起至授予日起48个月内的最后一个交易日之间行权，逾期作废。③自授予日起满4年（48个月）后，该次投予股票增值权总数的1/3生效。激励对象个人生效数量还须根据其上一年度个人绩效考核结果进行调节，但实际生效数量不得超过个人本次获授总量的1/3。该批生效的股票增值权可在授予日起48个月后的首个交易日起至授予日起60个月内的最后一个交易日之间行权，逾期作废。行权期内未能行权的部分，在以后时间不得行权。

（七）授予条件

（1）公司未发生下列任一情形：①最近一个会计年度年财务会计报告被注册会计师出具否定意见或无法表示意见的审计报告；②最近一年内因重大违法违规行为被证监会予以行政处罚；③证监会认定的其他情形。

（2）公司达到以下业绩条件：①百视通新媒体2013年营业收入增长率不低于20%，不低于对标企业50分位水平；②百视通新媒体2013年加权平均净资产收益率不低于10%，不低于对标企业50分位水平。

（3）激励对象个人未发生下列任一情形：①最近3年内被证券交易所公开谴责或宣布为不适当人选；②最近3年内因重大违法违规行为被证监会予以行政处罚；③具有《公司法》规定的不得担任董事、高级管理人员的情形；④若公司未达到授予条件，则公司不得依据本计划授予任何股票增值权；⑤若激励对象未达到授予条件，公司不得依据本计划向该激励对象授予任何股票增值权。

（八）行权条件

（1）公司达到以下业绩条件：①在各批股票增值权生效的前一财务年度（2015—2017年），以2013年为基准年，百视通新媒体营业收入年复合增长率不低于25%，且不低于对标企业同期75分位水平；②在各批股票增值权生效的前一财务年度（2015—2017年），百视通新媒体净资产收益率分别不低于14.5%、15.09%和15.59%，且不低于对标企业同期75分位水平。（净资产收益率指归属于上市公司股东的扣除非经常性损益的加权平均净资产收益率。同时，如果公司当年实施公开发行、非公开发行、资产重组等影响净资产的行为，则当年及下一年度指标值以扣除新增的净资产及该净资产产生的净利润为计算依据；在限制期内，百视通新媒体各年度归属于上市公司股东的净利润及归属于上市公司股东的扣除非经常性损益的净利润均不得低于授予日前最近3个会计年度的平均水平，且不得为负。）

（2）本公司未发生如下任一情形：①最近一个会计年度的财务会计报告被注册会计师出具否定意见或无法表示意见的审计报告；②最近一年内因重大违法违规行为被证监会予以行政处罚；③证监会认定不能实行股票增值权计划的其他情形。

（3）激励对象未发生如下任一情形：①最近3年内被证券交易所公开谴责或宣布为不适当人选；②最近3年内因重大违法违规行为被证券监管部门予以行政处罚；③具有《公司法》规定的不得担任公司董事、监事、高级管理人员的情形。

（九）其他规定

若激励对象在股票增值权生效的前一年度绩效考核结果为基本合格或以上，根据公司业绩情况和生效安排，激励对象当期应生效的股票增值权可以生效，实际生效比例根据个人绩效考核结果确定。

若激励对象某一股票增值权行权期的个人年度绩效等级为基本合格或以上，则其当期绩效表现达到生效条件，在满足其他生效条件下，可以申请当期实际可生效股票增值权的行权；若激励对象的个人年度绩效等为不合格，则其当期业绩表现未达到生效条件，取消其该期股票增值权行权资格。

激励对象个人实际激励收益最高不超过本期激励授予时其薪酬总水平的40%（按3年基准计算）。个人实际激励收益水平超出上述水平的，超过部分的奖金不予发放。如果授予股票增值权之后，相关监管机构对股权激励行权收益的规定有所调整，那么本条款也可以进行相应修改。

对于公司高级管理人员，如果在任期内经济责任审计中发现经营业绩不实、国有资产流失、经营管理失职及存在重大违法违纪行为，则其获授的股票增值权（包括未生效的和已生效未行权的）全部失效；已经行权获得的股权激励收益应当上交公司。

自股票增值权授予之日起，若在行权前公司发生资本公积金转增、派送股票红利、股票拆细、缩股、配股或增发等事项，在保证激励对象通过股票增值权获取的收益尽量不变的原则下对股票增值权数量进行相应的调整。

三、限制性股票激励

（一）内涵及特点

1. 限制性股票的内涵

限制性股票也是上市公司广泛采用的一种股权激励模式，指事先授予激励对象一定数量的公司股票，但对股票的来源、出售条件做出限制，激励对象只有在工作年限或业绩目标符合股权激励计划规定的条件后才能出售限制性股票并从中获益。限制性股票激励模式具体分为折扣购股型和业绩奖励型两种。

在折扣购股型模式中，激励对象须支付现金购股，是采用定向增发的形式，根据期初确定的业绩目标，以低于二级市场上的价格授予激励对象一定数量的本公司股票，授予价格及其确定方法由董事会下设的薪酬与考核委员会确定。

在业绩奖励型模式中，公司须支付现金购股，是当激励对象满足规定的激励条件时，上市公司从净利润或净利润超额部分中按比例提取激励基金，设立激励基金专门账户，从二级市场购买公司股票，并将该股票按分配办法授予激励对象。该种激励方式下，公司支付现金须从税后利润中列出。

限制性股票的限制主要体现在两个方面：一是获得条件，二是出售条件。《上市公司股权激励管理办法》明确规定，限制性股票要规定激励对象获授股票的业绩条件，这就意味着上市公司在设计激励方案时，有关获得条件的设定局限于公司的相关财务数据及指标。

限制性股票出售条件的设定比较灵活，公司可根据不同要求和不同背景设定可售出股票的市价条件、年限条件、业绩条件等。《上市公司股权激励管理办法》中规定，限制性股票自授予日起，禁售期不得少于 12 个月。

2. 限制性股票的特点

（1）有明确的目的，关注业绩。上市公司授予激励对象限制性股票，限制性股票指上市公司按照预先确定的条件授予激励对象一定数量的本公司股票，激励对象只有在工作年限或业绩目标符合股权激励计划规定的条件下，才可出售限制性股票并从中获利。

（2）常用于留住关键人才。

（3）一般有禁售期限。

3. 限制性股票与股票期权的对比

限制性股票与股票期权之间的差异主要有以下六个方面。

（1）权利与义务的对称性不同。股票期权持有人只有行权获利的权利，没有必须行权的义务，是典型的权利与义务不对称的激励方式。限制性股票的权利与义务则是对称的，激励对象只有在满足规定条件的情况下才能出售股票获利。

（2）奖励与惩罚的对称性不同。当股价下跌或未能实现期权计划预设的业绩指标时，股票期权持有人只是放弃行权，并不会产生现实的资金损失，因此，股票期权并不具有惩罚性。限制性股票激励对象用自有资金或公司用激励基金购买股票后，股票价格下跌将给受益人带来直接资金损失，存在一定的惩罚性。

（3）等待期、禁售期和锁定期不同。股票期权在授予后存在等待期，一般为 1 年以上，然后进入可行权期。在进入可行权期后，股票的出售不再受到限制，只需符合《公司法》《证券法》等有关规定。激励对象获得限制性股票后存在一定时期的禁售期，然后进入解锁期（3 年或以上），在满足严格的解锁条件后，每年才可将限定数量的股票上市流通。

（4）行权价格不同。《上市公司股权激励管理办法》规定，上市公司在授予激励对象股票期权时，应当确定行权价格或行权价格的确定方法。行权价格应不低于下列价格较高者：股权激励计划草案摘要公布前一个交易日的公司股票交易均价；股权激励计划草案摘要公布前 20 个交易日、60 个交易日或 120 个交易日的公司股票交易均价之一。《上市公司股权激励管理办法》并未对限制性股票的定价做出规定。

（5）价值评估不同。股票期权的估值一般按照期权定价模型（B-S 模型或二叉树定价模型）进行测算，依赖于股票市价、行权价、股票收益率的波动率、期权有效期限、无风险利率、股票分红率等参数。限制性股票的估值十分简单，一般为授予日的股票市场价格扣除授予价格，并无未来的等待价值。两者的差异表现在限制性股票只有内在价值，股票期权则拥有内在和时间双重价值。

（6）税收规定不同。根据个人所得税法及相关实施条例规定，授予员工股票期权时不需要征税。员工行权购买股票时，其从企业取得股票的实际购买价（行权价）低于购买日公平市场价（该股票当日的收盘价）的差额，应按“工资、薪金所得”适用的规定计算交纳个人所得税。员工在出售股票时，对股票转让所得暂不征收个人所得税。限制性股票从本质上说是员工从企业以不同形式取得的折扣或补贴，属于员工因受雇而取得的工资、薪金，因此员工应在实际认购股票等有价证券时，按照个人所得税法及其实施条例等有关规定交纳个人所得税。在股票出售时，目前暂不征收个人所得税。

（二）优缺点分析

1. 限制性股票的优点

（1）留住激励对象。限制性股票一般会规定必需的服务年限或业绩目标，当企业想要留住某些关键人才时，会在授予条件中标明具体的年限。若在限制性期限内离开企业，则获赠的限制性股票被没收。激励对象无须支付现金：有助于激励对象将精力集中在长期战略上，努力完成业绩考核目标，所以企业可以利用限制性股票中的限制期留住激励对象。

（2）即便股价下跌仍有价值。与股票期权及股票增值权不同的是，即使公司股价下跌，限制性股票仍有价值，只是股票带来的价值变小了。而且，激励对象在获授限制性股票时，通常不需要支付现金，因此在同等的收益水平下，采用限制性股票方式所需的股份数量少于采用股票期权方式需要的股份数量。

2. 限制性股票的缺点

激励对象在满足授予条件的情况下获得股票后，股票价格的涨跌会直接增加或减少限制性股票的价值，进而影响激励对象的利益；激励对象获得实际股票，并享有所有权，增加了公司管理的难度。

（三）应用实务

股票期权和限制性股票是证监会于2006年颁布实施的《上市公司股权激励管理办法》中推荐的两种主要股权激励模式，与股票期权激励模式不同，限制性股票更适合成熟期的企业。对这类企业来说，它们股价的上涨空间有限，但限制性股票规避了股票大幅波动而使经理人“白干”的风险，因此是目前上市公司使用最多的一种股权激励模式。此外，限制性激励也可以与其他激励模式配合使用，或强调业绩，或强调留住人才，以适合企业的不同发展阶段。同时，激励制度的选择应该兼顾激励对象的风险偏好程度，风险爱好者更青睐股票期权，而风险厌恶者更偏好限制性股票。

【案例 7-5】

烽火通信的限制性股票激励

【企业简介】

烽火通信是经国家经济贸易委员会国经贸企改〔1999〕1227 号文批准，由主发起人武汉邮电科学研究院联合 10 家其他发起人设立的股份有限公司。主要集中于从通信网络的核心层到接入层整体解决方案的研发领域，并且拥有大批光通信领域的核心技术，在国内同行业中，其科研基础和实力、科研成果转化率和效益遥遥领先，其还参与制定了 200 多项国家标准和行业标准，涵盖光通信的各个领域。烽火科技是 2006 年《上市公司股权激励管理办法》实施后首个实施股权激励方案的国有上市公司，也是为数不多的实施过两次股权激励方案的国有企业，从 2009 年正式实施股权激励方案到 2014 年 5 月 28 日首次股权激励四个行权期全部达到，首期股权激励方案完整实施，为完整、全面研究股权激励方案提供了借鉴，是分析国有企业股权激励方案的代表案例。并且，在首期激励方案行权期全部达到后，烽火科技又于 2014 年实施了第二次限制性股票激励方案。

【激励方案】

烽火通信 2014 年限制性股票激励计划具体内容如下。

（1）首次授予对象确定为公司董事、高级管理人员及经公司董事会认定的对公司经营业绩和未来发展有直接影响的管理、业务及技术领域的核心骨干。不予授予对象为；①公司独立董事、监事及由公司控股公司以外的人员担任的外部董事；②非经股东大会批准的持股 5%以上的主要股东或实际控制人及其配偶、直系亲属；③公司控股股东的企业负责人在公司担任除监事以外职务的且参与公司控股股东控制的其他上市公司的股权激励计划的；④证监会规定的不得成为激励对象的人员；⑤激励对象根据公司绩效考核结果在合格以下的；⑥法律法规规定的不得作为激励对象的。

（2）股权激励类型：折扣购股型，向激励对象定向发行股票。

（3）股票总量：不超过5800万股，占本激励计划签署时公司股本总额1113938974股的5.207%。由于公司在2014年仍有9223532股限制性股票尚未解锁，加总后，公司全部在有效期内的激励计划涉及的标的股票总数累计约占本激励计划签署时公司股本总额1113938974股的6.035%，未超过《上市公司股权激励管理办法》及《国有控股上市公司（境内）实施股权激励试行办法》要求的10%上限。

（4）单个额度：任何一名激励对象通过全部有效的股权激励计划获授的烽火通信限制性股票对应的标的股票累计不超过公司股本总额的1%。

（5）预留权益：本次预留300万股限制性股票份额，占授予总量的5.172%，占目前股本的0.269%，未超过本次股权激励计划拟授予权益数的20%。

（6）有效期：本激励计划的有效期自限制性股票授予之日起计算为5年，不超过10年的上限。

（7）限售期、禁售期：限售期为激励对象首次获授限制性股票之日起24个月，不违反《国有控股上市公司（境内）实施股权激励试行办法》第二十二条规定的每期授予的限制性股票，其禁售期不得低于2年的规定。

（8）解锁方式：首次授予的限制性股票解锁方式为自首次授予日起第24个月后的首个交易日起逐年解锁，共计3次，每次解锁数量占限制性股票数量的1/3。预留授予的限制性股票解锁安排为自首次授予日起第36个月后的首个交易日起逐年解锁共计2次，每次解锁数量占限制性股票数量的1/2。不违反《国有控股上市公司（境内）实施股权激励试行办法》第二十二条解锁期不得低于3年的规定。

（9）授予价格：以定价基准的50%和公司标的股票的单位面值（1元）价格较高者为准。符合《上市公司股权激励管理办法》第二十三条及《国有控股上市公司（境内）实施股权激励试行办法》第十八条的规定。

（10）激励对象获授权益及解锁条件：烽火通信规定了公司须满足一定条件方可进行限制性股票授予，烽火通信亦规定激励对象须满足一定授予条件方可接受公司授予。3次解锁均应达到业绩考核目标方可进行解锁。具体解锁比例依据激励对象个人绩效考核结果确定。

【案例 7-6】

浙江大华的限制性股票激励

【企业简介】

浙江大华技术股份有限公司（以下简称“浙江大华”），是全球领先的以视频为核心的智慧物联解决方案提供商和运营服务商，以技术创新为基础，提供端到端的视频监控解决方案、系统及服务，为城市运营、企业管理、个人消费者生活创造价值。大华股份将秉承“以客户为中心，以奋斗者为本”的核心价值观，践行“让社会更安全，让生活更智能”的使命，以卓越品质与服务立足市场，为客户创造更多价值，为构建一个安全、智能、便捷、高效的社会而不懈努力。浙江大华作为国家高新技术企业，2008 年 5 月成功在 A 股上市（股票代码 002236），公司拥有国家级博士后科研工作站，是国家认定企业技术中心、国家创新型试点企业，现拥有国家火炬计划项目 4 项、国家高技术产业化重大专项 5 项、国家核高基项目 2 项。其在 2013 年实施了限制性股票的股权激励计划。

【激励方案】

（一）激励模式

浙江大华 2013 年实施股权激励计划选择的是限制性股票激励计划。

（二）激励对象

激励对象为公司实施本计划时在公司任职的公司部分高级管理人员、核心技术（业务）人员；公司独立董事、公司监事不在本次股权激励的对象范围。上述人员须在公司或控股子公司、分公司全职工作、已与公司或控股子公司签署劳动（劳务）合同并在公司或控股子公司、分公司领取薪酬，且未参与两个或两个以上上市公司的股权激励计划。

核心技术（业务）人员属于公司战略实现的关键性角色，具有较大影响力和不可替代性；或属于在公司战略实现中起关键作用，具有专业知识或较大影响力的人员。根据员工所担任岗位及具体工作在组织中的影响范围力度、沟通范围及难易度、创新性质及程度、具备知识的深度与广度，并结合员工在公司内所创造的业绩情况、不可替代性、所处岗位的市场稀缺度、工作年限等条件综合界定。预留股份授予对象为新引进的或表现突出的中高层管理人员、核心技术（业务）人员。

经薪酬与考核委员会统计并经监事会审核，具备本计划激励对象资格的首次授予人员共计653人。

（三）激励来源

(1) 激励标的来源：投予激励对象的标的股票来源为向激励对象定向发行的人民币普通股股票。

(2) 购股资金来源：购股资金来源由激励对象承担，公司不会为激励对象依本计划获取标的股票提供贷款或其他任何形式的财务资助，包括为其贷款提供担保。

（四）激励数量

(1) 激励计划总数量：授予的限制性股票数量为2766.35万股，授予数量占公司总股本的24%。其中首次授予2493.20万股，预留273.15万股限制性股票授予预留激励对象，预留股份数量占本计划授予的限制性股票总数的9.87%。

(2) 单个激励对象数量：非经股东大会特别决议批准，任何一名激励对象通过全部有效的股权激励计划获授的限制性股票总数累计不得超过公司总股本的19%。

（五）激励价格

限制性股票的首次授予价格为本计划（草案）首次公告前20个交易日公司股票均价（40.83元/股）的509%，即20.42元/股。预留限制性股票的授予价格在该部分限制性股票授予时由董事会遵循首次授予时的定价原则确定，即按照授予该部分限制性股票的董事会会议决议公告日前20个交易日公司股票均价的509%确定。

（六）激励时间

(1) 股权激励计划的有效期：股权激励计划的有效期为48个月，自标的股票的首次授予日起计算。

(2) 股权激励计划的禁售期：公司首次授予激励对象的限制性股票自首次授予之日起12个月为禁售期；预留限制性股票在该部分股票授予日起的12个月为禁售期。禁售期内，激励对象通过本计划持有的限制性股票将被锁定，不得转让。

（3）股权激励计划的解锁期：首次授予的限制性股票禁售期满后36个月为解锁期。解锁期内，在满足本计划规定的解锁条件时，激励对象分三次申请标的股票解锁，即自首次授予日起12个月后至24个月内、24个月后至36个月内、36个月后至48个月内可分别申请解禁所获授限制性股票总量的40%、30%和30%。

预留限制性股票禁售期满后，激励对象根据授予时间分期申请标的股票的解锁，即本计划生效后12个月内授予的预留限制性股票，自该部分预留限制性股票授予日起12个月后至24个月内、24个月后至36个月内可分别申请解锁所获授限制性股票总量的50%和50%；本计划生效后第12个月后至第24个月内授予的限制性股票，自该部分预留限性股票授予日12个月后至本计划有效期满，可一次性申请解锁所获授限制性股票。在上述规定期内未申请解锁的限制性股票或因未达到解锁条件而不能申请解锁的限制性股票，由公司统一回购并注销。

（七）激励条件

（1）授予条件。

公司向激励对象授予标的股票时须未发生如下任一情形：①最近一个会计年度的财务会计报告被注册会计师出具否定意见或无法表示意见的审计报告；②最近一年内因重大违法违规行为被证监会予以行政处罚；③证监会认定不能实行股权激励计划的其他情形。

公司发生上述情形时，不得向激励对象授予标的股票，且本股权激励计划同时终止。公司向激励对象授予标的股票时，公司业绩应当符合以下条件：2013年度归属于母公司所有者的净利润比上年同期增长不低于60%。

（2）解锁条件。

首次授予限制性股票的激励对象每次解锁时，公司必须满足如下业绩条件。①首次授予限制性股票的第一次解锁条件：解锁时点前一年度相比授予时点前一年度的复合营业收入增长率不低于40%，且截至2014年12月31日归属于公司普通股股东的加权平均净资产收益率不低于18%。②首次授予限制性股票的第二次解锁条件：解锁时点前一年度相比授予时点前一年度的复合营业收入增长率不低于35%，且截至2015年12月31日归属于公司普通股股东的加权平均净资产收益率不低于19%。③首次授予限制性股票的第三次解锁条件：解锁时点前一年度相比授予点前一年度的复合营业收入增长率不低于30%，且截至2016年12月31日归属于公司普通股股东的加权平均净资产收益率不低于20%。预留限制性股票解锁时公司须满足的业绩条件根据授予时间与首次授予限制性股票的解锁条件一致。

经股东大会授权，董事会认为必要时可决议终止实施本计划。董事会决议通过之日起，激励对象已解锁标的股票继续有效，尚未解锁的标的股票由公司回购并注销。若在限制性股票授予前后公司有资本公积金转增股份、派送股票红利、派息、股票拆细或缩股等事项，应对标的股票数量、授予价格进行相应的调整。

四、业绩股票激励

（一）内涵及特点

1. 业绩股票的内涵

业绩股票是一种典型的股权激励模式，它是公司在年初确定一个科学合理的业绩目标，如果激励对象到年末达到预定的目标，则公司授予其一定数量的股票或提取一定的奖励基金购买公司股票；如果未能通过业绩考核或出现有损公司的行为、非正常离任等情况，则其未兑现部分的业绩股票将被取消。

实施业绩股票激励计划关键点是“公司事先规定的业绩指标”。在业绩股票激励模式中，通常很多公司以净资产收益率（ROE）作为考核标准。在这种模式中，公司和激励对象通常以书面形式事先约定业绩股票奖励的基线。在ROE达到某一标准时，公司即按约定实施业绩股票激励，激励对象得到股票；ROE每增加一定比例，公司采用相应比例或累进的形式增加股权激励数量。

业绩股票激励模式具有操作简单的特点，其实是一种对企业奖金的延期发放。我国很多企业在使用这种激励模式，这种模式可以实现企业中奖金的作用，同时可以避免奖金的缺点。

对于激励对象而言，在业绩股票激励模式下，其工作绩效与所获激励之间的联系是直接而紧密的，且业绩股票的获得仅决定于其工作绩效，几乎不涉及股市风险等激励对象不可控制的因素。另外，在这种模式下，激励对象最终所获得的收益与股价有一定的关系，可以充分利用资本市场的放大作用，激励力度较大，但与此相对应的风险也较大。

对于股东而言，业绩股票激励模式对激励对象有严格的业绩目标约束，权责利的对称性较好，能形成股东与激励对象双赢的格局，故激励方案较易为股东大会所接受和通过。

对于公司而言，业绩股票激励模式所受的政策限制较少，一般只要公司股东大会通过即可实施，方案的可操作性强，实施成本较低。另外，在已实施业绩股票激励模式的上市公司中有近一半为高科技企业，它们采用业绩股票激励模式的一个重要原因是股票期权在我国上市公司的应用受到较多的政策和法律限制，存在较多的障碍。

2. 业绩股票的特点

（1）激励奖金与利润挂钩。业绩股票激励模式下，激励对象的年度激励奖金直接与公司当年的经营利润挂钩。

（2）按照购买本公司股票的方式完成。公司奖励基金是按当时的市价从二级市场上购买本公司股票的方式完成的，从而绕开了《公司法》中有关股票期权的法律障碍。

（3）在行权数量、时间上有限制。持有业绩股票的人员在行权时间、数量上均有一定限制。

（4）强制性。激励对象的激励奖金在一开始就全部或部分转化为公司的股票，实际上在股票购买方面有一定的强制性。

（二）优缺点分析

1. 业绩股票的优点

（1）加快公司业绩目标完成。企业实施业绩股票激励模式会促使激励对象为了获得股票形式的激励收益而努力工作，有助于加快完成公司业绩目标；激励对象一旦获得激励股票成为股东后，其利益又会和公司利益捆绑在一起，因此会更努力地提升公司业绩。

（2）具有较强的约束作用。在业绩股票激励模式下，激励对象获得奖励的前提是完成一定的业绩目标，并且收入在未来逐步兑现。如果激励对象未通过年度考核或出现有损公司行为、非正常调离等情况，激励标的将被取消，退出成本较大，因而具有较强的约束作用。

（3）对于股东而言，业绩股票激励模式对激励对象有严格的业绩目标约束，能形成股东与激励对象双赢的格局，故激励方案易为股东大会所接受和通过；业绩股票符合国内现有法律法规，符合国际惯例，经股东大会通过即可实行，操作性强且比较规范。

（4）激励效果明显。业绩股票可以每年实行一次，能够实现滚动激励，激励效果更加明显。

2. 业绩股票的缺点

（1）业绩目标确定的科学性很难保证，容易导致公司高管为获得业绩股票而弄虚作假，或很容易就能达到目标，达不到激励效果。

（2）激励成本较高，有可能造成公司支付现金的压力。较高的激励成本决定了激励对象难以扩大。

（三）应用实务

业绩股票只对公司的业绩目标进行考核，不要求股价的上涨；业绩股票对现金的成本压力较大，因此比较适合业绩稳定、需进一步提升业绩、现金流量充足的公司。业绩股通常和期股、限制股、虚拟股、增值权综合在一起使用。在具体实施过程中，通常有如下规定。

（1）业绩股票的流通变现通常有时间和数量限制。业绩股票的期限一般为3~5年；激励对象在以后的若干年内经业绩考核通过后可以获准兑现规定比例的业绩股票，如果未能通过业绩考核或出现业绩股票合同中约定的有损公司的行为、自行辞职等情况，公司则有权取消其未兑现的业绩股票。

（2）业绩股票通常设置禁售期。一般激励对象是董事会成员或高管，所获得的业绩股票只有在离职6~12个月才可以出售；对于激励对象是核心骨干员工的，其所获得的业绩股票一般会设置3年的禁售期。

（3）设置风险抵押金。有些公司会设置风险抵押金，达不到业绩考核标准的激励对象不仅得不到业绩股票，而且会被处罚。业绩股票激励程序如图7-1所示。

由图7-1可知，激励主体确定激励对象、设定业绩评价指标及确定激励基金的提取方法，并报股东大会批准后才正式实施。年末根据已设定好的业绩评价指标对各激励对象进行业绩评价。如未达到要求，则不提取激励全；达到业绩要求，提取激励基金，进行会计处理并对外披露，在下一年度购买流通股并锁定。

此外，业绩股票模式还可以变通使用，即将奖励给经理人的股票变成奖励现金，这种变种模式又叫作“业绩单位模式”，业绩单位的适用范围与业绩股票是一样的。需要指出的是，这种模式对于那些想对经理人进行股权激励，但还没想好的非上市公司是很适合的。先使业绩单位以现金的方式对经理人进行中长期捆绑，待时机成熟后再推出以股份支付的股权激励计划。

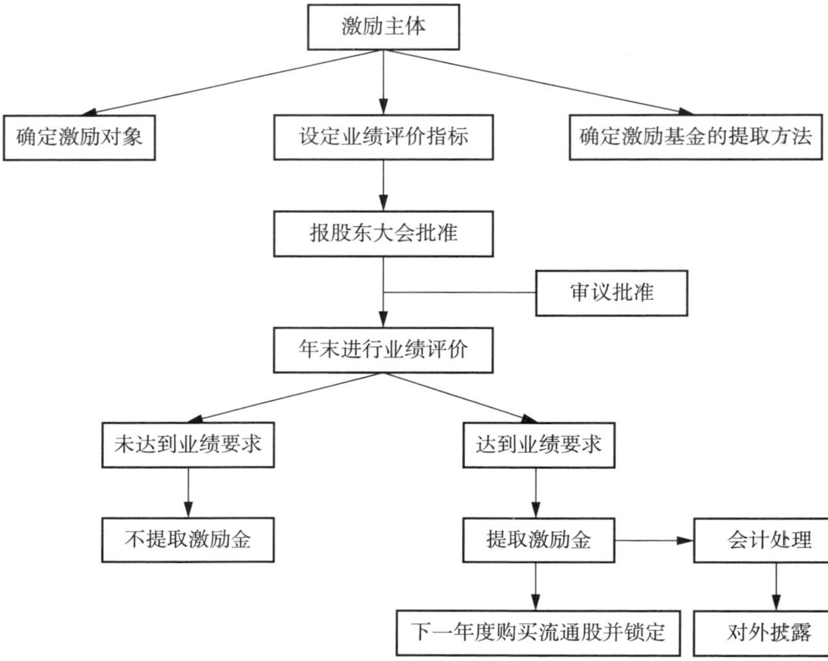

图 7-1　业绩股票激励程序

【案例 7-7】

天津泰达的业绩股票激励

【企业简介】

天津泰达投资控股有限公司（以下简称“天津泰达”）于 2001 年 12 月成立。主要经营领域为金融、实业投资、房地产、公用事业、区域开发、专营领域和高档服务业七大产业，拥有泰达集团、泰达建设等 11 家全资公司，天津钢管、泰达国际、滨海快速、渤海银行等 30 家控股公司和泰达发展、长江证券等 24 家参股公司，其中泰达股份、津滨发展、滨海能源、泰达物流、ST 四环、滨海投资 6 家为上市公司。天津泰达是以生态环保、高科技人造纤维材料、土地资源整理、公共交通为主营的综合型上市公司。截至2010年6月，公司注册资金1275573852元人民币，资产总额达87.8亿元人民币，拥有控股子公司10家，参股子公司10多家，总员工数超10万人。天津泰达以城市环境运营商为基本定位，以“营造美好生活空间”为主要经营理念，经过几年的整合，已经具备了四大重点产业系列，初步形成了控股式产业格局。

【激励方案】

1999年9月，天津泰达正式推出了“激励机制实施细则”。该实施细则主要内容为：天津泰达将在每年度财务报告公布后，根据年度业绩考核结果对有关人员实施奖罚。当考核合格时，公司将提取年度净利润的2%作为对公司董事会成员、高层管理人员及有重大贡献的业务骨干的激励基金，基金只能用于为激励对象购买天津泰达的流通股票并做相应冻结；达不到考核标准的要给予相应处罚，并要求受罚人员以现金方式在6个月内清偿处罚金。奖惩工作由公司监事、财务顾问、法律顾问组成的激励管理委员会负责。

该细则规定，激励对象的考核指标之一为公司每年的业绩增长率达到15%。资料显示，天津泰达1998年度的净利润为1.305亿元，净资产收益率为34.38%，现金流充裕，业绩较为平稳，比较适合实施业绩股票激励计划。

【案例7-8】

万科集团的业绩股票激励

【企业简介】

万科集团股份有限公司（以下简称“万科集团”）于1984年5月成立，以房地产为核心业务，是中国大陆首批公开上市的企业。截至2002年底，公司总资产82.16亿元，净资产3.81亿元，拥有员工6055名，全资及关联公司43家。公司于2000年和2001年两度分别入选世界权威财经杂志《福布斯》全球最优秀300家和200家小型企业，公司的良好业绩、企业活力及盈利增长潜力受到市场的广泛认可。1988年12月，公司公开向社会发行股票2800万股，集资2800万元人民币，资产及经营规模迅速扩大。1991年1月29日，本公司A股在深圳证券交易所挂牌交易。公司于2001年将直接及间接持有的万佳百货股份有限公司72%的股份让予中国华润总公司及其附属公司，成为单一的房地产公司。公司于1988年介入房地产领域，目前已进入深圳、上海、北京、天津、沈阳、成都、武汉、南京、长春、南昌和佛山进行住宅开发。凭借创新精神及专业开发优势，公司树立了住宅品牌，并获得良好的投资回报。

【激励方案】

万科集团在2006年5月30日的股东大会上通过了“2006—2008股权激励计划”，计划分三期实施，目前第一期已实施完毕。该次股权激励的实施对象是受薪董事、监事、中高级管理人员及总经理提名的骨干业务人员。考核条件是年净利润（NP）增长率超过15%，全面摊薄的年净资产收益率（ROE）超过12%，公司如采用向社会公众增发股份或向原有股东配售股份的方式，当年每股收益（EPS）增长率超过10%。激励规模是每年根据净利润增长率从净利润增额中提取激励基金。净利润增长率超过15%时按增长率提取基金，但提取比例最高不超过30%。行权条件是在满足激励条件时，公司委托资深国投从二级市场购入股票，经过一年等待期后，若股票价格满足归属条件则交付股票，否则在下一年度再次测试是否满足归属条件，若符合则交付，不符合则取消交付。

*T*年度：预提部分激励基金交由信托公司（深国投）购入股票备用；*T*+1年度，根据业绩考核结果委托信托公司补充购入全部股票；*T*+2年度，若*T*+1年度股票均价高于*T*年度股票均价，则授予股票；*T*+3年度：若*T*+2年度股票均价高于*T*年度股票均价且高于*T*+1年度股票均价，则授予股票。

实施情况：2006年5月31日公司为“计划”预提资金1.42亿元用于购买股票，截至2006年底，“2006年年度激励计划”共持有25452018份股票；截至2007年4月13日，公司净利润增长54.68%，股东大会确定激励股票规模后，公司补充计提0.73亿元，截至2007年底，“计划”共持有38139169份股票；2008年8月23日，公司2007年股票均价33.81元，大于2006年均价7.10元，满足授予条件，董事会同意授予。

【案例点评】

从本质上讲，业绩股票是“奖金”的延迟发放，只不过支付的方式从现金变成了股票，对业绩的要求更高。但正是这点不同使得这种模式弥补了一般意义上年终奖的缺点，具有长期激励的效果。

五、员工持股激励

（一）内涵及特点

1. 员工持股计划的内涵

员工持股计划属于长期激励的一种，兴起于20世纪50年代的美国（以福特公司为代表），其特点是通过全员持股的方式强化员工的主人翁精神。

员工持股计划又称“员工持股制度”，指通过给员工配发本公司股票或期权使其享有相应的管理权，成为公司的股东，获得长期激励的一种绩效奖励制度。在实践中，员工持股计划往往是由企业内部员工出资认购本公司的部分股权，并委托员工持股会管理运作，员工持股会代表持股员工进入董事会参与表决和分红。

2. 员工持股计划的特点

总体来说，员工持股计划可分为两类：非杠杆型的员工持股计划和杠杆型的员工持股计划。

（1）非杠杆型的员工持股计划，是指由公司每年向该计划贡献一定数额的公司股票或用于购买股票的现金，数额一般为参与者工资总额的25%。该类型计划的要点：公司每年向该计划提供股票或用于购买股票的现金，员工没有任何支出；员工持股会持有员工的股票，并定期向员工通报股票数额及其价值；当员工退休或因故离开公司时，根据工作年限或其他规定取得相应数额的股票或现金。

（2）杠杆型的员工持股计划主要是利用信贷杠杆来实现的。采用这种做法，首先需要成立一只员工持股计划信托基金；其次由公司担保，该基金出面以实行员工持股计划为名向银行贷款购买公司股东手中的部分股票，购入的股票由该信托基金掌握，并利用因此分得的公司利润及由公司其他福利计划（职工养老金计划等）中转来的资金，归还银行贷款的利息和本金；随着贷款的归还，按事先确定的比例将股票逐步转入职工账户，贷款全部还清后，股票即全部归职工所有。

该类型计划的要点：银行先贷款给公司，再由公司借款给员工持股会，或由公司做担保，由银行直接贷款给员工持股会；信托基金会用借款从公司或现有的股票持有者手中购买股票；公司每年向信托基金会提供一定的免税贡献份额；员工持股会每年从公司取得的利润和其他资金，归还公司或银行的贷款；当员工退休或离开公司时，按照一定条件取得股票或现金。

（二）优缺点分析

1. 员工持股计划的优点

（1）实现了所有权从公司向雇员的转移，能有效弥补投资主体缺位所带来的监督弱化和内部人控制严重问题。

（2）丰富了员工的收入来源，有利于调动员工的积极性，提高生产效率。

（3）企业内部员工出资认购本公司的部分股权，有助于企业资本积累，相当于一种筹资手段。

（4）实现公司所有权向雇员的转移，公司可以平稳放弃与让渡经营不理想的子公司。

2. 员工持股计划的缺点

（1）员工认购股份需要支付现金或承担贷款，加之不能转让、交易、继承，激励效果有限。

（2）因市场波动引发股价下跌时，员工要承担收益受损的风险。这种模式适合业务比较成熟的公司。

（三）应用实务

员工持股计划的具体实施流程主要包含七个步骤。①调查研究。调查研究的主要内容包括政策是否允许、预期激励效果如何、股东意愿如何等。②价值评估。员工持股计划涉及所有权的变化，因此需要对企业进行全面合理的价值评估。企业估值过高，员工可能不愿意购买；企业估值偏低，会损害企业所有者的利益。③制订计划。聘请专业咨询顾问机构参与计划的制订，确定员工持股的份额和分配比例，保证既能起到激励员工的作用，又不会损害企业所有者的利益。④制定计划实施程序。实施程序主要对员工持股计划的原则、参加者的资格、管理机构、财务政策、分配办法、员工责任、股份的回购等做出明确的规定。⑤资金筹集。目前，在我国实施员工持股计划仍然以员工自有资金为主，企业提供部分低息借款。⑥明确员工持股的管理机构。对于一些大型企业来说，可以借鉴国外的经验，由企业外部的信托机构、基金管理机构来管理员工持股信托。⑦审核批准。员工持股计划通常要经过集团公司、国有资产管理部门的审批，因此，须上报有关部门核准。

【案例 7-9】

三安光电的员工持股激励

【企业简介】

三安光电股份有限公司（以下简称“三安光电”）成立于2000年11月，于2008年7月在上海证券交易所挂牌上市［股票代码：60070（3）］。三安光电的总部坐落于素有“海上花园”之称的厦门，产业化基地分布在厦门、天津、芜湖、泉州等地区，是国家发展改革委批准的“国家高科技产业化示范工程”企业、工业和信息化部认定的“国家技术创新示范企业”，承担了国家“863”计划、“973”计划等多项重大课题，拥有国家人事部颁发的博士后科研工作站及国家认定的企业技术中心。

【激励方案】

2014年8月，三安光电员工持股激励草案公布，具体如下。

（一）参与对象范围

本员工持股计划的参与范围为公司的董事、监事、高级管理人员及公司和下属子公司职级为三职等以上（含三职等）的正式员工。

（二）员工持股计划的资金来源

本员工持股计划筹集资金总额为30808万元。本员工持股计划分为30808份份额，每份份额10000元，参与人员必须认购整数倍份额。

持有人按照认购份额分期缴纳认购资金。首期缴纳资金比例不低于30%，且须为10000元的整数倍，缴纳期限为股东大会审议通过本员工持股计划之日起3日内；其后缴纳金额和时间由员工持股计划管理委员会确定，但每期缴纳资金均须为10000元的整数倍；全部缴纳的最后期限为股东大会审议通过本员工持股计划之日起4个月内。

持有人如有任何一期未按期缴纳认购资金，则自动丧失认购权利，其拟认购份额由其他持有人申报认购。申报份额如少于弃购份额，由管理委员会组织管理层认购不足份额。申报份额如多于弃购份额，由管理委员会讨论确定认购人选和认购份额。

（三）员工持股计划涉及的标的股票来源

本员工持股计划设立后委托兴证证券资产管理有限公司管理，并全额认购兴证证券资产管理有限公司设立的“鑫众1号”集合计划中的次级份额。“鑫众1号”集合计划份额上限为9.3亿份，按照2∶1的比例设立优先份额和次级份额，“鑫众1号”集合计划主要投资范围为购买和持有三安光电股票。公司控股股东福建三安集团有限公司为“鑫众1号”集合计划中优先份额的权益实现提供担保。

“鑫众1号”集合计划以二级市场购买等法律法规许可的方式取得并持有标的股票。“鑫众1号”集合计划所持有的股票总数累计不超过公司股本总额的10%；任一持有人所持有本员工持股计划份额对应的标的股票数量不超过公司股本总额的1%。“鑫众1号”集合计划将在股东大会审议通过员工持股计划后6个月内，通过二级市场完成标的股票的购买。

以“鑫众1号”集合计划的规模上限9.3亿份和公司2014年8月5日的收盘价14.16元测算，“鑫众1号”集合计划所能购买的标的股票数量上限约为6568万股，占公司现有股本总额的2.74%。

（四）锁定期

“鑫众1号”集合计划通过二级市场购买等法律法规许可的方式所获标的股票锁定期为12个月，自公司公告最后一笔标的股票过户至本期持股计划名下时起算。锁定期满后12个月内，“鑫众1号”集合计划出售的标的股票数量不超过锁定期间标的股票总数的60%。

“鑫众1号”集合计划在以下几个期间不得买卖公司股票：

（1）公司定期报告公告前30日内，因特殊原因推迟公告日期的，自原公告日前30日起至最终公告日；

（2）公司业绩预告、业绩快报公告前10日内；

（3）自可能对公司股票交易价格产生重大影响的重大事项发生之日，或在决策过程中至依法披露后2个交易日内。

管理委员会在决定买卖公司股票时，应及时咨询公司董事会秘书是否处于股票买卖敏感期。

【案例 7-10】

中国电器院的员工持股激励

【企业简介】

中国电器科学研究院（以下简称“中国电器院”）始建于1958年，隶属于中国机械工业集团有限公司，现有员工2000多人，专业科技人员占员工总数的70%以上。经过半个多世纪的发展，中国电器院现已发展成为拥有3大基地、占地600多亩、建筑面积28万平方米的集科研开发、国家检测和科技产业于一体的创新型企业。中国电器院拥有中央研究院、国家重点实验室、国际合作基地等9个科技研发平台。工业产品环境适应性国家重点实验室是国内首家专业研究工业产品环境适应性技术的科研机构，在汽车气候老化技术解决方案、电子电器全生命周期质量控制、风电环境失效技术解决方案等方面具备国内的技术实力，多项技术成果填补国内空白。国家检测基地（威凯检测技术有限公司）是亚洲地区规模大、能力及范围较广的电子电器产品检测中心，并与美国、英国等38个主要国家和地区的检测机构达成数据互换认可，同时是有关家用电器各类标准的研究与制定部门。

【激励方案】

中国电器院结合员工持股政策规定，按照30%比例确定持股员工规模，将员工在企业持续工作年限及剩余服务期限不少于3年作为员工持股的条件。形成可操作性的股权内部流转和退出机制，避免持股固化僵化。

具体措施如下：

（1）为后备骨干预留股份，股份转让必须转让给骨干员工；

（2）根据公司战略、各业务板块业绩贡献、发展前景、员工状况等因素，每年对员工股份进行动态调整；

（3）确保股份流转价格的公平合理，保证股份流动的可操作性，每3年对公司整体进行一次审计评估，以评估值为参考依据，每年根据上年经营盈利情况、非经营性因素导致资产价值变动等情况，确定并发布本年度员工股份流动转让价格。

（4）设置差异化股份退出价格机制，对不同离职情况设定不同的股份退出价格和转让价款支付时间，对违反行业规定等情况给予惩罚性的股份退出条件，增加离职机会成本，加大绑定力度；

（5）为保证企业持续稳定发展，建立激励与约束的长效机制，针对企业不同发展阶段（启动 IPO 前、启动 IPO 后），设置股份锁定机制和股份转让上限比例，实现持股人员与企业发展的绑定。

六、员工跟投激励

（一）内涵及特点

跟投，是指在企业新业务开展过程中，具有重要决策影响力的核心层和骨干成员同步出资，与企业共同承担风险，共同分享收益的一种机制。跟投的本质是一种投资行为，由于其有足够强的收益且风险对赌锁定，激励约束统一，所以能够实现有效的激励效果。

从经理人中长期激励视角来看，跟投激励有两个重要特点。

第一，有足够强的收益预期。由于跟投形成的股权是一项长期资产，并且能够在未来事业发展过程中不断增值。所以，跟投的项目一般收益水平相对高，回报水平高，能够给跟投主体很强的激励信号。

第二，风险对赌锁定，激励约束统一。跟投激励机制与其他中长期激励不同，这是一项在大多数情况下需要跟投者自己掏出资金进行投资的行为，有效实现了经营管理人员和企业角色由不对称转换为统一一致，大家利益目标捆绑，风险共同承担。这种具有对赌特点的模式实现了激励和约束的高度统一。

所以，从近几年的企业激励实践情况来看，跟投激励作为一种新机制开始在各个行业得到广泛应用，显现了它独特的激励效果。

（二）优缺点分析

正因为跟投激励机制具有上述两个重要特点，在新时代的国有企业改革浪潮中，应该更积极、更大力地推动这个创新业务和人才发展的模式，在更多的国有企业实践中落地。而且对于国有企业来说，跟投激励机制还能实现更多、更大的价值。

1. 员工跟投的优点

（1）跟投激励机制是国资的安全阀。在新的科技研发、新的投资项目、新的工程建设、新的公司运营中，作为主要决策者的核心团队成员有没有付出资本和对价，对决策心态的影响是很大的。如果团队成员出了资，就能够在很大程度上真正与企业目标一致，大大减少由于信息不对称、投资权责不统一而形成的“为批资金而找项目”“为可行而可研”等现实中大量存在的问题。而这些问题又是导致投资效益低、投资风险加大，特别是导致国有资产减值和流失的基础性原因。因此，在国有企业市场化经营中大力推广跟投激励机制，实际是保证国资保值增值的重要工具，能够起到国资安全阀的核心作用。

（2）跟投激励机制是国企的创新梯。创新已经成为中国经济发展的必由之路。国有企业在不断发展的过程中，必须不断推陈出新，向广阔的市场和行业进军，特别是在新技术、新模式层出不穷的新时代，商业模式的快速迭代使竞争通常十分残酷。国有企业遍布各行各业，就像驶入大海的航船，持续在未知海域前行，对于创新业务领域不熟悉、缺少专业技能的问题，就需要更大力度地发挥组织的学习动能，变未知为熟知。那么，如何实现创新发展的低风险？跟投激励机制是一种经过证明且有效的长期工具，通过这种激励机制设计来推动国有企业持续创新，并且能够大大降低创新的决策风险。

2. 员工跟投的缺点

（1）跟投的资金自己没有操作权利。对于跟投资金投入的项目，员工不知道其用途与使用细则，唯一能做的就是等项目结束时的分红。

（2）跟投机制限定于内部交易，不能有任何对外行为，也不能转售，更没有退出机制。

（3）收益必须等待项目完成，有一定的风险。

（三）应用实务

1. 国企员工跟投机制背景及概况

员工跟投最早开始于风险投资及私募股权投资等投资领域，如 IDG 资本、鼎晖投资等，投资经理作为对项目直接负责的人员，将资金投入所选项目。不同公司做法不同，有的为强制跟投，有的则为自愿跟投，高捆绑同时高收益。后来，项目跟投激励机制逐渐进入房地产领域，国内房企前 50 强已有超过半数实施项目跟投机制，较为典型的有万科的事业合伙人理念、碧桂园的成就共享机制、首创的项目跟投模式等；近年来，员工跟投逐渐进入其他领域，如恒生电子、万达信息、海康威视等不同领域的公司都开始尝试跟投机制。

2018 年以来，国有企业改革明显加速。作为国务院国资委落实“1+N”政策的具体举措，“双百工程”也逐渐拉开了序幕，可以看到国有企业改革正从摸索、试点到积极推进、不断加速。2019 年 4 月 28 日，国务院正式印发了《改革国有资本授权经营体制方案》（国发〔2019〕9 号），至此，以管资本为主的国有企业改革顶层设计方案终于正式落地，其中详细列举了多种股权激励模式，并第一次从政策层面对项目跟投给予了充分肯定，支持国有创业投资企业、创业投资管理企业等新产业、新业态、新商业模式类企业的核心团队持股和跟投。

2. 项目跟投实操

项目跟投是市场化的行为，国有资产流失的风险相对较小，同时员工跟投设计也是一项复杂的工程，不同公司的项目特点、发展阶段、管理架构甚至企业文化不同，都需匹配不同的机制，须量身定做最适合的机制，在实操过程中主要考虑以下几个方面。

（1）项目类型。跟投机制设计的主要目的是通过利益捆绑充分调动员工的积极性，成熟且盈利稳定的项目通常无须引入跟投机制，而公司新开发项目、创新业务领域的项目及盈利预期不确定的项目则更适合采用跟投制度。

（2）跟投人员。从跟投制度的初衷出发，公司中高层管理干部应参与进来，从而使之共享公司发展成果，加强其主人翁意识；具体项目的决策人员和实施人员一般强制跟投，从而有效实现利益捆绑，推动决策高效及精准化；可选择对普通员工开放规定额度的投资权限，自愿跟投。

（3）跟投比例。考虑股东利益、员工跟投实力及项目跟投的激励性，通常的跟投比例为 5%~20%。

（4）跟投平台。可以成立子公司直接持股或成立有限合伙企业持股，也可以考虑基金形式，具体选择可根据实际情况进行调整。

（5）资金来源。跟投的资金来源多为员工自有资金。

（6）动态调整。机制设计时要综合考虑管理绩效考核、人员变动、职责转换等因素带来的跟投责权利变化。

（7）收益分配。以子公司为形态存在的跟投制度，收益实现方式一般为公司上市、公司或第三方回购、分红等形式。当项目周期较长时，也可以考虑预分红形式。

总体而言，作为一种新形式的改革工具，跟投激励机制为每个国有企业打开了一扇机遇之门。跟投激励机制在高度捆绑决策人和项目、保护国有资产的同时，能够有效推动国有企业的持续创新。从国有企业管理实践来看，跟投激励机制是国有企业改革过程中经理人和核心员工持股的一种较新的实现方式。

这一中长期激励的模式在过去几年兴起并开始在越来越多的行业受到欢迎。作为国务院国资委“双百工程”入围企业之一的海康威视经过激励实践后，证明了“跟投激励”这样的中长期激励方式不仅可以在国有企业市场化改革中大胆使用，而且能够帮助企业激活组织，推动其快速成长。

【案例 7-11】

海康威视的员工跟投激励

【企业简介】

杭州海康威视数字技术股份有限公司（以下简称“海康威视”）成立于2001年11月，注册资金40.16亿元（据悉，2001年11月，中国电科第52研究所下属的浙江海康信息技术股份有限公司和自然人龚虹嘉分别出资255万元和245万元，以国有股比51%、自然人股比49%的混合所有制形式成立了海康威视），是中国领先的监控产品供应商，致力于不断提升视频处理技术和视频分析技术，面向全球提供领先的监控产品、技术解决方案与专业优质服务的高新技术企业。随着市场竞争的不断加剧，海康威视员工年人均工资与行业内竞争对手年人均工资对比已处于劣势，需要快速大步的节奏才能追赶行业内竞争对手的薪资水平，保障人才的市场竞争力。为此，海康威视于2012年以股票期权激励的模式启动了一轮长期股权激励。

自2001年创立至今，海康威视营业收入年复合增长率为62.21%，通过持续创新，掌握核心技术，保持了较高的利润率水平。从2010年上市至今，海康威视营业收入的年复合增长率为41.97%。2017年海康威视营业收入419.05亿元，同比增长31.22%。2018年，海康威视的营业收入为498.37亿元，同比增长18.93%；归属于母公司所有者的净利润113.53亿元，同比增长20.64%。上市8年，海康威视总资产增长9.7倍、收入增长13.8倍、净利润增长10.8倍、股价最高涨幅10.8倍。海康威视隶属于中国电科集团，是国有持股51%的混合所有制企业，虽有国资背景，但在股权激励机制设计上又兼具民营企业的灵活性，2015年9月，海康威视出台《核心员工跟投创新业务管理办法》，尝试创新项目个人跟投机制，主要范围就是“创新业务”，“是投资周期较长，业务发展前景不明朗，具有较高风险和不确定性，但需要进行直接或间接的投资探索，以便公司适时进入新领域的业务，实现公司持续发展需要”。由于跟投机制的助力，海康威视在新业务方面实现了快速发展。

【激励方案】

2016年，海康威视引入核心员工跟投创新业务机制——在互联网视频、汽车电子、机器人及其他创新业务上，公司和员工以6：4的股权比例共创子公司，使一大批核心员工和技术骨干成为与公司创新业务共担风险、共享收益的“事业合伙人”。一句话总结海康威视跟投创业业务方案：“六四股比，两类计划，出资双选，动态优化，五年锁定。”具体方案介绍如下。

（1）激励目的。建立创新平台，激发核心员工创业精神和创新动力，同时充分调动核心员工的积极性，支持公司战略实现和长期可持续发展。

（2）激励额度。公司投资设立的创新业务子公司，公司持有60%的股权，保持控股地位，员工跟投平台跟投40%的股权。

（3）人员选择。参加跟投的员工原则上应在公司工作不少于5年，且是全职员工，限于公司高级管理人员、对公司整体业绩和持续发展有直接影响的管理人员、核心技术人员和骨干员工。

（4）参投人员的跟投方式。第一种方式是强制与自愿结合。根据参投人员对企业跟投对象对公司的影响程度划分为A、B两大类。A类是海康威视或其全资子公司、创新业务子公司的中高层管理人员和核心骨干，他们必须强制跟投各类创新业务。B类是创新业务子公司的部分核心员工，可参与跟投自己参与的某一特定创新业务。在A、B计划中，A计划必须强制跟投各类创新业务，而B计划可以参与跟投某一特定创新业务。也就是说，防止了上持下过程中由于资源和决策权的不退赠，有选择地去跟投某一类业务，所以说强制工作一般是各类业务都跟投，而不是某一特定的创新业务。

第二种方式是设计平台模式。在设计平台模式时，会考虑跟投后管理的便利性，以及针对跟投业务有直接的对应关系。首先，针对每个创新性的业务或创新子公司。上面的直投方是由海康威视和投资管理层间接持股的一个有限合伙企业的形式去持有的。这个有限合伙企业并不是由管理层和核心员工直接持股。而是通过海康威视投资管理公司为 GP，由中建投信托公司通过资产管理计划为 LP，形成的合伙企业，而不是核心员工。在这个过程中，员工是通过购买资产管理计划或认购管理计划的份额，作为 LP 间接地实现了跟投项目的目标。具体如图 7-2 所示。

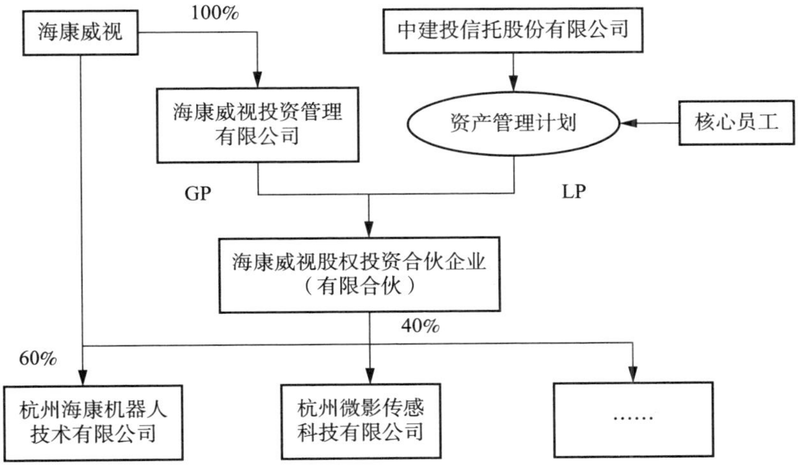

图 7-2 海康威视员工持股平台

（5）激励模式。根据跟投员工是否实际履行出资义务分为出资跟投和非出资跟投。出资跟投是指经公司认可的核心员工，通过跟投平台投资创新业务子公司并拥有相应的股权份额，主要针对高级别的关键人才。非出资跟投是指在未缴纳出资的情况下，平台指定主体将跟投平台的股权增值权授予员工，从而将跟投方案覆盖更多员工，均衡公司的价值分配体系。

（6）动态调整。跟投平台每年都会增资，增资的部分会重新分配给所有核心员工，跟投平台的员工持股比例每年都会调整，表现优秀者在股权份额上可后来居上。

（7）激励收益。创新业务子公司发展壮大，符合独立上市的条件的，海康威视会优先考虑支持其上市，核心员工持有的原始股收益会非常可观。同时海康威视也会考虑对员工持股部分以公允价格进行整体回购或对外转让。

（8）退出机制。员工在离职时，原则上所持有的跟投平台的股权或股权增值权都必须转让给平台指定的主体。如果员工持有的是跟投平台的股权，且满足 5 年任职约束条件，则退出价格按照公允价值计算；若不满足 5 年任职约束条件，则退出价格为每股出资额或最近一期经审计的创新业务子公司的每股净资产两者中较低者。若员工持有的是股权增值权，且退出时满足5年任职约束条件，则按照退出时的创新业务公司的公允价值计算增值收益；若不满足5年任职约束条件，视为员工自动放弃增值权，公司不进行任何补偿。

【案例点评】

正如海康威视董事长陈宗年在接受采访时所说，海康威视本身就是创新的产物，不断探索和实践着体制改革与业务创新，从科研院所转变为上市公司，从设备生产商发展成解决方案提供商，再到现在成为内容服务的提供商，改革和创新始终是海康威视发展的动力。而其在员工跟投设计时更是走在国有企业的前列，其方案把核心员工的事业梦想与公司创新业务发展融为一体，通过不同方式入股实现了公司及员工的双赢，进一步激励企业创业创新，激发企业持续创新活力。

截至2019年5月，根据工商相关登记资料，海康威视共设立了杭州海康机器人技术有限公司、武汉海康存储技术有限公司等8家创新业务子公司，其中最少有6家子公司严格按照海康威视持股60%、跟投平台持股40%等股权比例分配（其余2家子公司未公开股东股权占比）。跟投平台均为有限合伙企业，GP均由海康威视投资管理有限公司担任。而跟投的核心员工则通过认购中建投信托成立的资产管理计划份额持有跟投平台的股权。其中，成立较早的两家创新业务公司杭州海康汽车技术有限公司和杭州海康机器人技术有限公司已经完成增资，实现了激励份额的动态调整。

【扩展阅读】

股权激励方案设计10D模型

为了便于读者在国有企业经理人中长期激励实践中根据各自企业的实际情况选择适合有效的股权型激励技术和工具，我们在收集整理对比各类资料的基础上，在此推荐吕顺辉先生提出的股权激励10D模型。

该模型的基本要素可以归纳为10D，具体如图7-3所示。吕顺辉先生对股权激励10D模型的简要总结如下。

（1）定目的：充分调研，明确激励目的，并掌握股权制定的一些基本

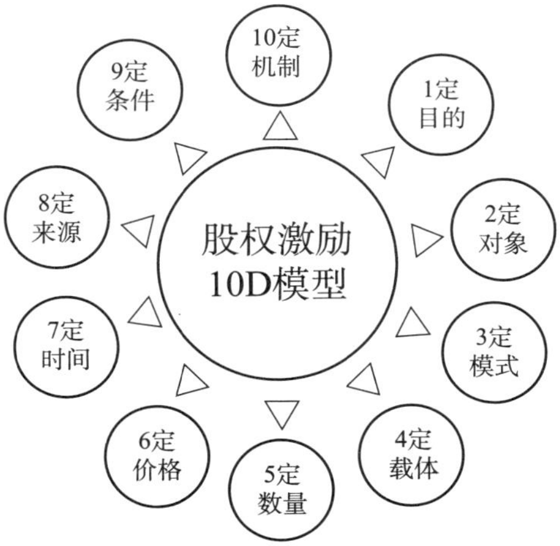

图 7-3　股权激励 10D 模型

原则。

（2）定对象：激励核心人才，掌握“二八原则”，形成明显的激励梯度。

（3）定模式：有现金（现金奖励基金）和股权两类，多采用实股、期权和虚拟股权三大类。

（4）定载体：主要分为个人、信托和壳公司三大类，壳公司一般采用有限合伙企业形式。

（5）定数量：数量分为总量和个量，其中总量一般为 10%～30%，核心团队个量一般超过总量的 60%。

（6）定价格：价格一般采用注册资本金依据、净资产、融资估值折扣三种方式。

（7）定时间：一般为中长期，3～5 年是一个比较合适的时间周期。

（8）定来源：主要有原股东转让、预留股份、增资三种来源。

（9）定条件：股权激励的授予和行权的条件，其中业绩考核为关键条款。

（10）定机制：建立一套完善的股权激励管理体系，重点在于股权激励的退出机制。

有关股权激励 10D 模型的详细内容，请读者查阅相关网络资料。

第八章　现金型激励模式

很多公司在发展的过程中会采用传统物质奖酬的方式吸引员工，也会推行股票期权等制度激励员工。这些股权激励制度能够把工作人员由普通的员工转变为公司的所有者，提高员工工作的积极性和责任感。然而，由于我国缺少经理人市场、对经理人的管束不够及股票市场有效性低等原因，虽然股票期权等激励制度一般针对上市公司，且能够取得一定的效果，但并不适用于所有的国有企业。

现金型激励工具最主要的特点就是激励对象获得激励的实现形式是现金而非实股，一般适用于非上市公司，但上市公司也可以结合实际情况实施。基于现金模式的中长期激励需要提前考虑资金来源予以，无论何种现金激励工具，都要考虑会计账目、计提方式、个人税收安排及对公司未来现金流的潜在影响等。

目前较为流行的现金型激励模式主要有分红权激励、超额利润分享激励、虚拟股票激励。接下来，本章将具体介绍以上三种现金型激励模式的内涵、特点、优缺点及在企业中实际应用的案例。

一、分红权激励

央企进一步提出的“分红权”激励方案就是以按劳分配为前提，通过引入分红权激励，强化风险管理，确保企业发展质量；健全选拔机制，推进人才队伍建设；强化业绩管理，深化工效挂钩机制。通过加大科技奖励力度以及科技成果转化和推广力度，对科技骨干和主要经营管理人员探索实行岗位分红权激励措施，打破内部分配“大锅饭”，持续提高企业经营效益，把国有企业打造成人才成长和企业集体利益有机捆绑的命运共同体。

（一）内涵及特点

分红权激励模式是指公司现有股东授予被激励对象一定数额的虚拟股权，

使激励对象无须出资即能享受公司利润的分红。分红权激励模式包括岗位分红权激励和项目收益分红激励两种方式，主要激励对象是企业核心科研人员、核心技术人员和管理骨干。

1. 岗位分红权激励

岗位分红权激励是以企业经营收益为标的，按照岗位在科技成果产业化中的重要性和贡献，合理选取分红岗位与分红对象，确定激励总额和不同岗位的分红标准，授予关键岗位的员工一定数量的股份、股票或虚拟股份/股票，在达到特定条件后员工可以获得该股份/股票的分红。岗位分红权激励具有以下特点。

（1）岗位分红权激励模式的重点在于岗位而非员工，即只有在特定岗位的员工可参与岗位分红权激励，若员工离开该岗位则会失去参与岗位分红权激励的资格。配合公司完善的岗位制度、晋升制度和中长期薪酬规划，岗位分红权激励模式能够有效激励员工努力工作，为公司服务。

（2）岗位分红权激励是以企业经营收益为标的，按照效益导向的原则选择净利润作为计提指标，明确了分红权的上限及与效益、年度薪酬挂钩的量化机制，同时能够与企业当年、跨年的绩效考核体系相结合。

2. 项目收益分红激励

项目收益分红激励是指企业通过自行投资、合作转化、作价入股、成果转让等方式实施科技成果产业化，然后将科技成果产业化项目形成的净收益采取项目收益分成方式对奖励对象实施激励。

项目收益分红激励是国有科技型企业依据《促进科技成果转化法》，以科技成果转化收益为标的，对企业重要技术人员和经营管理人员实施的激励行为。项目收益分红是在职务科技成果完成、转化后，按照企业规定或与重要技术人员约定的方式、数额和时限执行。

项目收益分红激励是分享工资理论和人力资本理论的具体实践方式，是在“国家法律”层面给予企业科技人才的“法定权利”，明确科技人才在科研项目转化收益中的“分红权”下限，项目收益分红既可以是作价投资股份，也可以是利润，真正将科技人才增加知识价值的个人利益以国家法律形式确定下来。

（二）优缺点分析

1. 岗位分红权激励的优点

（1）岗位分红权作为利益分享机制，实施程序相对简单，能够在短时间内制定方案并实施，并且不会对员工造成出资压力。适用范围广，有无可用于转化的科技成果均可采用。

（2）岗位分红权模式与岗位挂钩，是国有企业打破平均主义、鼓励先进骨干的有效激励手段。此种激励机制能够有效地鼓励员工提升工作能力，努力达到目标岗位的条件，促进公司良性运转。

（3）岗位分红权不涉及股权变更，符合国有企业的实际情况，是体现“所有权”最弱的激励模式。

（4）岗位分红权激励来源是企业经营收益的增量收益。岗位分红权激励总额整体设计将引导员工从创造价值、业绩发展的增量中分享激励，以实现国有企业价值创造与激励对象的利益共享。

2. 岗位分红权激励的缺点

（1）岗位分红权激励主要激励的是上层部分员工，难以起到针对性激励作用。

（2）激励对象的个人激励额度受到限制，激励效果有限。

（3）作为一种短期激励方式，可能引发激励对象急功近利行为。

3. 项目收益分红激励的优点

（1）相对于其他激励方式，短时间内即可显现效果。

（2）激励对象针对性强。科研项目收益分红是“以科技成果转化收益为标的，采取项目收益分红方式”，实施方式以项目为主体，用于激励项目相关人员。

（3）激励来源是项目的增量收益，国有资产流失风险小。

4. 项目收益分红激励的缺点

（1）在现实中，新产品销售、技术服务、技术咨询等也是成果转化的形式，但没有明确的界定，净收入难以计算，分配比例不易敲定。

（2）在大型集团化企业中，其研究机构、研究团队和研究人员一般是利用掌握的知识或取得的科技成果为生产单位提供技术服务和咨询，科技成果企业内部共享，成果价值难以确定。

（3）科技成果是企业内部共享的科研产出，其净收入的计算方式是难点，分配比例等不易敲定，实施难度较大，部分项目收益所需时间周期长，具有不确定性，不利于激励方案设计基础较为薄弱的企业。

（三）应用实务

《关于做好中央科技型企业股权和分红激励工作的通知》（国资发分配〔2016〕274 号）中提到“中央企业应当按照深化收入分配制度改革的总体要求，从所属企业规模、功能定位、所处行业及发展阶段等实际出发，结合配套制度完善情况，合理选择激励方式，优化薪酬资源配置。鼓励符合条件的企业优先开展岗位分红激励。科技成果转化和项目收支明确的企业可选择项目分红激励。稳妥实施股权激励，企业应当在积累试点经验的基础上逐步推进。在股权和分红激励起步阶段，同一企业原则上应以一种方式为主。同一激励对象就同一职务科技成果或产业化项目只能采取一种激励方式、给予一次激励”。

岗位分红权激励和项目收益分红激励的适用范围、激励对象、具体实施等方面有所不同，如表 8-1 所示。

表 8-1　岗位分红权激励和项目收益分红激励的对比

激励方式	岗位分红权激励	项目收益分红激励
政策支持角度	优先支持	符合条件开展
管理基础	具备管理基础	不具备管理基础
可操作性	强	强

1. 岗位分红权激励

（1）岗位分红权激励主要适用于岗位序列清晰、岗位职责明确、业绩考核规范的大中型企业。由于岗位分红权实施的前提条件明确、严苛，更适用于业务发展相对成熟、需要提高市场占有率的科技型企业。

（2）岗位分红权激励对象重点向关键核心技术、管理岗位倾斜。

（3）岗位分红权激励基于相关岗位价值评估，按照激励岗位对公司整体经营业绩和企业持续发展相对贡献的大小，确定的相应激励总额和不同岗位的分红标准，确保激励范围和激励差距的合理有效。

2. 项目收益分红激励

（1）项目收益分红激励适用于实施重大科技创新和科技成果产业化的科技型企业。项目分红的核心是围绕“项目”建立收益分享机制，因此，项目类型也会成为影响项目分红能否实施的关键条件。项目分红并不适用所有类别项目，实施企业需整体筹划项目激励，避免激化内部分配矛盾。

（2）项目收益分红激励对象应为科技成果项目的主要完成人，重大开发项目的负责人，对主导产品或核心技术、工艺流程做出重大创新或改进的核心技术人员，项目产业化的主要经营管理人员。

（3）项目收益分红激励分红提取比例应当与产业化项目净收益增长水平挂钩。科技成果转化的“净收入”如何计算是项目分红激励实施的一大难点。对于中央企业自行实施产业化的，项目净收益为该产业化项目营业收入扣除相应营业成本和项目应合理分摊的管理费用、销售费用、财务费用及税费后的金额。对于中央企业与其他投资者共同实施转化的项目净收益为企业取得合作收入扣除相关税费后的金额。其中，科技成果未作价入股的要按照非国有股权比例扣除相应无形资产摊销费用。

（4）《国有科技型企业股权和分红激励暂行办法》明确规定了项目收益分红激励的三种方式。①将该项职务科技成果转让、许可给他人实施的，从该项科技成果转让净收入或许可净收入中提取不低于50%的比例。②利用该项职务科技成果作价投资的，从该项科技成果形成的股份或出资比例中提取不低于50%的比例。③将该项职务科技成果自行实施或与他人合作实施的，应当在实施转化成功投产后连续3~5年，每年从该项科技成果的营业利润中提取不低于5%的比例。

总体而言，分红激励是一种相对较“年轻”的国有企业中长期激励方式。虽然当前政策层面关于分红激励提供了相对全面、规范的指引，但在激励对象的选取、分红额度的设定和考核指标的设立等方面，分红激励仍有较大的灵活设计空间。需要企业结合自身实际合理把握，在不断的实践中探索与完善。同时，企业应配套有对考核制度科学性和激励水平实现能力的审核、对激励对象的监督，将激励制度与薪酬管理制度衔接，才能更好地保证分红激励有效实施。

【政策依据】

2010年，国务院国资委发布了《关于在部分中央企业开展分红权激励试点工作的通知》（国资发改革〔2010〕148号），鼓励在中央企业开展分红权激励，选择科技创新能力较强、业绩成长性较好、具有示范性的企业；区别情况、分类指导，采取岗位分红权激励或项目收益分红激励方式，充分调动科技和管理骨干的积极性；将激励力度与业绩持续增长挂钩，促进企业科技创新能力不断提高；将分红权激励与转变经营机制结合起来，调动骨干积极性、促进企业科技创新，加快推进企业内部改革。文件主要内容如表 8-2 所示。

表 8-2 《关于在部分中央企业开展分红权激励试点工作的通知》主要内容

基本条件	1. 注册地：中关村国家自主创新示范区 2. 企业性质：中央企业所属高新技术企业、院所转制企业及其他科技创新型企业 3. 企业内部管理：应当制定明确的发展战略，主业突出、成长性好，内部管理制度健全；人事、劳动、分配制度改革取得积极进展；具有发展所需的关键技术、自主知识产权和持续创新能力 4. 研发费用与研发人员：企业近 3 年研发费用占企业年销售收入比例均在 2%（含）以上，且研发人员人数不低于在岗职工总数的 10%
适用企业	1. 岗位序列清晰、岗位职责明确、业绩考核规范的大中型企业（含中央企业所属的科研事业单位） 2. 企业近 3 年税后利润形成的净资产增值额应不低于企业近 3 年年初净资产总额的 10%，实施当年年初未分配利润没有赤字（不包括财政补助直接形成的净资产和已向股东分配的利润）
激励对象	1. 科技创新和科技成果产业化过程中发挥重要作用的企业核心科研、技术人员和管理骨干 2. 在该岗位上连续工作 1 年以上 3. 人数不超过本企业在岗职工总数的 30%
企业业绩	实施分红权激励期间，企业各年度净利润增长率应高于企业试点前 3 年平均增长水平
分红激励额度	企业年度岗位分红权激励总额不得高于当年税后利润的 15%
个人获得激励额度	激励对象个人岗位分红权所得不得高于其薪酬水平与岗位分红之和的 40%

根据《国有科技型企业股权和分红激励暂行办法》和《关于扩大国有科技型企业股权和分红激励暂行办法实施范围等有关事项的通知》，可开展分红权激励的企业类型包括国家认定的高新技术企业、转制院所企业及所投资的科技企业、高等院校和科研院所投资的科技企业、纳入科技部“全国科技型

中小企业信息库”的企业、国家和省级认定的科技服务机构5类。

实施分红权激励的企业范围及前提条件如表8-3所示。

表8-3 实施分红权激励的企业范围及前提条件

<table>
<tr><th>激励范围</th><th>个性条件</th><th>基础条件</th><th>实施条件</th></tr>
<tr><td>国家认定的高新技术企业</td><td>—</td><td rowspan="5">A. 建立了规范的内部财务管理制度和员工绩效考核评价制度
B. 年度财务会计报告经过中介机构依法审计，且激励方案制定近3年没有因财务、税收等违法违规行为受到行政、刑事处罚</td><td rowspan="5">A. 企业近3年税后利润形成的净资产增值额不低于企业近3年年初净资产总额的10%，实施当年年初未分配利润没有赤字（不包括财政补助直接形成的净资产和已向股东分配的利润）
B. 企业成立满3年及以上（事业单位转制为企业的，以转制为企业初始时点）</td></tr>
<tr><td>转制院所企业及所投资的科技企业</td><td rowspan="3">A. 近3年研发费用占企业年销售收入比例均在3%以上
B. 研发人员人数不低于在岗职工总数的10%</td></tr>
<tr><td>高等院校和科研院所投资的科技企业</td></tr>
<tr><td>纳入科技部“全国科技型中小企业信息库”的企业</td></tr>
<tr><td>国家和省级认定的科技服务机构</td><td>近3年科技服务性收入不低于当年企业营业收入的60%</td></tr>
</table>

【案例8-1】

中国电科院的分红权激励

【企业简介】

中国电力科学研究院有限公司（以下简称“中国电科院”）于2001年10月12日成立。法定代表人郭剑波，公司经营范围包括认证服务，从事电力系统及工业自动化、高电压与绝缘技术、电能质量及节能、新能源和可再生能源、信息系统、电子产品、通信系统、计算机应用的技术开发、技术转让、技术咨询、服务及开发产品的销售，电力工程承包，进出口业务，电力工程的技术研究、设计、施工、安装、调试以及与上述业务相关的技术咨询、技术服务、技术开发、技术检测、设备监理、工程监理，输变电工程、防腐保温工程、建筑防水工程的承包、施工与设备安装，岩土工程和结构加固，输电线路在线监测的技术开发、产品生产与销售、技术服务以及安全性评估，电力相关软件的研究、设计、开发、销售、安装、调试及与上述业务相关的技术咨询、技术服务、代理销售，电力工程施工设备与机具、电站辅机和配套设备、高温高压管件、电力工程材料和部件、焊接材料、防腐保温材料以及防水材料的开发、生产、销售，工程建设项目与物资采购招标代理，质量管理服务、信息咨询服务，学术交流，物业管理，广告业务等。

【激励方案】

2017年，国家电网中国电科院制订了岗位分红试点实施方案。分红激励对象为一线科研人员，主要从重大科技成果主要完成人、重大研发项目核心骨干人员、对核心技术或主导产品等做出重大创新或改进的主要技术人员、在技术服务和试验检测等方面做出突出贡献的技术人员中甄选，充分体现了向核心科研技术岗位倾斜的导向。

在激励对象的选拔上，中国电科院采取了建立模型、量化积分的方式，选拔科研骨干作为激励对象。评价模型包含基本条件、专业条件、加分条件等三大类14个因素。首先，根据综合素质、工作能力等基本条件确定激励对象范围；其次，按照价值贡献、个人业绩等专业条件和特殊贡献等加分条件对候选人进行量化评价，依据积分结果确定激励对象。最终，中国电科院共选拔了266人实施岗位分红，占职工总数的14.6%，其中关键技术研究岗位213人、决策支持技术研究岗位53人。中国电科院此次激励人数远低于政策文件要求的激励人数不得超过企业在岗职工总数的30%。主要原因有两个：一是企业是第一次探索岗位分红激励，缺少实践经验，倾向于采取较稳妥的做法；二是将激励对象控制在小范围，避免形成新的“大锅饭”现象，同时体现“二八原则”。

分红激励应坚持激励与约束并举，既要强调激励的力度，又要强化考核与监督，保证激励落到实处。中国电科院考核分为企业、部门、个人三个层级。第一，国家电网公司对中国电科院进行企业年度经营业绩考核和分红专项考核，其中经营业绩考核主要聚焦于中国电科院的战略目标落地情况、重点工作任务完成情况，以及为国家电网公司提供运营保障和支撑服务的重大贡献；分红专项考核主要聚焦于中国电科院的净利润增长率、专利数量和核心人才保留率等。第二，中国电科院从承接国家电网公司业绩考核指标和自身发展两个角度出发，对所属部门（单位）及员工开展部门考核和员工考核。只有三级考核全部满足条件后方可兑现岗位分红激励。

当前的政策对企业和激励对象的激励额度上限做出了规定。其中，企业年度岗位分红权激励总额不高于当年税后利润的15%，激励对象获得的岗位分红权所得不高于其薪酬总额的2/3。2018年，中国电科院兑现岗位分红权激励总额1551万元。2018年，中国电科院全年主营业务收入同比增长9.5%，税后利润同比增长15.8%。

【案例8-2】

国网电商公司的虚拟分红激励

【企业简介】

国网电子商务有限公司（以下简称“国网电商公司”）是国家电网公司的全资子公司，成立于2016年1月，注册资本10亿元。目前拥有电e宝、国网商城、国网电商金融三大电商业务平台。公司本部下设7个部门，拥有互联网金融事业部、光伏云事业部、物资电商事业部、电动汽车事业部、营销服务事业部5个事业部和北京汇通金财信息科技有限公司1家子公司，全口径劳动用工800多人。国网电商公司主要业务包括电子商务和互联网金融两大领域，以互联网信息技术为支撑，实现两大业务相互融合、协同发展。电子商务重点聚焦于电费代收、物资电商化、电动汽车、分布式光伏电源、跨境电商、客户工程、节能服务等业务板块，抢抓在供电服务业务链延伸中的新机遇，以提供线上服务为主，协同线下资源，为客户提供“一揽子”整体解决方案。互联网金融主要拓展企业金融、个人金融、大数据征信等业务，丰富互联网金融业务产品体系，促进产融结合，打造核心竞争力，加快构建互联网金融生态圈。目前，电e宝电力交费服务已覆盖国家电网全部经营区域，建成一流民生服务云平台。国网商城物资电商化采购在国网系统内全面推广，实现物力集约化和提质增效。国网分布式光伏云网已成为全国最大的分布式光伏服务云平台。互联网金融业务布局完成，服务分享经济和实体经济效果明显。截至2017年7月，电商平台当年交易额突破1000亿元、注册用户突破1.9亿人，核心运营指标达到国内领先、行内一流，攀升至央企电商前列。

【激励方案】

2016年下半年，国网电商公司根据企业实际，借鉴参考其他互联网公司管理经验，开始探索推行虚拟分红激励。

国网电商公司虚拟分红的收益是与企业经营业绩挂钩的，其中A类核心人才的激励额度为5×*X*万元/人，B类为3×*X*万元/人，*X*为根据上年度国家电网公司对国网电商公司企业负责人业绩考核得分计算出的考核系数。通过强化分红收益与公司经营业绩的联动关系，使公司与员工结成更加牢固的利益共同体。

2017年，首批核心人才共87人，占员工总数的12.05%，其中A类核心人才32人，B类核心人才55人。经核算，当年虚拟分红兑现总金额为255.99万元，A类、B类核心人才兑现金额分别为6万元/人、3.6万元/人，分红激励已兑现。2018年，国网电商公司将核心人才评选的自主权下放给了各单位和部门，并探索逐步扩大激励覆盖面，核心人才数量增加到143人，约占总人数的14%。按规定，国网电商公司参与虚拟分红激励的核心人才数量不超过职工总人数的30%。

同时，国网电商公司还借鉴期权激励的思想，在虚拟分红发放中引入了延期支付机制：每年度虚拟分红金额分4年发放，其中70%当年发放，余下部分按照每年10%在今后3年逐年发放。对于能多次评上核心人才的员工，这一延期支付机制还将带来激励滚动叠加效应，从而更好地留住优秀人才，实现人才与企业共同成长。

国网电商公司每年会对参与虚拟分红激励的人数进行动态调整，鼓励人人争做核心员工，同时设定了严格的核心人才退出机制。

【案例点评】

借助虚拟分红模式，国网电商公司通过明确奖惩标准，建立了公开、公平、公正的内部竞争环境。目前，国网电商公司正逐步建立起良性的激励循环机制，营造百舸争流、百花竞秀的蓬勃氛围，以优良的人才队伍有力支撑保障公司电子商务和金融科技的“一体两翼”更高质量创新发展。

二、超额利润分享激励

在企业经营中，利润是企业生存的砝码，人是创造利润的核心因素。如何让企业的核心人员立足于企业战略实现企业业绩增长、利润倍增，不仅要依赖文化情感联结，而且要依赖企业所有人与实际经营者的利益捆绑，超额利润分享激励便是实现业绩增长、利润倍增及相关者利益捆绑的有力工具。

（一）内涵及特点

超额利润是指公司与激励对象通过沟通达成基础目标利润，并一致同意以超出基础目标利润的部分。超额利润分享激励模式是指在实现公司计划目标利润后，从超额利润中提取一定利润比例分配给核心高管及核心精英骨干等激励对象，并约定具体的支付方式的一种分享利润的方式。

区别于一般的年度分红计划，超额利润分享激励计划建立了一个中长期的利润奖金池，每年根据净利润的完成情况，奖金池可增可减，这更能体现企业与项目团队在中长期利益上风险共担、利益共享的分配理念，通过对中长期内的利润进行提取并基于业绩指标的达成进行分配，实现对团队的激励。

（二）优缺点分析

1. 超额利润分享激励的优点

（1）超额利润分享激励操作简便，容易在团队内部达成共识。

（2）激励效果明显。超额利润分享激励模式能够激发员工工作动机和积极性，降低企业的管理监督成本，增强员工主人翁意识，满足员工对现金的需求。

2. 超额利润分享激励的缺点

超额利润分享激励模式存在引发“短视行为”的弊端，少部分员工会采取做低前期业绩引导上层设计“低利润目标”，在后期短时间内透支客户资源制造人为高额红利，引发现金流短缺，并出现“拿钱走人”的行为，损害公司利益。

（三）应用实务

超额利润分享激励模式，一方面适用于产品线和业务板块划分明晰的综合性集团公司；另一方面适用于以业绩为导向、业绩与企业的经营者努力程度密切相关、市场较为稳定、团队专业化水平较高的公司，一般不适用于无利润或利润较低的公司。关于超额利润分享激励模式，目前国有企业改革政策的约束条件并不多。根据《国务院关于改革国有企业工资决定机制的意见》，若所在企业推动落实与企业效率、效益挂钩的工资总额决定机制，那么实施超额利润分享机制将有更大的操作空间并发挥作用。

超额利润分享激励计划设计模型如图 8-1 所示。首先，根据企业所处的生命周期选择利润分享策略。其次，根据利润分享计划策略进行具体的方案设计，包括利润分配总额确定、个人分配总额确定、个人分享总额发放、个人分享额度的调整等内容。最后，将设计方案以制度方式进行确定，以指导公司超额利润分享计划实施。方案设计的具体操作步骤如下。

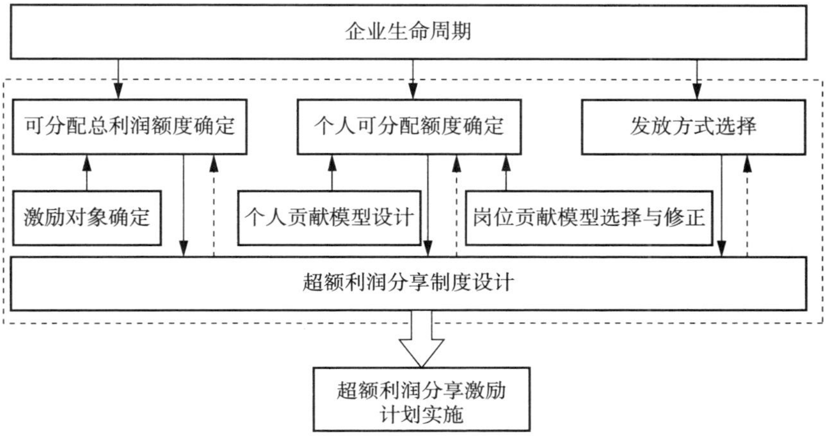

图 8-1 超额利润分享激励计划设计模型

1. 明确超额利润激励对象

为了提高操作的科学性，建议公司从价值链主要经营活动部门进行选岗，或根据内部岗位价值评估结果确定超额利润分配资格岗位，从而确定相应的激励员工。

2. 科学设定年度利润目标

超额利润分享激励计划操作一般从集团层面实施，由集团公司各相关部分设定利润目标值、挑战值及各分配系数，并对成员单位的各业务板块进行统一管理。同时，考虑到外部市场的波动性，特别是考虑到有可能出现非经营原因造成年度净利润的大幅波动，在方案中也可通过设置年度利润计提的封顶值或倒扣的保底值来平衡市场风险。

（1）推算年度利润目标。在进行年度利润目标推算时，需要基于企业战略规划、企业实际年利润增长率及行业平均增长水平三大基础数据，并与高管经过沟通研讨达成共识，使得企业家基于公司层面经营需求接受该增长率，高管基于个人利益与公司要求有信心完成该增长率。一般推算公式为

当年利润目标=上年实际净利润×（1+无风险收益率）×（1+年利润增长率）

无风险收益率=资金时间价值（纯利润）+通货膨胀补偿率

年利润增长率是反映企业盈利能力强弱的一项指标，并可以作为企业家制定未来利润目标的一项基础指标。

（2）设置市场因素调节系数。为了减少短视行为发生，企业一般会推算制定3年滚动利润目标，并规定目标设定不随实际利润目标完成情况变动。在实际操作中常出现当年利润目标未完成的情况，此时要用第二年的超额利润补足前一年的目标利润后，再进行超额利润分享，从而保障超额利润分享激励的长期激励作用及职业经理人的稳定作用。

当外部市场出现如原材料价格跳崖式增长、政策变更等超常影响时，会出现当期实际市场增长率与预定市场增长率的巨大差异，从而影响目标利润的实现与当期合理性。为了保障当期利润目标的合理性，通常设置市场因素调节系数剔除超常影响。一般计算方式为

超额利润（调整）= 当年实际利润-当年目标利润×市场因素调节系数

市场因素调节系数=实际市场增长率/预计市场增长率

3. 明确超额利润提成方式及比例

在确定利润目标后，公司需要基于行业基准超额利润分享提成比例，从公司实际状况、未来战略发展要求、业务特性及企业文化、薪酬理念等维度来选择本公司超额利润分享激励策略，最终敲定超额利润分享比例，并保持固定年份内分享比例的稳定性。

超额利润分享提成方式一般有三种：单一比例法、阶梯式法、梯度累进法。假设某公司本年目标利润5000万元，实际利润6000万元，三种提成方式的具体计算方法如下。

（1）单一比例超额利润分享提成方法。单一比例超额利润分享提成方法是一种操作简便、凸显科学性的提成方法，适用于集团性公司和项目公司。针对不同子公司、项目业务特性，设置调整系数来调整超额利润分享比例。

假设该公司所在行业平均超额提成比例为10%，公司高层经过内外部综合分析确定本公司采取略高于行业的提成策略，设计调整系数为1.1。则

超额利润分享额=超额利润×行业超额利润分享比例×本公司超额利润分享调整系数=（6000-5000）×10%×1.1=110（万元）

（2）阶梯式超额利润分享提成方法。阶梯式的超额利润分享提成方法是

公司提前设定不同的超额范围采取不同的提成比例，当期超额利润提成比例基于本期超额额度所在范围选定其提成比例，最终算出其超额利润分享总额。

净利润实际完成比例＝实际利润/目标利润×100%

超额利润分享额＝超额利润×超额利润分享比例

（3）梯度累进超额利润分享提成方法。梯度累进超额利润提成方法是根据公司设定的不同超额范围采取不同提成比例，进行累进式提成。

净利润实际完成比例＝实际利润/目标利润×100%＝6000/5000×100%＝120%

超额利润分享额＝超额利润×超额利润分享比例＝（5000×110%－5000）×10%＋（6000－5000×110%）×15%＝125（万元）

提成方法只是一种工具，工具的优劣取决于是否与使用公司配套、适用。在实际操作中，一般公司会采用梯度累进超额利润分享提成方法，可以在减少公司人才激励成本的同时起到更有效的激励作用。

4. 明确超额利润激励对象内部分配比例

常见的超额利润内部分配方法有两种：一种是以类/岗为基础；另一种是以人为基础。

（1）以类/岗为基础。根据岗位将员工分类（高层、中层、基层），并确定合理的各类人群在超额利润分享总额中的占比，则每类人群中个人的分享金额提成基数为所在类别的超额利润包，为保障个人贡献度大小与实际收入密切挂钩，将个人最终分享金额与绩效成绩和自身岗位价值密切相关。

（2）以人为基础。根据个人薪级系数及工作胜任力的情况，由公司确定各参与分配人员的超额利润分配基数，再将当期超额利润分配基数与个人绩效系数挂钩，得出个人超额利润分配金额，其中个人绩效系数计算与个人绩效、团队绩效、组织绩效直接相关，对三大类设置个人影响占比，且三大类占比总计100%，根据个人影响占比及三大考核系数，计算出个人绩效系数，将个人与组织利益进行捆绑，共同为组织目标实现努力，具体算法为

个人提成基数＝超额利润分享包×个人商定分配占比

个人超额利润分配额＝个人提成基数×（个人绩效系数×个人占比＋团队绩效系数×个人团队贡献占比＋组织绩效系数×个人组织贡献占比）

其中，个人占比＋个人团队贡献占比＋个人组织贡献占比＝100%。

此方法在集团公司高层及项目公司中适用，但由于操作不易，不能客观界定、呈现，故在实际操作中建议使用第一种方式。

5. 针对公司现状设计支付方式

超额利润分享红利支付方式主要分为两种。

（1）即期支付。当期超额利润当期计提并支付给激励对象。激励对象更倾向于这种支付的方式，但在公司实际经营中，经常会基于战略发展要求将利润进行投资投产，导致现金流无法支持即期支付。

（2）递延支付。指计提超额利润分享红利后，不进行一次性支付，而是采用逐年分段付清的方式。常见的递延支付是 5—3—2 和 6—3—1。5—3—2 原则是指在实际支付时，当期支付个人 50%，第二年支付 30%，第三年支付 20%；6—3—1 原则类似。采取此方法的公司可根据实际情况设计本公司适用的递延支付原则。有效把控递延支付方式有利于减少高管的短视行为、降低监督成本、激励人才创利、稳定核心人员目的。需要注意的是，递延支付方法适合个人平均分红在 10 万元以上情况使用，个人分红金额过少，分次支付反而会使员工产生怨言，降低其积极性。

企业实行超额利润分享激励法时会面临实际操作上的多种问题，只要立足公司现状及战略，牢牢把握公司利益与员工利益相互捆绑这一核心理念，便能不断优化操作方案，实现业绩增长、利润倍增。

【案例 8-3】

中化集团的超额利润分享激励

【企业简介】

中国中化集团有限公司（以下简称“中化集团”）成立于 1950 年，其前身为中国化工进出口总公司，现为国务院国资委监管的国有重要骨干企业，总部设在北京。中化集团是领先的石油和化工产业综合运营商、农业投入品（种子、农药、化肥）和现代农业服务一体化运营企业，并在城市开发运营和非银行金融领域具有较强的影响力。作为一家立足于市场竞争的综合性跨国有企业，中化集团提供的产品和服务广泛应用于社会生产以及人们衣食住行各个方面，“中化”和“SINOCHEM”品牌在国内外享有盛誉。中化集团设立能源、化工、农业、地产和金融五大事业部，对境内外 300 多家经营机构进行专业化运营，并控股“中化国际”（SH600500）、“中化化肥”（HK00297）、“中国金茂”（HK00817）等多家上市公司，全球拥有员工近6万人。面向未来，中化集团将遵循“科学至上”核心价值理念，矢志打造科技驱动的创新型企业和世界一流的综合性化工企业，不断提升企业科技创新能力、核心竞争能力和可持续发展能力，为客户、股东、员工创造最大价值，为行业发展、社会进步贡献中化力量。

【激励方案】

中化集团董事长宁高宁提出，收入分配机制应该在坚持国有企业属性的前提下无限接近市场化。根据这一思路，中化集团推出了《关于加强多元化激励体系建设的指导意见》《中化集团推行超额利润分享机制（GPS）的方案》等制度方案，并在实践中不断探索。

2017年，中化国际推行了GPS（超额利润分享激励）奖励计划（利润增长分享奖），让员工与公司共享增长红利。如果公司利润高于上年和过去3年平均值，可基于利润的增长额提取一定比例，分享给做出贡献的核心骨干员工。在中化的加油站，GPS机制让员工可以分享40%的非油业务超额利润。

【案例8-4】

万科集团的超额利润分享激励

【企业简介】

万科企业股份有限公司（以下简称“万科集团”）成立于1984年5月，以房地产为核心业务，是中国大陆首批公开上市的企业之，截至2002年底，公司总资产82.16亿元，净资产3.81亿元，拥有员工6055名，全资及关联公司43家。公司于2000年及2001年分别入选世界权威财经杂志《福布斯》全球最优秀300家和200家小型企业，公司的良好业绩、企业活力及盈利增长潜力受到市场广泛认可。1988年12月，万科集团公开向社会发行股票2800万股，集资2800万元人民币，资产及经营规模迅速扩大。1991年1月29日万科集团之A股在深圳证券交易所挂牌交易。万科集团于2001年将直接及间接持有的万佳百货股份有限公司72%的股份转让给中国华润总公司及其附属公司，成为单一的房地产公司。万科集团于1988年介入房地产领域，日前已进入深圳、上海、北京、天津、沈阳、成都、武汉、南京、长春、南昌和佛山进行住宅开发。凭借创新精神及专业开发优势，公司树立了住宅品牌，并获得了良好的投资回报。

【激励方案】

（一）股权激励方案的目的

公司制定实施本激励方案的主要目的是完善公司激励机制，进一步提高员工的积极性、创造性，促进公司业绩持续增长；在提升公司价值的同时为员工带来增值利益，实现员工与公司共同发展。具体表现为：

（1）建立对公司核心员工的中长期激励约束机制，将激励对象利益与股东价值紧密联系起来，使激励对象的行为与公司的战略目标保持一致，促进公司可持续发展；

（2）通过引入本激励方案，进一步完善公司的绩效考核体系和薪酬体系，吸引、保留和激励实现公司战略目标所需要的人才；

（3）树立员工与公司共同持续发展的理念和感恩文化。

（二）股权激励方案的管理机构

（1）公司股东会负责审议批准本股权激励计划的实施、变更和终止。

（2）公司执行董事是本股权激励计划的执行管理人，负责拟订本股权激励计划并提交股东会审议通过；公司股东会授权执行董事办理本股权激励计划的实施事宜。

（3）公司监事是本股权激励计划的监管机构，负责核实激励对象名单，并对本股权激励计划的实施是否符合相关法律法规及公司章程进行监督。

（三）股权激励方案的激励对象

公司已过试用期的全体员工。

（四）激励期限

本激励方案自公司股东会审议通过后实施，考核期为2018年1月1日—12月31日，年底根据公司当年的盈利及考核情况执行一次，之后每年具体激励实施计划公布及实施时间为2月1—28日。

（五）分配方式

（1）经济利润奖励。

经济利润（EP）即超额利润，在经济学中，正常利润视为成本，如果一家企业只取得了正常利润，则经济利润为零。举例来说，假设根据企业的风险程度，资本要求的回报为15%，即ROE为15%，如果通过管理层的经营，创造了18%的回报，则有3%属于经济利润。

万科集团在2010年推出了经济利润奖金制度，按照当年产生的经济利润的10%提取奖金。当然，如果当年的经济利润为负，也要倒扣10%。经济利润奖金奖励对象包括公司高级管理人员、中层管理人员、由总裁提名的业务骨干和突出贡献人员。2014年，奖励对象将集体奖金账户中的资金作为劣后级，通过国信金鹏分级基金买入万科股票。根据2018年年报，这批股票现在为4.96亿股。2015年后，奖励对象的集体奖金账户未再购入公司股票。

2018年，在万科集团第一次临时股东大会上，万科集团副总裁谭华杰提到，经济利润的考核依据真实资本成本，2017年定的是10%，这个标准是由第三方专业机构对中国过去3年实际平均资本成本客观计算出来的，也就是ROE超过10%的部分，管理层会提取10%。2017年，万科集团归属于母公司所有者的净利润280亿元，2017年初归属于母公司的所有者权益1134亿元，年末归属于母公司的所有者权益1327亿元。若按照年初所有者权益计算，则经济利润是167亿元左右，可提16.7亿元；若按照年末所有者权益计算，则经济利润是147亿元，可提14.7亿元。当年万科集团真实计提是15.1亿元，差不多就是按照资本成本10%来计算的。

（2）对董事会主席的激励。

以下是来自第十八届董事会第四次会议的公告。

A. 董事会主席的年度即时现金薪酬

董事会主席自公司领取的年度即时现金薪酬包括固定月薪和年终奖金两部分。年度即时现金薪酬与公司实现的归属于上市公司股东的净利润（以下简称“净利润”）增长幅度挂钩。

具体而言：①当净利润增长率>15%时，董事会主席年度即时现金薪酬总额=年度即时现金薪酬总额基数×（1+公司年度净利润增长率−15%）。②当0≤净利润增长率≤15%时，董事会主席年度即时现金薪酬总额不增长。③当净利润增长率<0时，董事会主席年度即时现金薪酬总额同比例下降。

首年，董事会主席年度即时现金薪酬总额基数为997.87万元（为过去3年公司董事会主席和总裁的年度即时薪酬总额的平均值），以后年度董事会主席即时现金薪酬总额基数为上年度即时现金薪酬总额。

B. 董事会主席的长期激励：经济利润奖金

董事会主席的经济利润奖金分配比例确定为公司年度经济利润奖金的

1.8%~2.2%，具体比例和金额授权董事会薪酬与提名委员会每年决定。

万科集团的分红比例约为35%，如果净资产收益率保持在20%，分掉35%后，净资增长为13%，利润增长就只有13%，这样，董事会主席的年度即时现金薪酬是不能增长的。实际上净资产收益率要大于20%才能得到增长的即时薪酬。

（六）支付方式

（1）若被激励对象上年度的超额利润激励金额低于3万元时，则该激励奖金一次性发放。

（2）若被激励对象上年度的超额利润激励金额大于3万元时，则采用7：3原则递延支付（在两年之内，考核的当年发放70%，第二年发放30%）。

（3）在公司按照本激励方案的规定向激励对象实际发放激励金额时，激励对象必须在岗在职；对于实际发放当时已经不在岗在职的人员，无权再按照本激励方案的规定享受激励金额。

（4）本激励方案项下的激励在每年2月28日前发放，公司在向激励对象发放激励金额时（以工资的形式发放），有权按照相关法律法规的规定代扣代交相应的个人所得税。

（七）退出机制

在本激励方案有效期内，激励对象如发生以下事由（包括但不限于）之一，经公司执行董事核实之日起即丧失激励资格，无权再参与本激励方案下的超额利润激励，并取消截至当年尚未发放的超额利润激励；情节严重的，公司依法追究其赔偿责任，并有权根据公司规章制度给予其相应处罚（相应处罚包括但不限于停止参与公司一切激励计划、取消职位资格甚至解除劳动合同关系）；构成犯罪的，公司将会移送司法机关追究刑事责任。

三、虚拟股票激励

虚拟股票激励是一种中长期激励方式，自1985年美国玛丽·凯公司成功实践以来，广受西方发达国家的认可和推崇。国有非上市公司不能发行股票，但可以在公司内部发行虚拟股票，从而达到激励员工的目的。

（一）内涵及特点

1. 虚拟股票激励的内涵

虚拟股票激励是指公司模拟股票发行的方式，将公司的净资产分割成若干相同价值的股份，结合企业的经营目标对其定价，根据企业业绩和员工业绩综合评价后授予被激励对象的一种“虚拟”股票，并在行权时间、行权条件、股票的收益和激励对象等方面进行约定。虚拟股票激励对象可以据此享受一定数量的利润分红权和股价增值收益，但并不享有公司法意义上的所有权和表决权等股东权利，不能转让和出售。虚拟股权的授予不影响公司的总股本和股本结构，被激励对象享有的收益来源于股东对相应股权收益的让渡，该收益在被激励对象离开企业时自动失效。

现有的虚拟股票激励按照实施方式的不同大致分为三大类。

（1）溢价类虚拟股票激励。溢价类虚拟股票激励主要存在于上市公司，是指被授予虚拟股票的激励对象和普通股股东一样享有股票升值带来的收益。即在期初授予虚拟股票时的价格按照二级市场的价格作为虚拟股票的初始价，如果后期二级市场的股票价格高于初始价格，那么被授予的激励对象享有溢价的增值权，但如果溢价低于初始价格，那么被授予激励对象无收益权。

（2）股利收入类虚拟股票激励。股利收入类虚拟股票激励是指拥有虚拟股票的被激励对象与企业普通股股东一样享有股票分红的权利，其收入为其拥有的虚拟股票的数量×企业每年派发的每股红利。

（3）内部定价类虚拟股票激励。内部定价类虚拟股票激励主要在非上市企业中应用，是指非上市公司的股权由虚构的股票组成，并以簿记的方式奖励给企业的激励对象，持有人获得的收益为持有股数×每股虚拟股票的价值升值。在这种模式下，虚拟股票的价格由企业或企业外部顾问性质的中介咨询机构来确定，一般为一年一次。

2. 虚拟股票激励的特点

虚拟股票与股票期权、期股的特点和操作方法相似。与股票期权和期股不同的是，在虚拟股票激励计划中，员工并不拥有在未来按某一固定价格购买股票价格的权利，虚拟股票只是一种账面上的虚拟股票，具有以下特点。

（1）股权形式的虚拟化和股东权益的不完整性。虚拟股票激励与普通股票激励的相同点是都享有股票的分红权利，并且享有股票升值时产生的溢价权利，但是虚拟股票没有表决权。也就是说，这种激励方式并不是真正意义上的股票，企业被激励的员工只是拥有股票上的金额而已。

（2）不影响公司总资本和股权结构，即不涉及股票实际所有权的变化。

（3）虚拟股票不能出售和转让，并且在离开企业后员工将不再享有股票的分红权利和股票的增值权利。

3. 虚拟股票对于国有企业经理人激励的意义

（1）优化国有企业经理人薪酬管理体系，发挥薪酬分配的激励作用。随着经济的发展，企业经理人这类人力资本在企业发展中所发挥的作用越来越突出。虚拟股票激励的应用是企业对人力资本价值的肯定，是在特定环境下为挽留优秀经理人、提高经理人队伍水平所设计的薪酬管理制度。国有企业通过建立市场化、差异化薪酬的虚拟股票激励制度，能够弥补企业现有薪酬体系中以岗定薪、固定薪酬的不足，丰富了经理人获取薪酬的途径和方式，激活经理人等核心人才围绕企业目标寻求可以实现自身价值的机会和条件。

（2）提升国有企业改革效率，降低企业改革成本。国有企业面对的是竞争的市场，是不断变化的市场，而为了确保法律的权威性，在面对新情况、新问题的时候需要相当长的时间进行论证、修改，因此存在滞后性。虚拟股票激励也是国有企业面对现有法律滞后影响企业改革与发展的现实状况上发展而来的新型激励手段。虚拟股票激励可以让企业绕开《公司法》对激励股票来源的限制性规定及法律关于企业回购股票的相关限制。相对于实体股权激励，虚拟股票激励有着审批程序少、操作灵活、股权结构稳定的特点，有利于国有资本股东在继续掌握企业控股权的同时，更快更好地实现人才激励效果，从而保证国有企业改革的与时俱进。

（3）拓宽了股权激励的范围，提高了激励对象的持股意愿。相较于实体股权激励，虚拟股票激励最大的制度价值在于扩宽了股权激励意义上的使用范围，并能有效规避法律对企业发展的诸多限制。从账务处理角度来看，虚拟股票激励是以每股红利为参照标准的企业内部薪酬奖励，不属于法律上的股息分红；同时，从产权管理角度看，虚拟股票激励一般无须激励对象出资购买，属于虚拟持股。基于此，激励对象往往更愿意接受虚拟股票激励，减少因需要持股而产生新的关于投资回报、股权流通的顾虑，把激励重点回归到如何创造股权效益上。激励对象认可国有企业的激励方案，主动配合实施虚拟股票激励，将有利于国有企业改革取得成效。

（二）优缺点分析

虚拟股票可以使被激励对象对虚拟股票和企业的收益有一个心理预期，虚拟股票激励可以在不稀释大股东股权比例的前提下实行高强度的股权激励。

1. 虚拟股票激励模式的优点

（1）大大降低了激励对象面临激励股票流通问题的概率，可以回避《公司法》中对激励股票来源的相关限制性规定。具体来说，如果采用传统股权激励模式，激励股票的来源需要纳入考虑范围。《公司法》中明确规定公司可以收购奖励给本公司职工的股份，但不得超过已发行股份总额的5%，且应当从公司的税后利润中支出用于收购的资金，并应当在1年内将所收购的股份转让给职工。

（2）激励对象可以非常广泛，不影响公司的总资本和所有权架构。

（3）具有内在的激励作用和约束作用。获得分红收益的前提是实现公司的业绩目标，并且收益是在未来实现的。虚拟股票的持有人通过自身的努力去经营管理好企业，使企业不断盈利，进而取得更多的分红收益，公司的业绩越好，其收益越多。

（4）支付方式灵活。在公司兑现虚拟股票持有人收益的时候，一般采用现金支付，但也可以设计支付等值的股票和股份，或是支付等值的股票（股份）和现金相结合。

（5）避免因变数导致公司股价的非正常波动，也避免了因股票市场不可确定因素造成公司股票价格异常下跌，从而对虚拟股票持有人收益产生影响。

2. 虚拟股票激励模式的缺点

（1）兑现激励时现金支出较大，增加了公司的财务压力。因为虚拟股票激励计划的本质是对虚拟股票收益的迟延支付，可能影响公司的日常经营。例如，如果公司在二级市场上的股票价格大幅高涨，此时进行虚拟股票兑付就会直接给公司带来大量的现金支出，引发公司的流动性危机。而该计划的实施与公司在资本市场的股票价格又存在高度相关性，因此，实行虚拟股票激励计划可能增加公司的财务压力。

（2）虚拟股权分红应当作为工资、薪金所得科目，按照超额累进税率计算应纳税额缴税，当分红款金额较高时，相较于实股分红，被激励对象需交纳的个人所得税较高。

（3）对股东的约束力弱。虚拟股票股东不受《公司法》对股东义务的约束，因此，虚拟股票激励计划对股东的约束没有传统股票期权的约束力强，虚拟股票股东承担的风险也没有普通股票股东大。例如，当出现重大决策失误时，虚拟股票股东并不会受到相应的惩罚，这可能导致虚拟股票股东存在“搭便车”的心理，增加虚拟股票激励计划实施过程中的道德风险，影响执行效果。

（4）虚拟股票的持有者只能享受分红收益权，而不能享受普通股股东的权益。所以，激励对象可能因考虑分红，而减少甚至不实行企业资本公积金的积累，更多地关注企业短期内经营状况及企业利润的情况。

（三）应用实务

虚拟股票激励计划是一把“双刃剑”，在实施过程中，只有从多方面着手，综合考量，扬长避短，才能充分发挥该计划的激励价值。对虚拟股票的发行进行规范，必须从以下角度进一步完善虚拟股票发行相关的法律规章制度，建立健全虚拟股票激励法律法规体系。

（1）虚拟股票的发行原则。虚拟股票发行必须遵循相关基本原则。例如，股权的发行必须公平、公正，严格遵循同股同权、同股同利的原则，且股权的分配方式等必须公平合理。

（2）虚拟股票的发行数量。虚拟股票的发行数量与激励效果并不成正比，因此，在实施虚拟股票激励计划时，必须综合考量公司的各方面情况，结合国内外虚拟股票激励计划的实施情况设立法定上限。

（3）虚拟股票的授予范围。目前，我国公司的业绩评价体系尚不完善，公司的治理达不到相应的水准。因此，虚拟股票的授予范围不可能太大，如果连公司的普通员工都大量授予虚拟股票的话，就会因激励范围过大影响股权激励的效果，所以需要从法律上对虚拟股票发行范围适当进行限制。

（4）虚拟股票的授予和生效条件。虚拟股票激励计划同样需要公司在计划实施前与每一个激励对象签订合同，约定虚拟股票的数量、兑现时间表、兑现条件等，以明确双方的权利与义务。激励计划的有效期一般是 5 年，虚拟股票是模拟公司真实股票的中长期激励工具，其本身没有分红权和转让权，不能出售与转让。根据国务院国资委发布的监管规定，国有企业实施股权激励，需要在授予和生效两个环节满足绩效要求。①授予环节：与自身对比，不得低于公司近 3 年平均业绩水平；与同行业对比，不得低于同行业或对标企业平均业绩水平。②生效环节：与自身对比，在授予时业绩水平的基础上有所提高；与同行业对比，不得低于公司同行业平均业绩水平。

1. 虚拟股票激励模式在上市公司中的应用

上市公司很少单独使用虚拟股票模式作为激励措施，一般会将虚拟股票激励模式与其他激励模式相结合。上市公司通常对高管层进行完全授予股权的激励模式，对一般管理人员和重要技术骨干进行虚拟股票的激励模式。一方面可以消除员工之间的利益不平衡，因为虚拟股票的激励对象可以从公司高层管理者扩大到公司核心员工，所以持股员工可以感受到企业对其自身价值的充分肯定，在无须大幅度增加薪资福利的情况下，作为对公司核心员工的最佳激励方式；另一方面不会造成公司的所有权和控制权过于分散。

2. 虚拟股票激励模式在非上市公司中的应用

虚拟股票激励模式由于其操作简单的特性，在非上市公司的应用前景也非常广阔。非上市公司还可以将虚拟股票计划和其他模式组合起来，设计成一个可转换的方式，如公司可以在上市前实施虚拟股票激励计划，在上市之后将虚拟股票激励计划转换为股票期权激励计划，将经理人的收益与公司的股票价值真正挂钩。

非上市公司使用虚拟股份的思路、逻辑和步骤基本和上市公司一样，其中有两个问题不同：一个是虚拟股份来源问题，另一个是虚拟股份价格计算的公司确定问题。对于非上市公司来说，由于不存在流通股，如果要实施虚拟股份计划，有两种办法解决虚拟股份来源问题。

第一种方法是先核算总股本，然后在总股本基础上虚拟出一定数量的虚拟股份，这部分虚拟股份将使总股本数量增加，参与以后的分红和资本增值。如一家非上市公司要实施虚拟股份激励计划，核算净资产是1000万元，这时可以将总股本设置为1000万股，每股1元。在1000万股真正股份的基础上虚拟出一定数量的虚拟股份，也是1元/股，虚拟股份要参与以后分期的分红和资本增值计算。那么，以后每期总股本就变成了1100万股，其中1000万股是真正股份，100万股是虚拟股份。

第二种方法是核算总股本后，总股本不变，将其中一部分实际股份抽出来，算作虚拟股份，分给激励对象。实质上相当于大股东将这部分股份的分红权益和资本增值权益授予了激励对象，而所有权和控制权还在大股东手里。

非上市公司股份价格核算是个复杂的问题，其中的影响因素很多，通常有四种定价方法：资产价值评估定价法、净现金流量折现法、市盈率定价法、市场评估定价法。这些方法各有不同，企业需要选择最适合自己的方法。

【案例 8-5】

上海贝岭的虚拟股票激励

【企业简介】

上海贝岭股份有限公司（以下简称“上海贝岭”）是我国微电子行业第一家上市公司。作为一家高科技技术企业，公司中除了高管的人力资本比较重要外，一般管理层和技术骨干的人力资本对公司的发展也很重要。上海贝岭针对中国市场发展需求，实施战略转型，企业经营发展定位于 Niche IDM，即产品设计与工艺制造相整合的供应商，加强与整机系统厂家的紧密合作，形成芯片设计、制造、应用和系统支持相结合的产业链。公司重点发展数模混合电路和模拟电路，产品方向为通信及网络的配套电路，多媒体消费类产品，IC 卡芯片，电源音源电路、新颖半导体分立器件及 MEMS（微电机）产品。公司还致力于发展电子信息领域的宽带、无线、移动、语音和数据通信产品，显示驱动类电路，安保电路，金卡领域的双界面卡、生物信息卡和远距离电子标签，MCU 领域的嵌入式片上系统（SOC）等。

1998 年 9 月上市的时候，上海贝岭处于快速成长期。当时公司初步决定实施股权激励，而且激励对象不只局限于高管层。但是，由于股票期权的激励性股票来源不容易解决，如果只给予公司高管层股权激励，其他技术骨干和一般管理层的利益都会受到很大冲击，这对处于快速成长期、人力资本依附性又很强的上市公司来说非常不利。但是如果对人数较多的技术骨干和一般管理层也采用期股激励，那么对公司所有权的分布和控制权的安排就会产生重大影响，对公司后续的融资非常不利。

【激励方案】

在这种情况下，上海贝岭于 1999 年 7 月对一般管理层和技术骨干实施了模拟持股计划，也就是我们所说的虚拟股票激励计划。计划要点如下。

（1）奖励资金来源于公司积存的奖励基金。

（2）有明确业绩要求。激励对象获得虚拟股票的数量与业绩考核严格挂钩。

（3）分红权授予激励对象。公司像普通股股东分红时，持有虚拟股票的员工也将得到所持虚拟股票数量相应的分红。

（4）配股权也授予激励对象。如公司在实施虚拟股票后，在虚拟股票持有人未兑现之前，公司在对普通股股东实施配股和送股计划时，激励对象将同步增加持有的虚拟股股票数。

（5）行权及兑现。当虚拟股票的持有人为公司服务5年后，可将虚拟股票变现。变现的计算公式为

（上海贝岭当时的市场价格-行权价）×获授的虚拟股票期权数

行权价约定授予时上海贝岭股票实际价格的一个折扣价。

【案例点评】

上海贝岭这种模拟持股的做法并不涉及真正股票的买卖，而是通过引入虚拟股票，将公司的股价变化与员工未来的利益挂钩。

【案例8-6】

华为公司的虚拟股票激励

【企业简介】

华为技术有限公司（以下简称“华为公司”）成立于1987年，总部位于中国广东省深圳市龙岗区。华为是全球领先的信息与通信技术（ICT）解决方案供应商，专注于ICT领域，坚持稳健经营、持续创新、开放合作，在电信运营商、企业、终端和云计算等领域构筑了端到端的解决方案优势，为运营商客户、企业客户和消费者提供有竞争力的ICT解决方案、产品和服务，并致力于实现未来信息社会、构建更美好的全链接世界。2013年，华为首超全球第一大电信设备商爱立信，排名《财富》世界500强第315位。华为的产品和解决方案已经应用于全球170多个国家，服务全球运营商50强中的45家及全球1/3的人口。华为是一家由员工全员持股的民营企业。华为公司的股东会由任正非和华为员工的工委会两个股东组成。股东会是华为公司最高的决策机构，华为工会代表持股的全体员工行使相关权利。

【激励方案】

华为公司内部股权计划始于1990年即华为成立三年之时，至今已实施了5次大型股权激励计划。华为公司的虚拟股票激励方案是伴随着其整个生命周期形成发展的，华为公司不断通过调整股票的分配方式来实现员工激励。

（一）创业期融资性的股权激励：员工持股计划（1990年）

1987年，任正非与五位合伙人共同投资成立深圳市华为技术有限公司（华为公司前身）。华为公司在1987—2000年处于创业期，在这期间华为公司竞争对手众多，华为在创业初期需要进行大量的资金和人才。

（1）激励目的：融资。

（2）激励模式：员工持股计划。

（3）激励对象：全体员工。新员工需要在进入公司一年后才能购买，购买数量主要按照新员工的绩效职称等因素进行综合考核决定。

（4）激励来源：此次华为公司发行的股票价格为1元/股，并且按照税后净利润的15%作为股票的分红。老员工可以用公司的年终奖金进行购买，新员工在购买股票资金不够的情况下可以用贷款代替。

（5）激励效果：华为公司采取这种方式融资，一方面减少了公司现金流风险；另一方面增强了员工的归属感，稳住了创业团队。

（二）经济泡沫时期的股权激励：实体股转为虚拟受限股（2001年）

21世纪初出现了互联网经济危机，这场危机也影响到了华为公司。此时的华为公司在国际市场上接到了大量电信设备的订单，并且华为公司在积极地开拓国际市场，这些都需要大量的资金做保障。与此同时有一部分华为公司的老员工在工作态度上出现了问题，积极性下降严重，甚至出现了一些中高层员工离职的情况。

（1）激励目的：解决巨额资金来源的问题和员工长期激励的问题。

（2）激励模式：股票期权计划（实施实体股转虚拟股票激励制度）。华为公司被授予虚拟股票的员工可以获得华为公司虚拟股票的增值权和分红权，但是在股东大会上没有表决权，更没有所有权，并且华为公司拥有虚拟股票的员工在公司期间不能销售，一旦离开华为公司，其虚拟股票就会自动失效。

（3）激励对象：根据绩效评价体系确定。从固定股票分红向“虚拟受限股”的改革是华为公司激励机制从“普惠”原则向“重点激励”的转变。

（4）激励来源：公司净资产的增值部分。

（5）具体措施：根据公司的评价体系，员工获得一定额度的期权，期权的行使期限为4年，每年兑现额度为1/4。华为公司还实施了一系列新的股权激励政策：①新员工不再派发长期不变1元/股的股票；②老员工的股票也逐渐转化为期股；③员工从期权中获得收益的大头不再是固定的分红，而是期股所对应的公司净资产的增值部分。

（三）非典时期的股权激励：高强度配额虚拟股票（2003 年）

2003 年，由于非典疫情爆发，华为公司在出口业务上遭受了沉重的打击。

（1）激励目的：留住员工，特别是中高层的骨干员工。

（2）激励模式：高强度配额虚拟股票激励。

（3）激励对象：主要是中高层的骨干员工。

（4）激励来源：中高层员工在购买虚拟股票时仅需要支付 15% 的资金，剩余的资金由华为公司给予解决。

（5）具体措施：此次华为公司进行大规模的配股，在数量上基本与原来已有的虚拟股票股数相同，这次的配股在离开公司后只能兑换 1/10，可以兑换的比率大大低于之前的比率。并且设定了配股的解锁期，一旦员工在 3 年内离开华为公司，那么该员工所有的配股将全部作废。

（四）金融危机时期的股权激励：饱和配股（2008 年）

2008 年国际金融危机的爆发使得世界很多企业开始大规模裁员，并且有些老员工对于拥有的虚拟股票信任度降低，同时出现了工作积极降低的情况。

（1）激励目的：增强老员工对公司的信心，并且引进新员工。

（2）激励模式：饱和制虚拟股票激励。2008 年 12 月，华为公司推出“配股”公告，饱和制虚拟股票激励是对华为员工的配股设置一个配额上限，不同级别的员工设置不同配额上限，一旦员工已有的配额达到公司设置的上限，那么该员工将不再参与此次配股。比如，级别为 13 级的员工，持股上限为 2 万股，14 级为 5 万股。

（3）激励对象：华为公司入职一年以上的所有员工。大部分在华为总部的老员工，由于持股已达到其级别持股量的上限，并没有参与这次配股。但是由于本次的股权激励的年化利率为 6%，同期银行的定期存款利率为 4%，因此老员工虽然没有增加新的虚拟配股，但是更高的股权利率还是使大多数老员工继续持股。本次华为的饱和制虚拟股票激励制度主要是倾向于中基层员工，但是老员工也从中取得了收益。

（4）激励来源：虚拟配股总数在 16 亿元左右。这次的配股方式与以往类似，如果员工没有足够的资金实力直接用现金向公司购买股票，华为以公司名义向银行提供担保，帮助员工购买公司股份。

（五）成熟期动态的股权激励：虚拟受限股和 TUP 计划（2010—2015 年）

随着实施时间的积累和企业生存环境的变化，虚拟受限股这种模式的弊端也逐渐增加，到了必须“做手术”的时候了。同时，华为公司的虚拟股票激励的员工购买的资金来源受到限制，银行不再给予类似贷款，因此华为公司的许多员工无法继续购买公司的虚拟股票。另外，很多老员工随着华为公司的壮大逐渐失去了奋斗积极性，出现了付出和分红不配比的状况。

（1）激励目的：①提高工资、奖金等短期激励手段的市场定位水平，增强对优秀人才获取和保留的竞争力；②丰富长期激励手段（逐步在全公司范围内实施TUP）；③消除“一劳永逸、少劳多获”的弊端；④长期激励覆盖到所有华为公司的员工（解决外籍员工长期激励问题）。

（2）激励模式：增加动态的时间单位计划（Time Unit Plan，TUP）虚拟股票激励。TUP即现金奖励型的递延分配计划，属于中长期激励模式的一种，除了分配额度上参照分红和股本增值确定外，其他方面与涉及所有权性质的股票没有任何关系，更接近于分期付款：先给你一个获取收益的权利，但收益需要在未来 N 年中逐步兑现。

（3）激励对象：全体员工（根据部门绩效和个人绩效及配股饱和度每年分配TUP）。

（4）激励来源：TUP由于不需要员工出资购买，但华为公司把TUP面值的计算方法与虚拟受限股的股价做了关联。比如，在授予资格时，虚拟股的价格是5元/股，5年后虚拟股增值到10元/股，TUP对等的权益增值也为5元。

（5）具体措施：华为公司5年TUP计划，采取的是“递延+递增”的分配方案，分年获得阶段性的分红权属于“递延”部分，权益增值属于“递增”部分。华为公司的员工不需要花钱购买虚拟股票，公司根据员工的绩效评价体系授予员工一定数量的五年虚拟股票期权，这种虚拟股票只享有虚拟股票带来的分红权益和股票的增值权益，TUP分红与奖金一起发放，5年后清零。操作方法举例如下。

假设2014年给你TUP的授予资格，配了10000个单位，虚拟股票面值为1元。

2014年（第一年），没有分红权。

2015年（第二年），获取10000×1/3分红权。

2016年（第三年），获取10000×2/3分红权。

2017年（第四年），全额获取10000个单位的100%分红权。

2018年（第五年），在全额获取分红权的同时，另外进行升值结算，如果面值升为5元，则第五年获取的回报是：全额分红+10000×（5-1）。同时，对这10000个TUP单位进行权益清零。

第九章　国有企业经理人中长期激励实践及典型案例

2019 年 8 月，国务院国有企业改革领导小组办公室印发《关于支持鼓励“双百企业”进一步加大改革创新力度有关事项的通知》，要求各中央企业和地方国资委指导推动“双百企业”综合运用好各种正向激励政策和工具，坚持短期与中长期相结合，坚持结合实际、能用尽用，建立健全多层次、系统化的正向激励体系。“双百企业”可以综合运用国有控股上市公司股权激励、国有科技型企业股权和分红激励、国有控股混合所有制企业员工持股等中长期激励政策，不受试点名额限制。可见，国有企业股权激励政策环境正进一步放开，未来员工激励在国有企业改革的作用将越发凸显。

近年来，中央企业不断深化收入分配制度改革，积极探索资本、管理、技术等要素参与分配的方式和途径，逐步实施股权激励和员工持股等中长期激励方式，鼓励和引导企业负责人，科研、管理和技术骨干等通过参与股权激励计划，将个人利益与企业长期业绩提升紧密结合，有力地促进了中央企业改革发展，取得了积极成效。党的十八大以来，中国电科、武汉邮科院等中央企业控股的 46 家上市公司实施了股权激励，中航工业等中央企业所属的 20 家科技型企业开展了岗位分红权激励，中国宝武所属欧冶云商、中粮集团所属中国茶叶等 10 家企业规范开展了首批员工持股试点。

总体来看，结合国有企业的类别和特点，可以把实施经理人中长期激励的方式归纳为三大类：①国有控股上市公司股权激励；②国有科技型企业分红和股权激励；③国有控股混合所有制企业员工持股。

本章将围绕上述三大类中长期激励方式介绍相关管理实践和典型案例。

一、国有控股上市公司股权激励

（一）激励工具

国有控股上市公司的主要激励工具包括三种：股票期权、股票增值权和限制性股票。

1. 股票期权

股票期权是公司内部制定的面向高级管理人员等不可转让的期权，给予经理人在某一限期内以一个事先约定的固定价格来购买本公司股票的权利，如果经理人在期限内达到了事先规定的某些条件（业绩目标），则可以按照事先规定的条件行使购买股票的权利。

适合采用股票期权模式的企业包括：企业所处的行业竞争性和人力资本依附性较强，处于创业期或快速成长期，建议使用股票期权激励经理人。如中国食品采用股票期权作为股权激励工具，股票来源为从资本市场回购或定向发行。

2. 股票增值权

股票增值权和股票期权类似，其区别在于股票期权在行权时需要先购买约定数量的股票再卖出才能获利，而股票增值权在行权时不用买卖股票，而是由公司直接将行权股票实际价格与授予的行权价之间的差价支付给激励对象，支付的方式可以是现金、股票或“现金+股票”的组合。

股票增值权的优势在于，此种模式并未涉及所有权和控制权的变更，是一种保值增值的优选方案，因此比较适合国有企业，但要求企业的现金流比较充裕。如交通银行在香港上市后，对高管人员的股权激励采用的就是股票增值权激励模式。

3. 限制性股票

限制性股票是指公司为了实现一定目标，将一定数量的股票以较低折扣授予激励对象，只有当完成预定目标后，激励对象才可行权并从中获利。

限制性股票计划的特点是更加看重业绩，上市公司授予激励对象限制性股票，在激励计划中规定激励对象获授股票的业绩条件、禁售期限，比较适合商业模式转型的企业或快速成长期的企业。例如，中国联通股份有限公司推行混合所有制改革，在引入腾讯、百度、京东、阿里巴巴等战略投资者的同时，对7000多名核心员工采用了限制性股票激励计划。

综上所述，这三种主要股权激励工具的各要素对比、优缺点、适用性详见表9-1。

表 9-1 上市公司三种主要股权激励工具的对比

	授予股票期权	授予股票增值权	发行限制性股票
定义	激励对象具有在未来以预先确定的价格和条件购买公司一定数量股份的权利	如果公司股价上升，激励对象可以通过行权获得相应股价升值的差额收益	激励对象按照股权激励计划规定的条件，从上市公司获得一定数量的本公司股票
审批机构	国资委审批、证监会备案	国务院国资委审批	国务院国资委审批、证监会备案
授予标的	以确定价格购买股票的权利	获得股票增值收益的权利	上市公司股票
授予价格	市场化定价	市场化定价	不低于市价的 70%
资金占用	行权时需现金购买，非高管人员短期内可出售获利，资金占用时间短。高管受每年减持 25%限制	行权时，公司直接向激励对象支付现金，激励对象无资金占用	需现金购买，并持有一段时间，资金占用时间长，且高管受每年减持 25%限制
股票来源	上市公司增发或回购	不涉及实际股票交易	上市公司增发或回购
收益来源	二级市场转让，市场买单	公司支付激励成本，对公司利润和现金流形成一定压力	二级市场转让，市场买单
限制时间	授权日与首次可以行权日有法定时间间隔，通常为 2 年	授权日与首次可以行权日有法定时间间隔，通常为 2 年	有较长销售期，通常为 2 年
优点	1. 将经营者报酬与公司长期利益“捆绑”，实现经营者与资产所有者利益高度一致性 2. 可以锁定股票期权持有人风险，不行权没有任何额外损失 3. 实施股票期权激励的企业在即期用较少工资成本，获得企业发展所需的人力资源 4. 股票期权根据二级市场股价波动实现收益，因此激励力度比较大	1. 操作简单 2. 无须解决股票来源问题	1. 能够更好地留住激励对象 2. 即使股价下跌仍有价值 3. 需要在授予时支付现金，与经营者利益实现更好的绑定

续表

	授予股票期权	授予股票增值权	发行限制性股票
优点	5. 股票期权在行权时，可以增加公司的现金流量		
缺点	1. 股票价格往往容易受到一些经营者不可控因素影响 2. 与经营者利益绑定的效果相对限制性股票较弱	1. 激励对象不能获得真正的股票，激励效果相对较弱 2. 由于我国资本市场的弱有效性，股价与公司业绩关联度不大，以股价上升来决定激励对象的股价升值，可能无法做到“奖励公正”，相反还会引致操纵股价问题	1. 相对来说，缺乏一个推动企业股价上涨的、具有实质性作用的激励机制 2. 草案制定、回购实施相对复杂 3. 回购可能对利润产生影响
适用性	1. 高风险、高回报，适用于处在成长初期或扩张期的企业 2. 股票期权对于业绩改善明显的公司价值大于业绩稳定处于较高水平的公司的价值	1. 必须给公司内部经营者 2. 会给公司支付带来现金压力	1. 处于成熟期的企业相对适合实施限制性股票激励计划 2. 适用于风险厌恶者

在国有企业经理人中长期激励实践中，需要根据公司类型、发展阶段、激励对象等相关要素对三种股权激励工具进行分析和选择。具体如表 9-2 所示。

表 9-2 选择三种股权激励工具的要素及分析

要素	分类	选择股权激励工具的要素分析	股票期权	股票增值权	限制性股票	备注
公司类型	上市公司	《上市公司股权激励管理办法（试行）》规定的只有股票期权、限制性股票和股票增值权三种模式。股票期权实施相对较多，其次是限制性股票，股票增值权较少	√	√	√	
	非上市公司	可选择性多，相对灵活	√	√	√	可以有其他形式

续表

要素	分类	选择股权激励工具的要素分析	股票期权	股票增值权	限制性股票	备注
决定因素	激励对象范围	如包含外籍高管，应该选择股票增值权		√		
	奖惩力度	如果奖惩力度大，则选择限制性股票；如果无奖惩力度，则选择股票期权	√		√	
	公共形象	已有负面新闻，慎用限制性股票，可以选择股票期权形式	√			
发展阶段	初创期	资金紧，人才少，制度不规范				奖励，赠与股份，技术入股
	发展期	销售增长迅速，营收迅速增加，可选择力度大的激励模式		√		扩大激励范围
	成熟期	有稳定客户群和营收，市场增长缓慢，竞争激励，降低成本为主要工作，需要稳定现有管理和骨干人员，不能带来太大资金负担	√		√	或延期支付性质股权激励
	衰退期	销售下降，产能过剩，利润下滑，需要裁员并保留岗位关键人员				岗位分红权
所有制	民营企业	灵活模式	√	√	√	可以有其他形式
	国有企业	增量分配	√		√	

（二）政策依据

1. 国有控股上市公司的政策脉络

国有上市公司股权激励的提出始于2005年国务院国资委出台的《关于上市公司股权分置改革中国有股股权管理有关问题的通知》（国资发产权〔2005〕246号），其中明确提出各级国有资产监督管理机构在做好股权分置改革工作的同时，应积极研究上市公司管理层股权激励的具体措施，对完成股权分置改革的国有控股上市公司，可以探索实施管理层股权激励。

2006 年，国务院国资委联合财政部发布了《国有控股上市公司（境外）实施股权激励试行办法》（国资发分配〔2006〕8 号）、《国有控股上市公司（境内）实施股权激励试行办法》（国资发分配〔2006〕175 号），分别对境内外上市的国有上市公司的股权激励做出了规定。

2007 年，国务院国资委发布《关于严格规范国有控股上市公司（境外）实行股权激励有关事项的通知》（国资发分配〔2007〕168 号）。

2008 年，国务院国资委、财政部发布《关于规范国有控股上市公司实施股权激励制度有关问题的通知》（国资发分配〔2008〕171 号）、证监会发布《上市公司股权激励管理办法》（中国证监会令第 126 号）等。

2019 年 11 月，国务院国资委公布了《进一步做好中央企业控股上市公司股权激励工作有关事项的通知》，强化了正向激励导向，加大了授权放权力度，在推动落实中央企业集团主体责任的同时，进一步明确了股权激励实施的规范性要求。

2020 年 5 月底，国务院国资委正式对外发布《中央企业控股上市公司实施股权激励工作指引》（以下简称《指引》），推进完善中央企业控股上市公司建立健全长效激励约束机制。《指引》内容涉及中央企业控股公司股权激励各方面施行细节，为中央企业控股上市公司施行股权激励给予了明确、有具体标准的各项安排，有利于中央企业控股上市公司股权激励工作的开展。

2. 国有控股上市公司的主要政策内容

（1）《进一步做好中央企业控股上市公司股权激励工作有关事项的通知》（以下简称《通知》）。

《通知》分别从科学制订股权激励计划、完善股权激励业绩考核、支持科创板公司实施股权激励、健全股权激励管理体制等四方面对中央企业规范实施股权激励做出制度上的完善。主要内容如下。

第一，定对象。《通知》指出："激励对象原则上限于上市公司董事、高级经理人员（简称高管）以及对上市公司整体业绩和持续发展有直接影响的核心技术骨干和管理人才，侧重于上市公司高管。应当结合企业高质量发展需要、行业竞争特点、关键岗位职责、绩效考核评价等因素综合确定。中央和国资委管理的中央企业负责人不纳入股权激励对象范围。"

第二，定额度。《通知》指出："中小市值上市公司及科技创新型上市公司，首次实施股权激励计划授予的权益数量占公司股本总额的比例，最高可以由1%上浮至3%。上市公司两个完整年度内累计授予的权益数量一般在公司总股本的3%以内，公司重大战略转型等特殊需要的可以适当放宽至总股本的5%以内。"

第三，定价格。《通知》指出："股票期权、股票增值权的行权价格按照公平市场价格确定，限制性股票的授予价格按照不低于公平市场价格的50%确定。股票公平市场价格低于每股净资产的，限制性股票授予价格原则上按照不低于公平市场价格的60%确定。"

第四，定分配。《通知》指出："董事、高级管理人员的权益授予价值，境内外上市公司统一按照不高于授予时薪酬总水平（含权益授予价值）的40%确定，管理、技术和业务骨干等其他激励对象的权益授予价值，由上市公司董事会合理确定。股权激励对象实际获得的收益，属于投资性收益，不再设置调控上限。"

第五，定业绩。《通知》指出："股权激励的业绩考核，应当体现股东对公司经营发展的业绩要求和考核导向。在权益授予环节，业绩考核目标应当根据公司发展战略规划合理设置，股权激励计划无分次实施安排的，可以不设置业绩考核条件。在权益生效（解锁）环节，业绩考核目标应当结合公司经营趋势、所处行业发展周期科学设置，体现前瞻性、挑战性，可以通过与境内外同行业优秀企业业绩水平横向对标的方式确定。上市公司在公告股权激励计划草案时，应当披露所设定业绩考核指标与目标水平的科学性和合理性。上市公司按照股权激励管理办法和业绩考核评价办法，以业绩考核完成情况决定对激励对象全体和个人权益的授予和生效（解锁）。"

第六，科创板激励。一是中央企业控股科创板上市公司实施股权激励，原则上按照科创板有关上市规则制订股权激励计划。二是科创板上市公司以限制性股票方式实施股权激励的，若授予价格低于公平市场价格的50%，上市公司应适当延长限制性股票的禁售期及解锁期，并设置不低于公司近3年平均业绩水平或同行业75分位值水平的解锁业绩目标条件。

尚未盈利的科创板上市公司实施股权激励的，限制性股票授予价格按照不低于公平市场价格的60%确定。在上市公司实现盈利前，可生效的权益比例原则上不超过授予额度的40%，对于属于国家重点战略行业，且因行业特性需要较长时间才可实现盈利的，应当在股权激励计划中明确提出调整权益生效安排的申请。

（2）《指引》。

《指引》主要包括以下五个方面的内容。

第一，重点介绍实施股权激励的政策依据、适用范围，实施股权激励的条件、原则及相关要求。

第二，对股权激励计划中的激励方式、激励对象范围、权益授予数量、授予价格、时间安排、激励收益等的内涵要义、政策规定、操作规范进行详细阐释。

第三，从强化公司业绩考核、健全激励对象绩效考核评价、科创板上市公司实施股权激励的考核等方面明确出资人的导向和要求，引导企业注重价值提升，实现高质量发展。

第四，将规范股权激励管理办法、责任追究与特殊情形处理、财务处理和税收规定等方面的要求和规定进行梳理明确。

第五，归纳各级国有股东的职责，对股权激励计划的决策、申报、实施、终止等程序予以梳理，并重申监督管理、信息披露等要求。

（三）应用实务

【案例 9-1】

海康威视限制性股票计划

【企业简介】

海康威视是央企中国电科下属中电海康集团的二级子公司。海康威视自2001 年创立至今，营业收入年复合增长率为 62.21%，人员从初创成立时的 28 人，到全球拥有员工超 3.2 万人，用不到 16 年的时间，营业收入达 420 亿元。海康威视能取得这样的业绩，除了得益于行业的机遇，更在于其良好的激励机制。自成立以来，公司在股权激励机制方面不断创新：在母公司层面持续推行股权激励，在子公司层面，则推行“股权跟投”机制，使一大批骨干成为“事业合伙人”，极大地激发了经营层和骨干的活力和积极性。

2012 年，海康威视开始实施限制性股票激励计划，每隔 2 年实施一期，至今已经实施到第五期。海康威视的限制性股票激励对象不仅包括企业经理人，而且包括核心骨干员工，前三期的激励范围就覆盖员工 4654 人次，按前三次计算，受激励员工分别占上一年公司员工人数的 9%、12%和 19%。部分核心骨干员工有机会连续三次参与激励，较好的股票收益有效提高了公司薪酬的竞争力，在留住核心骨干员工方面发挥了重要作用。

【激励方案】

下面以海康威视 2012 年的限制性股票计划为例来介绍其股权激励实施方案。(后面的几期激励方案在结构上基本一致，具体定量指标要求有所不同。)

（一）定人员

海康威视 2012 年股权激励对象不包含高管，主要为 620 名核心员工，占其总员工数的 7.68%，激励股权数占总股本的 0.46%，人均授予价值 16 万元。

（二）定来源及数量

来源为海康威视向激励对象定向增发的股票，股票种类为人民币 A 股普通股。标的股票占当前海康总股本的比例为 0.46%。

（三）定价格

行权价格依据下面两个价格中较高者确定：股票期权激励计划草案摘要公布前一个交易日的海康威视股票收盘价；股票期权激励计划草案摘要公布前 30 个交易日内海康威视股票平均收盘价。

（四）定时间

自限制性股票授予日起的 24 个月为锁定期。在锁定期内，激励对象所获授的限制性股票被锁定，不得转让。

锁定期后限制性股票开始分批解锁。在解锁期间，若达到解锁条件的，授予的限制性股票分三次解锁，分别为授予日 24 个月后至 36 个内，授予日 36 个月后至 48 个月内，授予日 48 个月后至 60 个月内，任何一年未达到解禁条件的，此部分标的股票作废，由公司按授予价格购回。

（五）定条件

(1) 授予条件。

①授予时点前一财务年度公司净资产收益率不低于以下三者之高者：15%；同行业标杆公司前一年度水平的 50 分位；同行业标杆公司前三年度平均水平的 50 分位。净资产收益率是指扣除非经常性损益后，扣除股权激励成本的加权平均净资产收益率。同时，若公司发生再融资行为，净资产为再融资当年扣除再融资数额后的净资产值。②授予时点前一财务年度公司营业收入增长率不低于以下两者之高者：30%；同行业标杆公司前三年度复合增长率的 50 分位。

（2）行权条件。

A. 公司层面须达到的条件

限制性股票解锁前一个财务年度，公司净资产收益率在各批次解锁时须达成以下条件。①第一次解锁：解锁时点前一年度净资产收益率不低于15%，且不低于标杆公司前一年度75分位水平。②第二次解锁：解锁时点前一年度净资产收益率不低于16%，且不低于标杆公司前一年度75分位水平。③第三次解锁：解锁日时点前一年度净资产收益率不低于17%，且不低于标杆公司前一年度75分位水平。

限制性股票解锁前一个财务年度，公司营业收入增长率在各批次时需达成以下条件。①第一次解锁：解锁时点前一年度相比授予时点前一年度的复合营业收入增长率不低于30%，且不低于标杆公司同期75分位增长率水平。②第二次解锁：解锁时点前一年度相比授予时点前一年度的复合营业增长率不低于30%，且不低于标杆公司同期75分位增长率水平。③第三次解锁：解锁时点前一年度相比授予时点前一年度的复合营业收入增长率不低于30%，且不低于标杆公司同期75分位增长率水平。

B. 员工层面须达到的条件

限制性股票解锁前一个财务年度：员工层面须达到以下条件。①激励对象个人绩效考核结果为优秀或良好，实际解锁股数为该批次可解锁股数的100%。②激励对象个人绩效考核结果为合格，实际解锁股数为该批次可解锁股数的95%。③激励对象个人绩效考核结果为需改进，实际解锁股数为该批次可解锁股数的0。

由于2012年海康威视实施的限制性股票激励计划在激励范围、激励数额等方面与其竞争对手大华股份2013年实施的股权激励相比，存在一定的竞争劣势。这给海康威视带来了一定的核心人才保留和高端人才引进压力，后续的几期激励计划，海康威视扩大了激励范围，提升了激励数额，在解锁条件方面也做出了一定的优化。

总之，国有企业经理人的中长期激励需要面对很多现实挑战和难题，需要更加科学系统地做好方案设计，还要在政策法规的空间中找到更合适的定位。

【案例点评】海康威视的限制性股票激励计划结构很清楚，行权条件的设定不仅完整，而且与企业绩效考核体系进行了有效的对接。作为国有企业，能够通过限制性股票激励计划有效补充公司薪酬的竞争力，对于吸引和留住核心骨干具有重要作用。

二、国有科技型企业股权和分红激励

国有企业是国家科技创新的主力军，是国家科技创新体系建设的重要力量。国有科技型企业股权和分红激励是推进科技研发和科研成果转化的重要政策路径之一，是国有企业改革系列配套文件中非常有效的政策包和工具箱。近年来，相继开展了国有控股上市公司股权激励和国有科技型企业分红激励试点等工作，为积极探索符合国有企业科技创新和改革发展需要的中长期激励方式，取得了一定成效。

（一）激励工具

目前，已有政策明确建议或区域试点的国有科技型企业中长期激励工具包括以下两类。

1. 股权类

股权类激励是指国有科技型企业以相关企业股权为标的，采取股权出售、股权奖励、股权期权、员工持股、项目跟投等方式，对企业重要技术人员和经营管理人员实施激励的行为。股权出售应按不低于资产评估结果的价格，以协议方式将企业股权有偿出售给激励对象。股权奖励的激励额，应当依据经核准或备案的资产评估结果折合股权，并确定向每个激励对象奖励的股权。企业股权出售或股权奖励原则上应一次实施到位。股权期权方式实施激励的，应当在激励方案中明确规定激励对象的行权价格，企业应当与激励对象约定股权期权授予和行权的业绩考核目标等条件。

2. 分红类

分红类激励是指国有科技型企业以科技成果转化收益为标的，采取项目收益分红方式；以企业经营收益为标的，采取岗位分红，业绩奖金、超额利润分享、虚拟股权等方式对企业重要技术人员和经营管理人员实施激励的行为。企业实施分红激励所需支出计入工资总额，但不受当年本单位工资总额限制、不纳入工资总额基数，实施单列管理。

（二）政策依据

随着国有企业深化改革的推进，国有科技型企业对中长期激励机制的实践与试点，政策层面正在提出更多途径、做出更大授权。国有科技型企业中长期激励的政策脉络和主要政策依据如下。

1. 国有科技型企业中长期激励的政策脉络

1996 年，全国人大常委会发布《中华人民共和国促进科技成果转化法》，开始探索科技成果转化的激励机制。

1999 年，国务院发布《关于加强技术创新、发展高科技、实现产业化的决定》，提出股份奖励的激励措施。

2002 年，财政部、科技部发布《关于国有高新技术企业开展股权激励试点工作的指导意见》，明确了奖励股权（份）、股权（份）出售、技术折股等股权激励方式。

2009 年，国务院发布同意支持中关村科技园区实施股权激励等试点工作。

2010 年，国务院国资委发布《关于在部分中央企业开展分红权激励试点工作的通知》，提出在 13 家央企采取岗位或项目收益分红试点。

2016 年 2 月 26 日，财政部、科技部、国资委联合颁布《国有科技型企业股权和分红激励暂行办法》（简称“4 号文”），对国有科技型企业股权激励做了详细规定。随后，又发布《关于完善股权激励和技术入股有关所得税政策的通知》《关于实行以增加知识价值为导向分配政策的若干意见》。

2018 年，国务院印发《关于优化科研管理提升科研绩效若干措施的通知》，开展赋予科研人员职务科技成果所有权或长期使用权试点。同年，财政部、科技部、国务院国资委联合出台《关于扩大国有科技型企业股权和分红激励暂行办法实施范围等有关事项的通知》（简称“54 号文”），将国有科技型中小企业、国有控股上市公司出资的各级未上市科技子企业、转制院所企业投资的科技企业纳入激励实施范围，同时对于国家认定的高新技术企业不再设定研发费用和研发人员指标条件。此政策的出台为更多的国有科技型企业实施激励创造了有利条件。

2019 年，国务院印发《改革国有资本授权经营体制方案的通知》，提出国有创业投资企业、创业投资管理企业等开展核心团队持股和跟投。同时，国务院国资委印发《国务院国资委授权放权清单（2019）》，提出科技型子企业股权和分红激励方案，不受当年本单位工资总额限制。并发布《关于进一步做好中央企业控股上市公司股权激励工作有关事项的通知》，提出支持国有企业借助科创板实施股权激励。

2020 年，习近平总书记主持召开中央全面深化改革委员会第十二次会议审议通过了《赋予科研人员职务科技成果所有权或长期使用权试点实施方案》。

2. 国有科技型企业中长期激励的主要政策内容

《国有科技型企业股权和分红激励暂行办法》。

该暂行办法将中关村产业园试点的股权和分红激励政策在更大范围推广，是建立激发人才活力中长期激励机制的重要举措，有利于完善技术、管理等要素按贡献参与分配的办法，有利于加快动力机制转换。

（1）界定了国有科技型企业的概念，即“中国境内具有公司法人资格的国有及国有控股未上市科技企业”，包括转制院所企业、国家认定的高新技术企业；高等院校和科研院所投资的科技企业；国家和省级认定的科技服务机构三类。

（2）明确了股权激励实施条件：对转制院所、高新技术企业及高等院校和科研院所投资的科技企业，要求近3年研发费用占当年企业营业收入均在3%以上，激励方案制定的上一年度企业研发人员占职工总数10%以上；对科技服务机构，要求近3年科技服务性收入不低于当年企业营业收入的60%。

（3）明确股权激励主要方式是股权出售、股权奖励和股权期权，激励股权主要来源于增发、回购和转让。

（4）明确激励对象是签订了劳动合同的技术和经营管理骨干，禁止搞全员股权激励，企业监事、独立董事不得参与激励。

（5）明确股权激励不得动摇国有股东控股地位，大型、中型、小型（含微型）企业股权激励份额分别不超过企业总股本的5%、10%、30%，单个激励对象获得的激励股权不超过企业总股本的3%。

（6）严格审批程序，股权激励方案须听取职工意见后，报履行出资人职责或国有资产监管职责的部门批准。

（三）应用实务

【案例 9-2】

航天恒星科技有限公司分红激励

【企业简介】

航天恒星科技有限公司是中国东方红卫星股份有限公司（股票代码：

600118）全资控股的卫星应用高新技术企业，是中国航天科技集团公司第五研究院503所，同时是中国航天科技集团公司卫星应用研究院的主要支撑单位。它是我国卫星应用领域的骨干企业，是中国航天科技集团公司卫星应用的总体单位。位于北京市中关村，是国务院国资委确定的两家中央企业岗位分红权激励试点单位之一。在人才培养、经营管理、产品技术、市场品牌等方面均实现了快速发展，收入规模连续多年保持平均40%增长速度。公司主要从事卫星应用系统集成、终端设备制造和卫星运营服务，业务范围涵盖卫星遥感与综合应用领域、卫星通信、卫星导航、信息传输与处理及卫星地面运营服务等领域。具有丰富的卫星地面站建设、系统集成和项目管理工程经验，具有较强的VSAT卫星通信系统、高动态抗干扰数字图像传输系统、星船载卫星导航接收机、北斗用户机等系统级和终端级产品研制及产业化能力，部分产品已批量生产，并广泛应用于军民用户。

【激励方案】

2011年6月16日，时为航天恒星科技有限公司控股股东的中国东方红卫星股份有限公司发布董事会决议公告。公告内容包括其全资子公司航天恒星科技有限公司实施岗位分红权的激励计划。激励计划主要内容如下。

（1）激励对象：包括科研管理、专业科研两大岗位序列，激励岗位共54个。

（2）激励总额：以航天恒星科技经济增加值（*EVA*）及经济增加值改善值（Δ*EVA*）作为提取基数，在净利润增长水平不低于实施前3年的净利润平均增长水平条件下提取，激励总额不超过航天恒星科技当年税后利润的15%。

（3）授予价格：本次授予价格为本激励计划公告前20个交易日公司股票交易均价的50%，即3.22元/股。

（4）分红权激励的发放：采用延期支付方式发放，航天恒星科技每年将提取个人岗位分红权的30%进行留存，至分红权有效期结束后统一考核发放，剩余70%在分红权有效期内每年进行兑现。

（5）有效期：本激励方案自批准之日起3年内有效。

（6）解锁条件：3期解锁对应条件分别为：以2013年净利润为基数，2014年、2015年、2016年净利润增长分别不低于100%、120%、240%。

【案例点评】作为中国航天科技集团下属的一家高科技企业，航天恒星科技有限公司实施的岗位分红权激励计划，具有比较典型的科技型央企对核心骨干的激励特点。授予价格与上市公司的股票价格挂钩，分红权激励的解锁条件与未来3年的净利润增长率挂钩，这些都体现了高科技上市公司对核心骨干人才进行中长期激励的合规性和企业高成长性。

三、国有控股混合所有制企业员工持股

（一）激励工具

国有控股混合所有制企业主要激励工具为以增资扩股、出资新设方式开展的员工持股。激励对象侧重于在关键岗位工作并对企业经营业绩和持续发展有直接或较大影响的科研人员、经营管理人员和业务骨干。

（二）政策依据

1. 国有控股混合所有制企业的政策脉络

2008年发布《关于规范国有企业员工持股、投资的意见》（国资发改革〔2008〕139号）；2009年发布《关于实施〈关于规范国有企业员工持股、投资的意见〉有关问题的通知》（国资发改革〔2009〕49号）；2015年发布《国务院关于国有企业发展混合所有制经济的意见》（国发〔2015〕54号）；2016年12月发布《关于国有控股混合所有制企业开展员工持股试点的意见》（国资发改革〔2016〕133号），对员工持股试点做了详细规定，并明确选出10家中央企业所属子企业开展首批试点。

2. 国有控股混合所有制企业的政策内容

A. 《关于国有控股混合所有制企业开展员工持股试点的意见》（以下简称《意见》）

（1）明确了员工持股试点企业须具备的条件：主业处于充分竞争行业和领域的商业类企业；股权结构合理，非公有资本股东所持股份应达到一定比例；公司治理结构健全，建立市场化的劳动人事分配制度和业绩考核评价体系；营业收入和利润90%以上来源于所在企业集团外部市场。优先支持科技型企业（转制科研院所、高新技术企业、科技服务型企业）开展员工持股试点。

（2）明确激励对象为签订了劳动合同、在关键岗位工作，并对公司经营业绩和持续发展有直接或较大影响的科研人员、经营管理人员和业务骨干。

（3）明确股权激励应保证国有股东控股地位，且其持股比例不得低于公司总股本34%；员工持股总量原则上不高于公司总股本的30%，单一员工持

股比例原则上不高于公司总股本的1%。

（4）明确开展试点的中央企业所属子企业由国有股东单位在审核申报材料的基础上，报履行出资人职责的机构确定。

表9-3 《关于国有控股混合所有制企业开展员工持股试点的意见》主要内容

项目	要求
试点企业条件	中央企业二级（含）以上企业原则上暂不开展员工持股试点；开展试点的企业，主要处于充分竞争行业
	股权结构合理，非公有资本股东所持股份应达到一定比例，公司董事会中有非公有资本股东推荐的董事
	营业收入和利润90%以上来源于所在企业集团外部市场
企业员工入股要求	与本公司签订了劳动合同，在关键岗位并对经营业绩有直接影响的科研人员、经营管理人员和业务骨干
	不得“上持下”。党中央、国务院和地方党委、政府及其部门、机构任命的国有企业领导人员不得持股。外董事、监事（含职工代表监事）不得参与员工持股
	员工处置。员工入股应主要以货币出资，并按约定及时足额缴纳以科技成果出资入股的，应提供所有权属证明并依法评估作价，及时办理财产权转移手续
	入股价格。入股价格不得低于经核准或备案的每股净资产评估值
	持股比例。总量原则上不高于公司总股本的30%，单一员工持股比例原则上不高于公司总股本的1%
	股权结构。实施员工持股后，应保证国有股东控股地位，并且持股比例不得低于公司总股本的34%
	持股方式。可直接持股，也可通过持股平台持股
企业员工股权管理	股权流转。设定不少于36个月的锁定期
	股权分红。合理确定分配利润方案和分红率，不得向持股员工承诺年度分红回报

B.《中央企业控股上市公司实施股权激励工作指引》

该指引中涉及央企控股公司股权激励的施行细节主要包括四个领域。

（1）股权激励计划的各项制定包括激励目的、对象、确定依据；激励方式和标的股票来源（增量或存量）；适用范围（A、H上市企业）；权益授予数量限制（总量、首次实施、单一对象、预留权益等均有明确的上限标准）；

行权价格和授予价格（限制性股票授予价格一般不低于公平市场价格的60%）；计划有效期及时间安排（如总期限不超10年，权益授予间隔在1年以上，限售期一般不少于2年等）。

（2）股权激励的业绩考核包括考核体系的确立（回报、成长能力、运营质量三类考核指标）、激励对象绩效考核评价（主要涉及兑现约束）。

（3）股权激励计划的管理包括管理办法（明确管理职责、实施程序等）、责任追究与特殊情形处理、财务处理和税收规定等。

（4）股权激励计划的实施程序包括各级国有股东职责，计划审议、申报、实施、撤销、终止和重新申报流程，监督管理，信息披露和报告，等等。

总体来看，指引为央企控股上市公司施行股权激励给予了明确、有具体标准的各项安排，有利于央企控股上市公司股权激励工作的开展。

（三）应用实务

【案例 9-3】

东航物流混合所有制改革和员工持股模式

【企业简介】

东方航空物流股份有限公司（以下简称“东航物流”）于2004年8月23日成立。法定代表人冯德华，公司经营范围包括：仓储，海上、航空、陆上国际货物运输代理，货物装卸，物业管理，停车场，会务服务，为国内企业提供劳务派遣服务，日用百货、办公用品的销售，商务咨询（除经纪）、机票代理、货物及技术的进出口业务、电子商务（不得从事增值电信、金融业务），普通货运等。东航物流以现代物流服务集成商为目标，东航物流致力于为国内外客户提供安全、高效、精准、便捷的全程综合物流服务。公司注册资金11.5亿元，年营业收入近100亿元，旗下拥有中国货运航空、东航快递、东航运输、东航货站等子公司及境内外近200个分支机构，员工8000多人，是一家航空公司下属又下辖航空公司的物流企业。

【激励方案】

（一）混合所有制改革模式

东航物流混合所有制改革模式是“增资扩股+员工持股”，通过混合所有制改革东航物流实现股权多元化，实际投入18.45亿元国有资本，有效引入22.55亿元非国有资本投入，切实放大国有资本的带动力和影响力；东航物流资产负债率将从2016年12月底的87.86%降低到75%左右，达到全球一流航空物流企业的平均负债率水平。

（二）混合所有制改革后股权结构

除员工持股平台外，东航物流此次引入的4个投资方中，联想控股、普洛斯与德邦物流属于战略投资方，绿地集团属于财务投资方。混合所有制改革完成后，东航物流股权结构如表9-4所示。

表9-4　东航物流各方股权占比

单位：%

东航物流股东	股权占比
德邦物流	5
绿地集团	5
联想控股	25
普洛斯	10
东航集团	45
东航物流核心员工	10

（三）员工持股计划

东航物流核心员工持股范围为中高级管理人员和核心业务骨干，共125名员工分享股份，占东航物流8000多人员工数量的约1.57%。

员工持股来源是企业的增资扩股，入股价格与战略投资者、财务投资者一致，约为2.87元/注册资本。员工需要自行筹资认购东航物流新增注册资本14288万元，占注册资本的10%。其中，首批人员持股比例不超过8%，其中高管团队持有不到5%的股份，余下3%是核心骨干、技术骨干等，另外还将预留2%为未来进入东航物流的核心高管或专才作为股权激励。

（四）员工持股平台

通过查询全国企业信用信息公示系统，我们了解到东航物流员工通过天津睿远企业管理合伙企业（有限合伙）来间接持有公司股份，而对该持股平台的设计则别有洞天，东航物流同时设立了4个二级持股平台作为天津睿远的合伙人，以实现多人间接持股的目的。具体如表9-5所示。

表 9-5 一级持股平台合伙人结构

天津睿远企业管理合伙企业（有限合伙）		
二级持股平台合伙人名称	认缴金额/万元	所占比例/%
天津驰远企业管理合伙企业（有限合伙）	26071.10	68.6397
天津华远企业管理合伙企业（有限合伙）	5149.10	13.5367
天津泽远企业管理合伙企业（有限合伙）	3785.30	9.9514
天津璟远企业管理合伙企业（有限合伙）	3032.45	7.9722

（五）员工持股的锁定期

根据此次员工持股的规定，参与人员认购的股份自完成实缴出资之日起开始锁定36个月，如东航物流实现首次公开上市，则持股人员须承诺其所持标的股份（合伙份额）自上市之日起继续锁定36个月，锁定期间不得转让或出售。

东航物流总经理李九鹏表示，此次东航物流的员工采用间接持股方式进行持股，由专门设计的有限合伙企业作为持股平台，持股人员作为有限合伙企业的合伙人，通过有限合伙企业间接持有标的股份。其中，首批人员持股总额不超过东航物流本次增资扩股后注册资本的8%，总体预留总额不少于增资扩股后注册资本的2%。

与绝大多数国有企业混合所有制改革一样，东航物流将员工持股纳入此次混合所有制改革范围。东航物流核心员工持股比例达到10%，该持股比例虽然与一般的企业员工持股计划相比偏低，但已突破了以往多个国有企业所制定的5%、6%的激励机制，显示了让市场化的机制更好地解决人才流动问题的决心。

《意见》指出，国务院支持对企业经营业绩和持续发展有直接或较大影响的科研人员、经营管理人员和业务骨干等持股。按照员工持股的安排，首批参与持股的为东航物流125名高管，占东航物流全体员工的1.57%，在持股范围上符合《意见》的规定。另外，由于首批持股人员合计持有东航物流约8%的股权，根据东航物流混合所有制改革时约41亿元的估值，参与持股的高管需要拿出3亿多元进行投资，部分高管需要投入上千万元。因此，东航物流此次混合所有制改革实施的员工持股方案，强调的是约束机制，也使东航物流总经理坦言这不是一个令所有人满意、舒服的持股方案，激励效果有待进一步观察。

但东航物流在推行混合所有制企业职业经理人制度方面迈出了一大步，本次混合所有制改革后，所有员工均与东航集团解除劳动合同，再与东航物流签订市场化新合同，重新以市场竞争人员入场，这种体制机制的双突破是混合所有制改革成败的关键所在。若东航物流最终形成“管理人员能上能下、员工能进能出、收入能增能减”奖惩管理体系，以及市场的化薪酬分配与考核机制，从而解决了人的问题，混合所有制改革就成功了一半。

【案例点评】基于国企混合所有制改革的东航物流核心员工持股计划是作者所了解到的国企混合所有制改革试点企业中实施落地效果最好的几家之一。参与员工持股计划的125名中、高级管理人员和核心业务骨干均真金白银地通过平台间接购买公司股份，同时重新签订市场化劳动合同。这样的中长期激励计划不仅清晰合规，而且约束与激励并存。特别是预留2%为未来进入东航物流的核心高管或专才作为股权激励，可见东航物流的“混合所有制改革总设计师”是有担当、有智慧、有远见的。后来的事实也证明，基于国企混合所有制改革的核心员工持股计划对东航物流的可持续发展发挥了重要的作用。

四、国有企业经理人中长期激励的典型案例

（一）中国联通混合所有制改革及限制性股票激励计划

股权激励可以有效地解决国企混合所有制改革中股权比例分配不明确的问题。一方面，中国联通与其大股东控制的公司之间联系密切，存在大量的关联方交易；另一方面，混合所有制改革使得公司高级管理层面发生较为重大的变化，股权激励中“股权”根据岗位授予，离职时由企业有条件地收回，因此推行此举可以有效缓解利益分配问题。

国企实施股权激励从根本上改变了国企的经济体制、经营模式及长期以来的管理观念，当前经济新常态背景下，科学合理地设计股权激励方案对国企混合所有制改革具有十分重大的意义。

2018年2月11日，中国联通发布关于限制性股票激励计划（草案修订稿）及首期授予方案（草案修订稿）等一系列相关公告。

1. 充分明确激励目标和激励条件

（1）激励目标。

中国联通为了进一步完善公司治理结构，健全公司激励与约束相结合的中长期激励机制，应对行业激烈竞争和支撑公司长远发展，充分调动公司核

心管理者和骨干员工的积极性，公司根据《公司法》《证券法》《国有控股上市公司（境内）实施股权激励试行办法》《关于规范国有控股上市公司实施股权激励制度有关问题的通知》《上市公司股权激励管理办法》以及其他有关法律、法规、部门规章、规范性文件和《公司章程》的规定，按照《中国联合网络通信股份有限公司限制性股票激励计划（草案）》具体规定，实施限制性股票激励计划。

在实施股权激励过程中，中国联通始终坚持四项原则：①坚持激励与约束相结合，风险与收益相对称；②坚持股东利益、公司利益和员工利益相一致，有利于维护股东利益，有利于上市公司的可持续发展；③坚持依法规范，公开透明，遵循相关法律法规和《公司章程》规定；④坚持从实际出发，审慎起步，循序渐进，不断完善。从而进一步完善公司治理结构，建立并不断完善股东、经营层和执行层利益均衡机制；建立股东、公司与员工之间的利益共享与约束机制，为股东带来持续回报；充分调动核心员工的积极性，支持公司战略实现和长期可持续发展；吸引、保留和激励优秀管理者、核心技术骨干员工，倡导公司与员工共同持续发展的理念，确保公司长期稳定发展。

（2）激励条件。

第一，授予条件。

对于公司整体运营情况而言，其 2016 年度公司业绩需满足以下条件：①主营业务收入增长率大于 2.0%。②利润总额大于 5.0 亿元。③净资产收益率（ROE）大于零。

同时，本公司不允许发生如下任一情形。①最近一个会计年度财务会计报告被注册会计师出具否定意见或者无法表示意见的审计报告。②最近一个会计年度财务报告内部控制被注册会计师出具否定意见或无法表示意见的审计报告。③最近 36 个月内出现过未按法律法规、公司章程、公开承诺进行利润分配的情形。④法律法规规定不得实行股权激励的。⑤国务院国资委、证监会认定的不能实施限制性股票激励计划的其他情形。

对于激励对象而言，其前一个业绩年度个人业绩考核为“称职”及以上，且未发生如下任一情形。①最近 12 个月内被证券交易所认定为不适当人选。②最近 12 个月内被证监会及其派出机构认定为不适当人选。③最近 12 个月内因重大违法违规行为被证监会及其派出机构行政处罚或者采取市场禁入措施。④具有《公司法》规定的不得担任公司董事、高级管理人员情形的。⑤法律法规规定不得参与上市公司股权激励的。⑥公司董事会认定其他严重违反公司规定的。⑦国务院国资委、证监会认定的其他情形。

第二，解锁条件。

公司和激励对象满足以下条件，限制性股票方可按照解锁安排进行解锁。

一是公司业绩条件。公司业绩满足如表 9-6 所示条件时，激励对象获授的限制性股票方可依据本方案解锁。

表 9-6 中国联通限制性股票公司业绩解锁条件

解锁期	解锁条件
第一个解锁期	1. 2018 年度主营业务收入较 2017 年度主营业务收入基准的增长率不低于 4. 4%，较 2017 年度主营业务收入的增长率不低于同行业企业平均水平 2. 2018 年度利润总额较 2017 年度利润总额基准的增长率不低于 65. 4%，较 2017 年度利润总额的增长率不低于同行业企业 75 分位水平 3. 2018 年度净资产收益率不低于 2. 0%
第二个解锁期	1. 2019 年度主营业务收入较 2017 年度主营业务收入基准的增长率不低于 11. 7%，较 2018 年度主营业务收入的增长率不低于同行业企业平均水平 2. 2019 年度利润总额较 2017 年度利润总额基准的增长率不低于 224. 8%，较 2018 年度利润总额的增长率不低于同行业企业 75 分位水平 3. 2019 年度净资产收益率不低于 3. 9%
第三个解锁期	1. 2020 年度主营业务收入较 2017 年度主营业务收入基准的增长率不低于 20. 9%，较 2019 年度主营业务收入的增长率不低于同行业企业平均水平 2. 2020 年度利润总额较 2017 年度利润总额基准的增长率不低于 378. 2%，较 2019 年度利润总额的增长率不低于同行业企业 75 分位水平 3. 2020 年度净资产收益率不低于 5. 4%

二是个人业绩条件。依据激励对象所在单位的经营业绩和激励对象的价值贡献确定解锁当年的业绩贡献匹配档次，据此差异化确定当期解锁比例。当期实际解锁股数=当期目标解锁股数×解锁比例。其中，目标解锁股数按照分次解锁安排具体确定。个人业绩解锁条件如表 9-7 所示。

表 9-7 中国联通限制性股票个人业绩解锁条件

单位：%

业绩贡献匹配档次	解锁比例
A	100
B	75
C	50
D	25
E	0

2. 科学设计激励方案

（1）激励对象的收益。限制性股票收益增长与公司经营业绩增长匹配。

（2）激励对象的范围。首次授予的激励对象（不包括预留部分）包括公司中层管理人员以及对上市公司经营业绩和持续发展有直接影响的核心管理人才及专业人才（不包括董事及高级管理人员），不超过7550人。激励对象不包括独立董事和监事以及由公司控股股东以外的人员担任的外部董事。预留部分的激励对象应当在股权激励计划经股东大会审议通过后12个月内予以明确；单独或合计持有上市公司5%以上股份的股东或实际控制人及其配偶、父母、子女，不得成为激励对象；公司控股股东的企业负责人在公司担任职务的，可以参加上市公司股权激励计划，但只能参与一家任职公司的股权激励计划；激励对象根据公司业绩考核相关办法的考核结果应在称职及以上。

本方案授予的限制性股票在各激励对象间的分配情况如表9-8所示。

表9-7 激励对象限制性股票分配情况

职务	人数/人	人均授予股数/万股	授予总股数/万股
公司中层管理人员、核心管理人才及专业人才	7550	10.1	76310
预留部分	待定	待定	8478
合计	—	—	84788

（3）激励来源（股份/资金）。限制性股票来源为中国联通向激励对象定向发行的A股普通股股票。

（4）激励数量。中国联通限制性股票激励计划所涉及的公司股票总数累计不超过公司股本总额的10%。首期拟向激励对象授予不超过84788万股的限制性股票，约占当前公司股本总额2119659.64万股的4.0%，其中预留部分计划为8478万股，占本次授予总量的10.0%，占当前公司股本总额的0.4%；非经股东大会特别批准，任何一名激励对象通过本方案及公司其他有效的股权激励计划（如有）累计获得的股票总量，不得超过公司股本总额的1%；作为公司董事和高级管理人员的激励对象所获授限制性股票预计的在其授予时的收益价值控制在其薪酬（含预计的激励收益）的30%以内。

（5）激励周期。

①限制性股票有效期：本方案的有效期为60个月，自限制性股票授予之日起生效，包括禁售期和解锁期，在本方案有效期内，公司可以依据本方案

向激励对象授予限制性股票。本方案有效期满后，公司不得依据本方案向激励对象授予任何限制性股票；但本方案的各项条款对依据本方案授出的限制性股票依然有效。在符合授予条件的前提下，董事会有权向符合条件的人员授予限制性股票。②限制性股票禁售期：自激励对象获授限制性股票之日起24个月，为限制性股票禁售期。禁售期内，激励对象通过本方案所持有的限制性股票将被锁定，且不得以任何形式转让、不得用于担保或偿还债务。③限制性股票解锁期：限制性股票禁售期满后的36个月为限制性股票解锁期。解锁期内采取分期匀速解锁，若达到当期限制性股票的解锁条件，则激励对象可以申请对其当期通过本方案所持限制性股票进行解锁并依法转让。若未达到本方案规定的限制性股票解锁条件，则激励对象当期不得解锁限制性股票，由公司按照激励对象的授予价格购回。

3. 有效实施激励方案

（1）拟定方案。董事会下设的薪酬与考核委员会负责拟定本方案，与国资委进行预沟通；董事会审议通过本方案，独立董事及监事会就限制性股票激励计划是否有利于公司的持续发展，是否存在损害公司及全体股东利益发表独立意见，监事会核实激励对象名单，公司聘请律师对本方案出具法律意见书。

（2）公告与审批。董事会审议通过限制性股票激励计划草案后的2个交易日内，公告董事会决议、本方案草案、独立董事意见及监事会意见；董事会审议通过的本方案，报国资委履行审批程序；在股东大会召开前，由公司在内部公示激励对象的姓名和职务，公示期不少于10日；由监事会对激励对象名单进行核实并听取公示意见，监事会对激励对象名单审核及公示的情况在股东大会审批限制性股票激励计划前5日进行披露。

（3）投票表决。本激励计划在获得国资委审核批准后交公司股东大会审议，公司股东大会在对限制性股票激励计划进行投票表决时，独立董事应当就限制性股票激励计划向所有的股东征集委托投票权，监事会应就激励对象名单核实的情况在股东大会上进行说明，并且公司在提供现场投票方式时须提供网络投票的方式；限制性股票激励计划经公司股东大会审议通过后，即可实施。

（4）授予程序。董事会审议批准薪酬与考核委员会拟定的限制性股票授予方案；独立董事、监事会及律师事务所应当就激励对象获授权益的条件是否成就发表明确意见；监事会核查授予限制性股票的激励对象的名单是否与股东大会批准的限制性股票激励计划中规定的激励对象范围相符；公司向激励对象发出《限制性股票授予通知书》；激励对象在公司发出《限制性股票授予通知书》后3个工作日内与公司签订《限制性股票授予协议书》，并在规定时间内支付标的股票认购款。激励对象应自筹认购相应标的股票所需资金，公司不为激励对象提供贷款或其他任何形式的财务资助，包括不得为其贷款提供担保；激励对象未签署《限制性股票授予协议书》或未足额缴纳应缴资金的，则未缴纳资金部分股份视为放弃，且其获授的限制性股票激励额度需根据其实际缴纳的自筹资金进行调整。公司在授予条件成就后60日内完成限制性股票的授予、登记、公告等程序，经上海证券交易所确认后，由登记结算公司办理登记结算与过户事宜；公司根据激励对象签署协议情况制作限制性股票激励计划管理名册，记载激励对象姓名、授予数量、授权日、《限制性股票授予协议书》编号等内容。

（5）解锁程序。在解锁期内，当达到解锁条件时，激励对象向公司申请解锁，解锁申请经公司董事会确认后，由公司统一办理符合解锁条件的标的股票解锁事宜。解锁期的任一年度未达到解锁条件的，该部分标的股票由公司按照激励对象授予价格回购并注销，激励对象也不得在以后的年度内再次申请该等标的股票解锁。激励对象可转让获得解锁的标的股票，但公司董事和高级管理人员等激励对象所持股份的转让应当符合《公司法》和《证券法》等法律法规和规范性文件以及公司章程的相关规定。

【案例9-4】

（中国联通）员工限制性股票激励

【企业简介】

中国联通于2009年1月6日在原中国网络通信集团公司和原中国联合通信有限公司的基础上合并组建而成，在国内31个省（自治区、直辖市）和境外多个国家和地区设有分支机构，是中国唯一在纽约、香港、上海三地同时上市的电信运营企业，连续多年入选“世界500强企业”。

中国联通主要经营GSM、WCDMA和FDDLTE制式移动网络业务，固定通信业务，国内、国际通信设施服务业务，卫星国际专线业务、数据通信业务、网络接入业务和各类电信增值业务，与通信信息业务相关的系统集成业务等。2009 年 1 月 6 日，原中国联合通信有限公司与原中国网络通信集团公司重组合并，新公司更名为“中国联合网络通信集团有限公司”。为与合并前的中国联通相区分，业界常以“新联通”进行称呼。中国联通拥有覆盖全国、通达世界的通信网络，积极推进固定网络和移动网络的宽带化，为广大用户提供全方位、高品质信息通信服务。2009 年 1 月，中国联通获得了当今世界上技术最为成熟、应用最为广泛、产业链最为完善的 WCDMA 制式的 3G 牌照，拥有“沃 3G/沃 4G”“沃派”“沃家庭”等著名客户品牌。

2018 年 2 月 11 日，中国联通发布关于限制性股票激励计划（草案修订稿）及首期授予方案（草案修订稿）等一系列相关公告。首期拟向激励对象授予不超过 84788 万股的限制性股票，约占当前公司股本总额的 4.0%。

【激励方案】

联通 7000 名员工做了限制性股票激励计划，以 2017 年作为基数年，中国联通在 2018 年到 2020 年收入的增长幅度要求分别是 4.4%、11.7%、20.9%，利润总额增幅要求更高，分别达 65.4%、224.8%、378.2%，且不能低于同行业企业 75 分位水平。需达成三期的业绩目标，员工所持股票才能全部解锁。员工限制性股票授予额度打破了简单按照层级授予，各省公司分配的股票额度，与未来三年各自商业计划中的业绩目标挂钩。获得股权的员工主要是处长级以上管理人员以及市场、网络、信息中心等各部门骨干员工。

（1）限制激励对象。

2017 年 8 月，《限制性股票激励计划》说明第一批授予对象主要为公司的核心管理人员和专业人员，可见中国联通对核心员工强烈的重视。中国联通按照员工对公司的贡献程度进行差异化分配，发布的限制性股票数额巨大，高达 7.63 亿股，体现了中国联通混合所有制改革的决心与重视。

（2）限制股票期权的禁售期及可行权数量。

一方面，股权激励计划限制了可行权时间、可行权股票份额、行使股票期权的次数和时间，设置了禁止销售期限，这样能有效地防止高层管理人员利用信息不对称的优势，获取内部信息实现个人的利益。另一方面，公司将自己的利益与员工牢牢地捆绑起来，能促进公司长期可持续发展。

（3）以三大财务指标作为业绩考核指标。

颁布的股权激励方案规定，在相应的财政年度，作为本年度激励对象的权利，是实现公司财务绩效考核目标的权利行使的条件之一。通过考察主要业务收入增长率、毛利增长率和净资产收益率（扣除非经常性损益后的净利润和不扣除非经常性损益的净利润）来确定净资产收益率和净利润的指标。其中，净利润只针对归属于母公司的而不包括其他子公司的。

【案例点评】作为第一家央企集团层面的“混合所有制改革”试点企业，中国联通的混合所有制改革内容涉及面非常广，员工限制性股票激励计划就是其中之一。这个中长期激励计划从工具设计本身来看都很常规，但是由于涉及央企7000余名核心骨干，又是央企集团整体混合所有制改革中激活内部动力的重要环节，因而受关注度非常高。

（二）中国宝武钢铁集团多层次股权激励

近年来，国家大力推进混合所有制改革，通过引入非公有资本，借力产权主体多元化，发挥非公有资本的“催化剂”作用，进而促进国企管理机制转变。

然而，多数改制后的国有企业并未摆脱发展困境，原有的管理机制并未产生实质性的改变，“引资本”的效果未达预期，其中主要原因之一在于改制缺乏广泛的群众基础。

众所周知，国企职工是国有企业的利益主体之一，当国企改革力图将国有企业改造成纯粹企业并推之于市场中时，必然要对职工原有的利益及其结构予以梳理和调整，而历来改革往往通过行政渠道“自上而下”地推行，较少将国企职工利益纳入改革框架，而正是由于缺少了职工的拥护与参与，多数改革以失败告终。

因此，为最大限度地保证改革成功，应当夯实国企改革的群众基础，使国企职工成为国企改革的基本力量。实践中，中国宝武钢铁集团从职工参与企业产权多元化入手，探索多层次股权激励机制，为当前国企改制提供了一个可借鉴的市场案例。具体如表9-9所示。

表9-9 中国宝武多层次股权激励机制

下属企业	企业类型	股权激励机制
宝钢股份	上市公司	限制性股票激励计划
欧冶云商	非上市公司	“混合所有制改革”员工持股
宝信软件	上市公司	限制性股票激励计划

1. 宝钢股份：限制性股权激励

2005 年 12 月 31 日，证监会发布《上市公司股权激励管理办法（试行）》，开启了 A 股上市公司实施规范股权激励的序幕。

（1）初试股权激励计划（2006 年）——失败。

2006 年 9 月 30 日，国务院国资委发布《国有控股上市公司（境内）实施股权激励试行办法》（国资发分配〔2006〕175 号），为国有上市公司实施规范股权激励提供了政策依据。2006 年 12 月，宝钢股份公告了《A 股限制性股票激励计划（草案）》，成为第一家严格按照该办法设计激励方案的央企控股上市公司。

遗憾的是，随后而来的国际金融危机打破了公司的既定规划。彼时，钢铁价格大幅度回落，行业业绩提升基本成为空想，同时资本市场及监管政策与方案刚刚推出时相比也发生了较大变化，公司难以在原激励方案的基础上进行调整修改，不得不终止原方案。

尽管以失败告终，但是市场人士普遍认为，股权激励计划是宝钢人探索内部长效激励机制、将国企改革落到实处的一次勇敢尝试，代表了国有大型企业股权激励的破冰之举，反映出当时国资监管精神的新变化，具有深刻的历史象征意义。

然而，这一停滞就是 7 年时光，又值钢铁行业开始走下坡路，历史仿佛回到了起点。彼时的管理层却认为行业低迷对重视科研、掌握独有领先产品的企业来说是机会。基于这样的判断，公司在 2014 年重启股权激励计划，以期助力公司顺利度过钢铁业寒冬。

（2）第一期股权激励计划（2014 年）。

激励对象：2014 年 5 月，宝钢股份完成了限制性股票的授予工作，136 名激励对象以每股 1.91 元的价格认购了公司 4744.61 万股限制性股票。值得注意的是，激励对象仅占其时员工总量 37800 人的 0.36%，且基本都是上市公司管理层及公司二级单位负责人，并未包含中层及以下公司员工，以此可见，面对钢铁行业调整的不确定性，公司管理层并无获得预期收益的把握，不将激励范围下放到中层体现了方案设计的务实性。彼时的股权激励约束作用更大，公司及子公司领导层以人均出资 66 万元的代价实现了与公司利益的深度绑定，这也彰显了公司领导层誓与公司共进退的发展信心。

值得一提的是，2014 年，国有上市公司要通过国务院国资委及证监会的双重审批方可实施股权激励计划。因此，回顾宝钢股份 2014 年的股权激励计划方案，可以发现其中浓重的审批痕迹。方案通过设置多重参数和条件，加强了方案的约束性，提高了激励对象收益的兑现难度。由于 2015 年公司未完成激励计划设置的业绩考核条件，激励对象获授限制性股票的 1/3 由公司以原价回购，激励对象并未获得预期收益。

尽管开局不佳，但是公司 2016 年及 2017 年的业绩实现了大幅度攀升，顺利完成了激励计划制定的业绩考核目标，公司市值得以稳步提高，资本市场也及时兑现了激励对象应获得的预期收益，实现了公司与激励对象的双赢，证实了公司实施股权激励这一决策的正确性。

2014 年股权激励计划的成功实施使集团管理层充分认识到了股权激励这一机制在提升公司治理、提高国企职工工作积极性方面的有效作用。因此，在激励计划最后一个考核年度即将结束之际，公司于 2017 年 11 月公布了第二期 A 股限制性股票计划，形成了对首期激励计划的有效衔接。

（3）第二期股权激励计划（2017 年）。

与 2014 年第一期激励计划相比，第二期激励计划明显扩大了激励范围，激励人数达到千人以上，同时简化了业绩考核指标设置，充分体现了公司在总结第一期经验的基础上，对激励计划方案核心要素的深度把握。宝钢股份第一期与第二期股权激励计划考核指标对比如表 9-10 所示。

表 9-10 宝钢股份第一期与第二期股权激励计划考核指标对比

激励计划	主要内容
第一期	吨钢经营利润、EVA、利润总额、营业总收入、EOS
第二期	吨钢 EBITDA、EVA、利润总额、宝武协同效益

尽管第二期入股价格已变为第一期价格的 2 倍之多，激励计划依然获得了广大核心职工的积极认购，意味着公司核心员工对于与公司实现共同发展的信心，这也昭示着公司管理层在运用股权激励这一机制方面显得越来越纯熟。

2. 欧冶云商：员工持股

2017 年 5 月 31 日，中国宝武钢铁集团旗下欧冶云商股份有限公司（以下简称“欧冶云商”）在上海宝武大厦举办首轮股权开放及员工持股签约仪式。欧冶云商实施股权开放及员工持股，旨在进一步拓展业务发展领域，导入更多优质业务资源，实现大宗商品共享服务生态圈的“共建、共享”。

围绕这一目标，欧冶云商携手本钢集团、首钢基金、普洛斯、建信信托、沙钢和三井物产等6名外部战略投资者，实现强强联手，同时成功引入员工持股，探索国资保值增值的新机制和新动力。本轮股权开放及员工持股完成后，欧冶云商募集资金超过10亿元。

在资本结构上，欧冶云商股权开放引进的新股东既包括外资背景企业，也包括民资背景企业，还有公司自己的员工，成功实现了国资、外资、民资与员工出资的融合。在新老股东的共同协作下，公司将建立起既能快速响应市场又能科学决策、规范运营的公司治理结构，有利于各种所有制资本取长补短、相互促进、共同发展，也将促进欧冶云商体制机制的创新；在混合所有制改革的同时，欧冶云商此次股权开放作为国务院国资委选定的央企员工持股10家试点企业之一，成功地实施了员工持股。

（1）激励对象。欧冶云商持股员工范围是6级以上核心岗位的技术、业务管理人员，共计126人，包括欧冶云商及其下属控股子公司的董事、高级管理人员、核心技术（业务）骨干，持股员工占欧冶云商职工总数的20%。

（2）认购价格。员工按照战略投资人购股价格认购股权，经过在上海联合产权交易所的竞价，欧冶云商投后估值34亿元，因此员工共计支付购股款1.7亿元，认购欧冶云商新增注册资本1.7亿元。

（3）持股平台。欧冶云商员工通过两级有限合伙企业平台间接持有公司5%的股权。一级持股平台为上海欧玑企业管理中心（有限合伙），二级持股平台为上海飘翔高举伯企业管理中心（有限合伙）、上海飘翔高举仲企业管理中心（有限合伙）、上海飘翔高举叔企业管理中心（有限合伙）。上述持股平台均由上海飘翔高举企业管理有限公司担任执行事务合伙人并承担无限责任，其他合伙人以出资额为限承担有限责任。具体如表9-11、表9-12所示。

表9-11　一级持股平台合伙人结构

上海欧玑企业管理中心（有限合伙）		
一级持股平台合伙人	认缴金额/万元	所占比例/%
上海飘翔高举伯企业管理中心（有限合伙）	723.4430	31.82
上海飘翔高举仲企业管理中心（有限合伙）	780.6710	34.34
上海飘翔高举叔企业管理中心（有限合伙）	769.0434	33.83
上海飘翔高举企业管理有限公司	0.10	0.01

表 9-12 二级持股平台合伙人结构

二级持股平台名称	二级持股平台合伙人
上海飘翔高举伯企业管理中心（有限合伙）	金文海、程远明、上海飘翔高举企业管理有限公司等 44 人
上海飘翔高举仲企业管理中心（有限合伙）	钱建兴、王明东、上海飘翔高举企业管理有限公司等 43 人
上海飘翔高举叔企业管理中心（有限合伙）	王小干、张佩璇、上海飘翔高举企业管理有限公司等 42 人

（4）执行事务合伙人。为规避普通合伙人和执行事务合伙人承担的无限连带责任，欧冶云商经营层王小干、易力、陈广一等发起设立注册资本为 10 万元的上海飘翔高举企业管理有限公司，该公司在各个持股平台出资均为 0.1 万元。

（5）持股额度。欧冶云商将员工持股额度分为 11 档，分别为 9 万元、11 万元、16 万元、19 万元、23 万元、27 万元、30 万元、34 万元、43 万元、47 万元、55 万元。上述员工持股额度总计为 2273.157381 万元，与上海欧玑企业管理中心（有限合伙）实缴出资相同，剩余 14393.51 万元认缴出资将分期缴付到位。

3. 宝信软件：股权激励计划助力公司业务转型

从历史数据来看，宝信软件倚重传统钢铁产业，但近年来钢铁产业处于转型期，受宏观经济结构调整影响，包括钢铁行业在内的制造业整体景气度有较大下滑，信息化开发需求减少，软件开发及工程服务收入及毛利率较逐年下降。2014—2017 年宝信软件软件开发及工程服务业务状况如表 9-13 所示。

表 9-13 2014—2017 年宝信软件软件开发及工程服务业务状况

2014 年		2015 年		2016 年		2017 年	
收入/万元	毛利率/%	收入/万元	毛利率/%	收入/万元	毛利率/%	收入/万元	毛利率/%
31.37	26.51	29.82	22.57	28.86	23.70	33.46	21.83

为促进公司业务顺利转型，近年来宝信软件加大了对 IDC 等新型业务的投入，但公司面临激烈的行业竞争环境，内部人才持续流失压力，其未来发展依然存在较大的不确定性。在这样的背景下，宝信软件借鉴母公司宝钢股份的成功经验，于 2017 年 12 月推出了第一期股权激励计划。

由于市场投资者对宝信软件未来发展十分乐观，股价大幅度上涨，国有资产增值效果明显，激励对象获授的限制性股票收益空间逐步加大，但是无法兑现。因为，根据国务院国资委发布的175号文规定，国有上市公司激励对象收益的兑现须分三批行使，且设置了两年的行权等待期，除此之外，还设置了更严格的业绩考核指标。宝信软件行权业绩考核指标如表9-14所示。

表9-14 宝信软件行权业绩考核指标

解除限售期	业绩考核指标
第一个解除限售期	2018年度净资产收益率不低于8%，且不低于同行业对标企业75分位值水平；2018年度较2016年度净利润增长率不低于50%，且不低于同行业对标企业75分位值水平；2018年度主营业务收入占营业收入的比重不低于90%
第二个解除限售期	2019年度净资产收益率不低于9%，且不低于同行业对标企业75分位值水平；2019年度较2016年度净利润增长率不低于80%，且不低于同行业对标企业75分位值水平；2019年度主营业务收入占营业收入的比重不低于90%
第三个解除限售期	2020年度净资产收益率不低于10%，且不低于同行业对标企业75分位值水平；2020年度较2016年度净利润增长率不低于110%，且不低于同行业对标企业75分位值水平；2020年度主营业务收入占营业收入的比重不低于90%

（三）中国航空工业集团公司的中长期激励办法

近日，中国航空工业集团公司（以下简称“中航工业”）出台了中长期激励总体方案，印发了《中国航空工业集团公司中长期激励暂行办法》（以下简称《办法》）。《办法》覆盖集团内的上市公司、非上市公司和国有科技型企业，并明确对象为单位核心骨干人才，不得面向全体员工实施中长期激励。

《办法》将中航工业中长期激励分为上市公司股权激励、非上市公司分红权激励、国有科技型企业股权和分红激励三大类，同一单位、同一激励对象原则上只能采取一种中长期激励方式。值得注意的是，《办法》明确提出，中长期激励的对象应为单位核心骨干人才，单位不得面向全体员工实施中长期激励。

1. 上市公司股权激励

（1）适用企业：中航工业旗下境内外上市公司。

（2）激励方式：限制性股票、股票期权等股权激励。

（3）激励对象：主要为董事、高级管理人员以及对公司整体业绩和持续发展有直接影响的核心技术骨干与管理骨干。

（4）激励额度：上市公司全部股权激励计划授予股票总数累积不得超过公司总股本的10%，首次实施股权激励计划授予股票数量不得超过公司总股本的1%，任何一名激励对象通过股权激励计划获授股票总数累计不得超过公司总股本的1%。

2. 非上市公司分红激励

（1）适用企业：非上市航空制造企业、科研院所、重点民营企业。

（2）激励方式：由中航工业拿出工资总额进行岗位分红权和项目分红权激励，按照制定的政策纳入《办法》统一管理。

（3）激励对象：岗位分红激励的激励对象主要为董事、高级管理人员、核心技术骨干，和对单位整体业绩、持续发展或科技创新有直接影响的核心技术骨干和重要经营管理人员，并规定原则上每次激励人数不超过单位在岗职工总数的15%；项目分红的激励对象主要为科技成果项目的主要完成人、核心技术人员，以及项目产业化的主要经营管理人员、推广转化人员等。

（4）激励额度：原则上年度岗位分红激励总额不高于当年税后利润的15%，并控制在单位当年工资总额的5%以内。项目分红则按照企业规定或者与约定的方式、数额和时限执行，单位未规定也未进行约定的，按照国家有关规定执行。

3. 国有科技型企业股权和分红激励

（1）适用企业：国有及国有控股未上市科技企业。

（2）激励方式：积极推进分红激励，稳妥开展股权激励。

（3）激励对象：与企业签订劳动合同的核心技术人员和经营管理人员，重点激励在科技创新和科技成果产业化过程中发挥重要作用的核心科研技术人员。

（4）激励额度：大型企业的股权激励总额不超过企业总股本的5%，中型企业不超过企业总股本的10%，小微企业不超过企业总股本的30%，单个激励对象获得的激励股权不得超过企业总股本的3%。企业年度岗位分红激励总额不高于当年税后利润的15%，项目分红则按照企业规定或者与约定的方式、数额和时限执行，单位未规定也未进行约定的，按照国家有关规定执行。

《办法》对各类激励方式的实施条件和兑现条件也做出了明确要求，针对不同激励方式，《办法》规定实施单位需满足治理规范、管理制度健全、主业突出、全面完成年度科研生产任务、研发费用占营业收入在3%以上等不同条件。在权益兑现环节，单位必须达到事先约定的业绩考核指标方可实现中长期激励收益的兑现。

需要注意的是，中长期激励计划实施过程中需以业绩真实为前提，中航工业把中长期激励工作纳入收入分配监督检查事项范围，对企业实施情况进行重点监督评估，对经营指标、财务会计信息虚假的，中航工业将追回激励对象因虚假数据获得的激励所得，并按照有关规定对相关责任人进行严肃处理。

在政策保障方面，《办法》规定，除涉及实有股权的激励外，其他经批准的中长期激励所需支出均不受当年本单位工资总额限制、不纳入本单位工资总额基数。其中，国有科技型企业分红激励额度在集团公司工资总额外单列，非上市公司分红权激励额度由集团公司在全年工资总额中予以单列处理。

中航工业表示，此次中长期激励办法的出台，有三个重要作用。①有利于吸引、保留和激励核心骨干人才。实现重点激励，稳定核心人才队伍，激发人才积极性、主动性和创造性，为航空工业发展提供人才支撑。②有利于促进科技创新和科技成果转化。通过股权激励、项目分红激励等方式，让创新人才在科技成果转化过程中得到合理回报，激发人才创新创业活力，推动企业不断加强自主创新，提高科技创新能力和水平。③有利于促进企业长期稳定发展。通过将中长期激励的兑现与企业的业绩指标挂钩，把核心骨干人才的利益与企业长期发展利益紧密联系在一起，从而促进企业业绩提升和长期可持续稳定发展。

总之，从政策文件和实践探索来看，当前中央企业实施中长期激励的路径选择是多样的。相比之下，国有控股上市公司股权激励、国有科技型企业股权和分红激励的政策体系更加完备、实践探索更加成熟、激励工具更加丰富；而国有控股混合所有制企业员工持股的试点范围、条件等要求比较严格，需要在总结分析评估、完善试点政策、扩大试点范围、积累试点经验等一系列工作基础上，适时加以复制推广。

不管是对哪一类企业制定的股权激励政策，核心内容都包含：股权激励根本出发点是将员工与企业结成利益共同体，实现“价值共创、风险共担、利益共享”，员工必须用现金购入股权，激励股权不能托底回购；实施股权激励的企业必须满足一定条件，并且优先支持人才资本和技术要素贡献占比较高的科技型企业试点；激励对象应为拥有可持续贡献能力的核心技术骨干和管理骨干，坚决杜绝全员持股，不允许员工“搭便车”；股权激励不能改变国有股东控股地位；股权激励实施方案必须严格按照程序审批，避免国有资产流失。

第十章　总结与展望

国有企业经理人的中长期激励是激活国有企业活力的关键内容，也是国有企业深化改革所面临的难点和挑战。基于前面九章的相关内容，本章立足现状、展望未来，将对国有企业经理人中长期激励的政策、工具及实践进行必要的总结和思考，并期待众多国有企业能够在深化改革的大背景下，针对经理人中长期激励开展更多、更深、更系统的实践和创新。

一、思考与总结

（一）政策支持力度大，国有企业行动有待加速

2015 年 8 月 24 日，中共中央、国务院印发了《关于深化国有企业改革的指导意见》，这是指导和推进国有企业深化改革的纲领性文件。此后国务院国资委及各部委相继发布了多份与该指导意见相关的文件，形成了以指导意见为引领、以若干文件为配套的国有企业改革顶层设计方案，又被称为“1+N”政策体系。

特别是，在 2018 年推动的《国有企业改革“双百行动”工作方案》中，针对国有企业经理人提出了明确的改革要求。2020 年 1 月 22 日，为了深入贯彻落实中共中央、国务院关于推行国有企业经理层成员任期制和契约化管理、建立职业经理人制度的决策部署，指导“双百企业”率先全面推进相关工作，国务院国有企业改革领导小组办公室制定了《“双百企业”推行经理层成员任期制和契约化管理操作指引》和《“双百企业”推行职业经理人制度操作指引》。这些政策制度及操作指引等为国有企业深化改革，包括国有企业经理人中长期激励提供了比较充分的政策保障。国务院副总理刘鹤及国务院国资委多位领导也先后在很多场合呼吁国有企业加大改革力度，“一企一策”抓落实。

但是，目前部分国有企业的改革力度还有待加强。近年来，笔者先后深

度接触过一些国有企业，也参与过一些国有企业的经理人薪酬制度改革和绩效管理体系改革实践。相对而言，东南沿海的国有企业在经理人中长期激励方面的探索和实践还是很有亮点的。北方和中西部地区的一些国有企业虽然也很有改革意识和动力，但是创新力和执行力还有待加强。因此，国有企业深化改革需要有担当、有使命感、有改革能力的企业家。同时，企业家又需要一批有改革意识、有变革能力的职业经理人来辅助，才能将国有企业深化改革进行科学系统的落地生根、发芽结果。所以，国有企业经理人的中长期激励是所有环节中的难点，也是突破点。不在国有企业经理人中长期激励方面进行突破，国有企业深化改革就很难深入。

（二）技术工具非常丰富，激励系统性相对不足

从技术层面来看，国有企业经理人的中长期激励的确需要良好的技术工具来支撑。但是正如本书第七章、第八章介绍的内容，在相关科学理论的指导下，经过国内外众多企业的长期实践，目前国有企业经理人中长期激励的“工具箱”已经很丰富了。在这些工具中，有的侧重于按“管理要素”分配（任期激励），有的侧重于按“技术要素”分配（岗位分红权），有的侧重于按“资本要素”分配（员工持股和跟投机制），有的则侧重于按“知识要素”分配（股权、期权和科技成果作价入股）。基于股权激励有股票期权、股票增值权、限制性股票、业绩股票、员工持股、员工跟投等具体技术和工具，基于现金收益激励有分红权激励、超额利润分享激励、虚拟股票激励等具体技术和工具。这些丰富的技术和工具可供不同类型、不同战略、不同发展阶段、不同价值导向的上市公司或非上市公司自由选择。

但是，根据笔者的调研和分析，目前国有企业在应用这些激励技术和工具对经理人进行中长期激励的实践中，效果并不理想。虽然有政策配套的原因，也有企业操作层面的原因，但更关键的原因是激励的系统性不足，缺乏足够的系统科学性。正如本书第七章的论述和分析，国有企业经理人中长期激励不是单一的薪酬待遇激励问题，也不是若干激励技术和工具的组合应用问题，而是需要从法人治理到职业经理人制度进行系统设计。

国有企业法人治理的现状决定了很难大量涌现出国有企业深化改革所需要的企业家群体。而缺乏健全合理、有效制衡的法人治理结构，就很难给予企业经理层应有的经营空间和责权对等平台，也就很难造就一批职业经理人。没有真正的职业经理人，中长期激励的技术和工具在应用的时候就会难于逻

辑自洽、难于形成良性循环。因此，目前的国有企业经理人中长期激励需要在系统性上下功夫，需要国资系统在出台政策的时候，更加考虑企业所需要的整体系统性。当然，中共中央、国务院已经通过“混合所有制改革”指出了系统改革的方向。但是，目前在国有企业混合所有制改革中“重混资产、轻改机制”的现象依然存在，这就降低了混合所有制改革应该发挥的能量和作用，也就难以为国有企业经理人中长期激励提供系统性的平台。

（三）经济类激励很受关注，精神类激励倡导不够

无论从管理理论的视角，还是从企业管理实践的探索来看，激励从来都不只是物质类激励和经济类激励。但是，目前在国有企业经理人的中长期激励实践中，一些企业还是相对侧重经济类激励，对于精神类激励的倡导和应用还不够重视。的确，本书也是重点介绍了经济类激励的相关技术和工具，但是在本书第六章，我们特别提出基于使命感和成就感来激励国有企业经理人，实现中长期激励。其实，在企业管理中，精神类激励不仅包括使命感和成就感，而且包括对经理人职业发展的规划与指导，还包括对经理人身心健康的关注，给予经理人在企业内领导地位的认可与尊重。

精神类激励不被重视与其难于设计、难于落地有很大关系，而之所以难于设计、难于落地，又与国有企业的管理科学性不足密切相关。企业管理到底是科学性的成分更多，还是艺术性的成分更多？这是多年来存在的一个判断误区。虽然可以概括为“管理既是科学又是艺术”，但是这显然无法涵盖管理丰富多元的内涵，也难以为企业管理实践提供所需的指南。从根源上来看，国有企业对于现代企业管理的系统性和逻辑性掌握得还不够深刻，在针对企业经理人进行中长期激励的时候，就难以将经济类激励和精神类激励很好地融合起来。

同时，由于国有企业在内部机构设置、职责分工方面依然存在着“重在专业分工，轻视跨部门协同”的现象和问题，从而导致“部门墙”的持续存在，并且越发坚固。即使企业高层有了很好的方向和要求，到了中层和基层实施与执行时也往往是各司其职、不愿主动与其他部门协同设计、协作实施，很难把精神类激励所需的系统设计融入以经济类激励为主的薪酬体系和指标体系中。

二、展望与期待

（一）期待在政策环境下国有企业的行动力更强

国有企业经理人中长期激励的有效实现，需要来自国家相关部门的政策支持，但是更需要国有企业自身的主体意识和主动行动。

一方面，国有企业经理人中长期激励需要更加系统性的政策支撑。国务院国资委等国资监管机构在总结近年来国有企业实施经理人中长期激励实践的基础上，需要进一步制定完善多元化的政策体系和配套机制，包括财税政策、技术成果知识产权评估交易的操作流程简化高效等。力争让不同类型、不同战略、不同发展阶段的国有企业都能有合适的激励路径和工具可选，有规范的政策文件和清晰的操作指引可依，进一步建立健全风险共担、利益共享的中长期激励机制，为国有企业改革发展提供强劲有力、源源不断的动力保障。

另一方面，国有企业需要承担深化改革的主体责任，抛弃“等政策、等细则、靠政府、靠领导”的落后思维，以企业自身为国有企业改革的根本主体，主动规划、设计、实施面向经理人的中长期激励方案，并在不断的探索和实践中找到适合企业自身的路径和工具。

党的十八届三中全会尤其是十九大以来，政府在国有企业深化改革上进行了一系列的探索与实践，先后推出了“国有企业改革十项试点”“双百行动”等。在党中央和国务院的大力推动下，国有企业改革取得了一定的成绩，但在客观上存在一些不容忽视的问题，这主要体现在与推动国有企业深化改革相关的企业主体意识不够，对于改革的认识不一致，改革的行动力缺乏，特别是以职业经理人制度建设为核心的国有企业经理人市场化机制、中长期激励等都进展缓慢。

2020 年 6 月 30 日，中央全面深化改革委员会第十四次会议审议通过了《国企改革三年行动方案（2020—2022 年）》。会议提出，今后三年是国有企业改革的关键阶段。要坚持和加强党对国有企业的全面领导，坚持和完善基本经济制度，坚持社会主义市场经济改革方向，抓重点、补短板、强弱项，推进国有经济布局优化和结构调整，增强国有经济竞争力、创新力、控制力、影响力、抗风险能力。这次的“三年行动计划”对于解决国有企业深层次的用人机制、分配机制、激励机制等问题至关重要。

因此，在落实和执行“三年行动计划”的过程中，国有企业应当学好用足现有政策，因企制宜选择经理人中长期激励的路径和工具，避免对经理人中长期激励理解的狭隘化，不能简单地把经理人中长期激励与员工持股画等号。同时，更关键的是要落实国有企业应该承担的深化改革主体责任，结合本企业的战略发展规划和人力资源策略等实际情况，借鉴国内外市场上有参考性、代表性的先进实践经验，选择合适的政策、路径和工具，针对各类不同层级的经理人实施差别化、有针对性的中长期激励。

（二）期待更加科学系统地设计国有企业激励模式

中国经过了 40 多年的改革开放，随着国家经济实力的不断增强，对于国有企业经营管理的科学性和系统性要求也越来越高。党的十八届三中全会指出，全面深化改革必须更加注重改革的系统性、整体性、协同性。国有企业经理人的中长期激励是国有企业深化改革整个体系中比较复杂、比较艰难的问题。已经不是“点的突破、线的理顺”可以彻底解决的，而是需要一个科学的逻辑系统才可以从容应对。但是如前所述，目前国有企业在经理人中长期激励方面依然存在比较明显的工具化思维，希望用某种单一的技术或工具解决所有问题。工具只能解决具体事情，系统才能解决系统问题。因此，国有企业经理人的中长期激励需要从系统性、整体性、协同性来思考和构思。

具体而言，在构建科学系统的国有企业经理人中长期激励模式中，要注意如下几个要素和关系。

（1）基于科学合理、有效制衡的法人治理，才能保障国有企业经理人中长期激励的实现。在现代公司治理中，法人治理结构是公司合理运转的组织基础。法人治理不健全，对应的责任、权利、利益体系就很难形成良性循环，对经理人的中长期激励就无法落实到最终的责任主体上。目前比较有效的思路是：通过混合所有制改革，形成有助于国有企业经理人中长期激励的决策机制和责任主体。但是，在混合所有制改革中更要重视国有企业内部的“改机制”。借助“混资产”的契机，对国有企业多年积淀的决策机制和选人用人机制进行改革和优化，构建适应国有企业深化改革需要的经理人任期制和契约化，从而让经理人中长期激励有所依托。

（2）通过建立职业经理人制度，确保国有企业经理人中长期激励的可持续。国有企业经理人中长期激励需要对经理人的身份进行科学转化与管理，目前正在推行的国有企业经理人任期制和契约化管理，就是对经理人逐步实现职业化的过程和行之有效的举措。只有真正建立起职业经理人制度，才能从根本上打好国有企业经理人的中长期激励基础，从而实现习近平总书记在党的十八届三中全会报告中对国有企业深化改革提出的要求：深化企业内部管理人员能上能下、员工能进能出、收入能增能减的制度改革。通过建立长效激励约束机制，强化国有企业经营投资责任追究，从而真正实现国有企业经理人中长期激励的可持续。

（3）采用多样化的激励方式，不能唯股权论。虽然股权激励已经被众多国内外企业作为经理人激励的重要技术和工具，但是科学系统的经理人中长期激励模式需要多样化的激励组合。其中，在科技类国有企业的经理人中长期激励中，可以综合考虑科技成果成熟度与未来收益、公司财务状况（现金流与盈利能力）、管理现状（项目收支管理水平）、公司整体股权架构及资本运作计划、薪酬激励成本等要素，采用一种或多种激励工具的组合。如经典的“现金+股权”激励的配比，提取奖励基金完税之后购买公司股权。

（三）期待更加重视精神激励的长期效用

习近平总书记指出：“国有企业地位重要、作用关键、不可替代，是党和国家的重要依靠力量。”国有企业不仅需要发挥中国经济压舱石的作用，而且承担着促进中国经济发展、改善人民生活水平的重要责任。作为国有企业经理人，承担的不只是企业实现经济效益这样的单一责任，还需要承担更重要的社会责任。所以，国有企业经理人的中长期激励需要把社会责任这样的精神追求纳入其中，需要国有企业更加重视精神激励的长期效用。

我们建议在国有企业经理人中长期激励实践中，关注如下几个方面的精神激励作用。

（1）基于使命感和责任感激励国有企业经理人，实现中长期激励。国有企业作为深化改革的主体，要能够从更高的思想层面认识和理解国有企业深化改革的重大意义，要能够将企业深化改革中的问题和实践与经理人“不忘初心、牢记使命”的主题教育融合。通过案例研讨、行动学习等方式真正触动各级经理人的内心世界，激活经理人主动思考与践行的意愿，才能最大限度地激发国有企业经理人在国家发展与富强这个历史征程中的使命感和责任感。

（2）让国有企业经理人的工作有成就感。在国有企业深化改革中，要践行落实好习近平总书记提出的“三个区分开来”，为有担当、敢负责的国有企业各级经理人撑腰，用实际行动支持那些想改革、谋事业、善经营的各级经理人，从而为国有企业经理人创造更加包容、更加有自主权的管理氛围。在实际工作中，为各级经理人设定值得追求的业绩目标，同时健全绩效反馈机制，让更多经理人能够及时获得有关工作成果的反馈，从而提升工作带来的成就感。

（3）关注国有企业经理人的职业发展和身心健康。职业发展是各类人才一生的追求，对于国有企业的经理人来说也是一样。国有企业要对经理人的职业发展路径进行科学改革和优化，要从原有的单一职业发展通道模式转型为多通道职业发展模式，鼓励各级经理人成为在各自专业领域的优秀人才。同时，在这样快速变革的时代，国有企业也要关注经理人的身心健康，体现出国有企业对核心人才的关爱与培养。只有将经理人的职业发展和身心关怀纳入国有企业经理人中长期激励的范畴，我们才能调动更多资源和力量来关心经理人的职业发展与身心健康，才能让更多优秀的经理人与企业共同成长、实现共赢。

总之，国有企业经理人的中长期激励是一项系统性工程，既需要国资监管部门明确相关政策作为制度基础，又需要企业自身提升内部管理作为管理配套，更需要国有企业强化自身主体责任意识，采用更加科学系统的思维和模式来实践和创新经理人中长期激励。因此，国有企业推行经理人中长期激励计划既不能贪快求全，也不能被动等待，需要有部分企业先行先试、积极探索、总结经验，为更多的国有企业实施经理人中长期激励提供可借鉴的路径和方法，从而实现国有企业发展和经理人的共赢共进。

参考文献

［1］ BARTLETT C G，GHOSHAL S. Beyond the M-form：Towards a managerial theory of the firm ［J］. Strategic Management Journal，1993 （14）：23-46.

［2］ BERLE A，MEANS G C. The Economic Nature of the Firm：From The Modern Corporation and Private Property ［J］. The Economic Journal，2009 （10）：58-62.

［3］ BLAIR M M. The Deal Decade：What Takeovers and Leveraged Buyouts Mean for Corporate Governance ［J］. International Review of Economics & Finance，1995，4 （4）：427-428.

［4］ DAVIS J H ，SCHOORMAN F D ，DONALDSON L. TOWARD A STEWARDSHIP THEORY OF MANAGEMENT ［J］. Academy of Management Review，1997，22 （1）：20-47.

［5］ JENSEN M C ，MECKLING W H. Theory of the Firm：Managerial Behavior，Agency Costs，and Capital Structure ［J］. Journal of Financial Economics，1976 （76）：323-339.

［6］ KAY J，SILBERSTON A. Corporate Governance ［J］. National Institute Economic Review，1995，84 （334） .

［7］ 柏丙林，2005. 超产权论和国有企业改革 ［J］. 开放导报 （3）：83-86.

［8］ 曹越方，2016. 安徽经济结构调整方向和政策 ［C］. //第一七届中国辐射固化年会暨首届安庆市化工新材料产业高峰论坛论文集 . 安庆：中国感光学会辐射固化专委会：84-87.

［9］ 常传领，2006. 股票期权法律制度研究 ［D］. 重庆：重庆大学 .

［10］ 常修泽，2014. 发展混合所有制经济的路径 ［N］. 人民日报，2014-04-30.

［11］ 陈鸿鹏，2013. 刍议企业文化与水电施工企业思想政治工作的关联性 ［J］. 劳动保障世界 （18）：208-208，209.

［12］ 陈柯羽，李倩，赵开强，2018. 虚拟分红激励的国企方案 ［J］. 国

家电网（10）：35.

［13］陈柯羽，李倩，赵开强，2018. 虚拟分红激励的国企方案［J］. 国家电网（10）：35.

［14］陈润，2012. 人才是微软的核心资产［J］. 现代班组（11）：24-25.

［15］陈铁燕，2012. KT公司员工激励方案优化设计［D］. 成都：电子科技大学.

［16］陈新豪，2019. 国有企业限制性股票激励、员工跟投与战略转型［D］. 北京：北京交通大学.

［17］程榕，2017. 虚拟股权激励研究：以华为公司为例［J］. 会计师（5）：11-12.

［18］崔大同，2005. 人力资本中经理人的激励机制［J］. 价值工程，24（11）：14-16.

［19］崔玉瑶，2016. 我国创业板上市公司股权激励的实施现状及效果分析［J］. 现代商业（34）：132-133.

［20］邓黎明，2013. 衡阳百达先锋气体有限公司股权结构设计及效益研究［D］. 衡阳：南华大学.

［21］邓敏，2015. 我国上市公司股权激励模式选择研究：以用友软件公司三次股权激励为例［D］. 广州：暨南大学.

［22］董殿毅，2011. 中国国有企业管理者薪酬制度研究［D］. 北京：中央民族大学.

［23］冯伟章，2011. “合伙人制”上市企业的治理与估值研究［D］. 上海：上海交通大学.

［24］付雅稚，2018. 天津国企混合所有制改革后的公司治理法律问题研究［D］. 天津：天津大学.

［25］高金平，2017. 涉外人员个人所得税政策解析（下）［J］. 注册税务师（5）：33-36.

［26］高星，2019. HY公司股权激励方案评价及实施效果分析［D］. 西安：西安石油大学.

［27］高振雄，2012. 上市公司实施股票期权若干法律问题研究［D］. 天津：天津商业大学.

［28］葛传兵，2007. 我国企业管理层持股模式探讨［J］. 天津纺织科技，45（3）：60-64.

［29］宫培海，2005. 国有企业经理人性化激励机制设计［D］. 济南：山

东大学.

［30］古佩环，2006. 基于业绩的股权激励制度研究［D］. 上海：复旦大学.

［31］顾远，2019. 试论股权激励是当前央企改革的有力推手［J］. 改革与开放（1）：21-25.

［32］郭献勇，2004. 国有企业治理结构若干问题的研究［D］. 上海：上海交通大学.

［33］国资委研究中心，2019. 中央企业高质量发展报告：中央企业高质量发展迈出坚实步伐［C］//中国企业改革发展2019蓝皮书，193-210.

［34］国资委详解"双百企业"两个操作指引：推行经理层成员任期制和契约化管理，不得变相涨薪、借机涨薪［N］. 经济参考报，2020-06-29.

［35］翰威特. 高管薪酬与长期激励热点调研［R］. 林肯郡：翰威特，2009.

［36］郝柏林，2017. 中石化SPEC公司人力资源管理问题研究［D］. 青岛：中国石油大学（华东）.

［37］何兆铭，2019. 论虚拟股权激励在国有企业中所发挥的重要作用［J］. 中外企业家（15）：24-25.

［38］洪淼，2019. 国企混合所有制改革视角下的股权激励有效性分析：以宝钢股份为例［D］. 济南：山东财经大学.

［39］侯剑锋，2012. 企业岗位分红权激励方案的设计与实施［D］. 哈尔滨：哈尔滨工业大学.

［40］黄斌，聂祖荣，1999. 激励股票期权的理论与实践［J］. 证券市场导报（12）：15-24.

［41］胡明鹏，2009. 上市公司股权激励市场绩效检验［D］. 广州：中山大学.

［42］胡书臣，2018. 科华生物员工股权激励计划的实施及其效果探析［D］. 南昌：江西财经大学.

［43］黄璟怡，2007. 试论国有控股企业高管人员中长期激励机制［D］. 上海：上海大学.

［44］黄璐，2012. 经营者持股与股权激励计划的治理效应研究［D］. 厦门：厦门大学.

［45］贾云超，2015. 企业股权激励方案的分析与研究［J］. 科技视界（25）：235-236，288.

[46] 焦扬，2016. 基于博弈论的企业经理人不当行为研究 [D]. 北京：华北电力大学.

[47] 荆国勇，2004. 论国有商业银行公司治理建设的条件、步骤和主要内容 [C]. //2004 年中国金融青年论坛论文集. 上海：全国金融系统青年联合会：224-234.

[48] 柯少葭，2017. 基于 ESOP 的国企混合所有制改革中长期激励机制研究 [J]. 广东经济 (7)：80-84.

[49] 蓝志威，2019. 城市综合开发类国企实施中长期激励的路径选择及对策建议 [J]. 企业改革与管理 (13)：81-82.

[50] 李冰，邹震，2018. 薪酬管制背景下的国有企业股权激励问题研究 [J]. 中国商论 (10)：87-88.

[51] 李桂山. 简析日本法人资本的实质 [J]. 吉林大学社会科学学报，1989 (6)：31-32.

[52] 李惠林，2019. 我国股票期权个人所得税政策优化研究：基于税负横向公平的视角 [D]. 昆明：云南财经大学.

[53] 李婧，2012. 股权激励及其会计处理：基于伊利集团的案例研究 [D]. 厦门：厦门大学.

[54] 李峻翰，2015. 对我国股权激励探究：以上海地方国企光明乳业、上海梅林、百视通为例 [D]. 武汉：华中科技大学.

[55] 李丽，傅飞强，2014. 基于现金计划的长期激励模式设计 [J]. 中国人力资源开发 (3)：63-68.

[56] 李萍，2009. 中央企业中长期激励办法研究 [D]. 北京：北京邮电大学.

[57] 李书，2006. 中国上市公司经营者股权激励有效性的实证分析 [D]. 南昌：南昌大学.

[58] 李逸聪，2017. 九阳股份股权激励方案的设计和效果分析 [D]. 苏州：苏州大学.

[59] 梁洪学，2005. 建立企业经理人股权激励制度的理性思辨 [J]. 湖北经济学院学报，3 (5)：17-22.

[60] 林蔓，2018. 比亚迪：11 月新能源车销量增 8.7% [J]. 股市动态分析 (48)：56.

[61] 林雪，2012. 我国上市公司股权激励的研究 [D]. 武汉：中南民族大学.

［62］刘长庚，韩雷，2013. 创新国有资本权利配置完善国有企业收入分配［C］. //首都经济学家论坛第十一次学术研讨会论文集. 湘潭：湘潭大学首都经济学家论坛秘书处：200-210.

［63］刘国栋，2018. 国有科技型企业股权和分红激励机制研究：以 A 公司为例［D］. 北京：对外经济贸易大学.

［64］刘瑾，2016. 国有科技型军工企业激励机制研究：以中国空间技术研究院为例［D］. 北京：北京交通大学.

［65］刘沛欢，2019. SDGS 集团高管人员中长期激励策略研究［D］. 济南：山东师范大学.

［66］刘赟，2011. 经理人权力与股票期权的现实操作［J］. 河北法学，29（8）：138-143.

［67］柳国炎. 国外员工持股制度的比较与借鉴［J］. 上海企业，2001（8）：16-20.

［68］卢辉生，2008. 阳煤集团公司治理结构若干问题研究［D］. 天津：南开大学.

［69］罗凌，2012. 中国企业在经济低迷时期实施长期激励计划的探析［D］. 北京：北京交通大学.

［70］罗圆均，2015. 建立国有企业职业经理人制度研究［D］. 绵阳：西南科技大学.

［71］马沁杨，2019. 限制性股票股权激励模式在 A 公司的应用研究［D］. 西安：西安石油大学.

［72］马怡伟，2018. 澳洋顺昌公司股权激励实施效果研究［D］. 西安：西安工业大学.

［73］黄挺，王健文. 美国的股票期权计划［N］. 中国改革报，2001-04-13.

［74］孟洁，2017. 海康威视股权激励方案设计及实施效果研究［D］. 上海：华东理工大学.

［75］缪文卿，2006. 国有企业企业家激励制度：理论基础和实践取向［J］. 山西财经大学学报，28（5）：13-16.

［76］缪毅，2016. 企业内部薪酬差距对员工和高管行为的影响研究［D］. 上海：上海交通大学.

［77］南京钢铁股份有限公司，2019. 基于事业合伙人制的全员共创共享［J］. 企业管理（6）：64-67.

［78］彭俊英，幸倞，2017. “二元化职能观”视角下我国上市公司独立

董事制度的研究［J］. 会计师（5）：9–11.

［79］秦萌，李荣，2013. 德国高管薪酬法律规制立法实践及对我国的启示［J］. 中国商贸（29）：56–57，59.

［80］乔倩，2016. 上市公司资产重组绩效与风险研究：以云天化股份有限公司为例［D］. 昆明：云南财经大学.

［81］屈丹丹，2019. 公司高级管理人员劳动法适用研究［D］. 合肥：安徽大学.

［82］任天龙，2018. 国有控股上市公司高管政治晋升激励效应研究［D］. 济南：山东大学.

［83］任泽朋，2017. 华为公司虚拟股票激励案例研究［D］. 南昌：华东交通大学.

［84］任泽朋，2017. 华为公司虚拟股票激励案例研究［D］. 南昌：华东交通大学.

［85］阮湛飞，2020. 怡安助力国企“十四五”规划系列：职业经理人制度设计的顶层思考［Z］. 怡安翰威特（微信公众号），2020–04–20.

［86］尚金峰，冯鹏程，2003. 经理股票期权行权额度的探讨［J］. 对外经贸财会（2）：5–6.

［87］邵宁，2008. 积极探索勇于创新不断提高中央企业收入分配管理调控水平［J］. 化工管理（5）：4–12.

［88］佘伟军，万宏，陈祺，等，2019. 国有科技型企业股权激励机制研究［J］. 石油科技论坛，38（3）：6–11.

［89］沈远大，2018. 公司股权激励案例研究［D］. 武汉：华中科技大学.

［90］史茂成，2018. 企业岗位分红权激励方案的设计和实施研究［J］. 中国管理信息化，21（10）：100–101.

［91］孙戈，2017. 国有企业股权激励的法律及实践［D］. 青岛：青岛大学.

［92］孙慧倩，2017. 股票期权激励行权价格代理问题研究［D］. 合肥：合肥工业大学.

［93］谭园，2012. 基于体验性特征的企业异质型人力资本激励机制研究［D］. 武汉：武汉科技大学.

［94］陶友之，1995. 话说“年薪制”［J］. 企业活力（11）：7–9.

［95］童静敏，2006. 我国股票期权法律制度研究［D］. 上海：复旦大学.

［96］王辰晨，2016. 陕西瑞德公司薪酬体系设计研究［D］. 西安：西安理工大学.

[97] 王繁荣，2007. 国有企业建立现代公司治理的探讨［C］. //中国地质矿产经济学会2007年学术年会论文汇编 . 厦门：中国地质矿产经济学会：184-192.

[98] 王健菊，2005. 职业经理人风险防范与激励约束研究［D］. 天津：天津大学 .

[99] 王静，2017. 石家庄壹加贰联合房地产经纪有限公司股权激励方案设计研究［D］. 石家庄：河北地质大学 .

[100] 王隆军，2018. 众达公司新产业事业部高管团队虚拟股权激励方案设计［D］. 长沙：湖南大学 .

[101] 王祺，2011. 上市公司管理层股权激励的风险研究［D］. 成都：电子科技大学 .

[102] 王天一，2014. 股权架构设置的税收筹划：以个人投资为例［J］. 读写算（教育教学研究）（52）：323-324.

[103] 王雪荣，王倩，2013. 基于 B-S 模型的影视传媒业上市公司股票期权价值评估研究［C］. //第三届资产评估新发展国际论坛论文集 . 厦门：厦门大学：1-10.

[104] 王雅琨，2019. 国企混合所有制改革背景下股权激励方案的优化建议［J］. 企业改革与管理（23）：16+21.

[105] 王有志，崔大同，2005. 公司治理中的人力资本激励机制［J］. 企业经济（7）：30-32.

[106] 王玉环，2015. 支撑湖南区域科技协同创新的知识产权制度研究［D］. 湘潭：湘潭大学 .

[107] 王占强，于广超，2004. 两种产权理论的比较与国有企业改革［J］. 黄河科技大学学报，6（3）：56-59.

[108] 王志亮，王巧义，2003. 试论人力资本的公司治理功能［J］. 河北经贸大学学报，24（6）：69-72.

[109] 魏竹君，2018. 民营高科技上市公司股票期权激励对创新绩效影响的实证研究［D］. 北京：北京交通大学 .

[110] 夏雪，2015. 中央企业长期激励机制研究［D］. 天津：天津工业大学 .

[111] 肖民赞，2009. 我国上市公司股权激励效应的实证研究［D］. 南昌：江西财经大学 .

[112] 谢琳，余晓明，米建华，2009. 危机下的股权激励：以华为公司为例［J］. 中国人力资源开发（6）：58-61.

［113］新华网．加快发展和完善国有企业中长期激励机制［EB/OL］．（2021-03-22）［2022-03-05］．https：//baijiahao. baidu. com/s？id=1694886858252519496&wfr=spider&for=pc.

［114］熊风华，2011. 国有控股、高管权力与薪酬激励：基于中国上市公司的实证研究［D］．重庆：西南大学．

［115］徐驰，2017. 股份支付会计问题研究：以创业板为例［D］．北京：首都经济贸易大学．

［116］徐敏，2006. 股票期权在我国的应用研究［D］．苏州：江苏大学．

［117］徐宁，2011. 中国上市公司股权激励模式选择动机的动态演化分析——来自上市公司股权激励草案的经验证据［C］．//第四届全国比较管理研讨会论文集．济南：中国企业管理研究会：1-12.

［118］许峰，2006. 中国公用事业：民营企业进入中的亲贫规制［D］．上海：复旦大学．

［119］许宁，2018. 民营高新技术企业股权激励方案设计研究：以大华股份为例［D］．镇江：苏州大学．

［120］许莎雯，2012. 国企股改过程中的资产流失问题研究［J］．国有经济评论，4（2）：58-68.

［121］央广网．国企高管市场化选聘既要“提速”更要“提质”［EB/OL］．（2016-06-30）［2022-03-05］．http：//finance. cnr. cn/jjpl/20160630/t20160630_ 522543417. shtml.

［122］杨树，2016. 国有企业开展科技人员股权和分红激励的相关政策、实践和建议［J］．中国人力资源开发（20）：22-29，76.

［123］杨晓刚，2017. 股权激励一本通：方案+范本+案例［M］．北京：人民邮电出版社．

［124］杨艳，2012. 企业专业技术人员参与利润分配研究［D］．湘潭：湘潭大学．

［125］姚昌松，2015. M 保险公估公司运营经理人股权激励方案设计研究［D］．上海：上海交通大学．

［126］引玉，2004. 美国西北航空公司成为职工持股公司［J］．工会博览（3）：41-42.

［127］于明璐，2009. 基于委托代理理论的企业人力资源危机形成机理研究［D］．哈尔滨：哈尔滨工业大学．

［128］张富田，2010. 权力和权利博弈推动的平滑转型：以股权分置制

度的演化为例［D］. 天津：南开大学.

［129］张俊芳，2018. 国有企业股权与分红激励政策：演进、效果及建议［J］. 全球科技经济瞭望，33（4）：29-34.

［130］张湄，2010. 银行公司治理结构与治理效果关系研究：来自中国上市商业银行的证据［D］. 上海：复旦大学.

［131］张萍，2005. 我国上市公司业绩股票激励机制研究［D］. 广州：暨南大学.

［132］张硕，2017. 用友网络股权激励方案评价研究［D］. 镇江：江苏大学.

［133］张秀兰，2011. 制度约束下的上市公司动态股权激励模型的修订与改进［J］. 贵州财经学院学报（3）：37-41.

［134］张振高，章帆，迟宇彤，等，2019. 国有企业股权与分红激励机制设计［J］. 中国工业和信息化（12）：90-96.

［135］中国经济新闻网. 员工持股模式探讨［EB/OL］.（2004-05-19）［2022-03-05］. https：//lib. cet. com. cn/paper/szb_ con/83638. html.

［136］赵纪越，2019. 中国联通混合所有制改革下股权激励效应研究［D］. 武汉：武汉纺织大学.

［137］赵金鑫，金鹏剑，2019. 中央与地方国有企业经理人的最优激励选择：来自上市企业的证据［J］. 武汉金融（6）：14-21.

［138］郑金辉，2018. SC 股份公司限制性股票激励计划会计处理案例研究［D］. 沈阳：沈阳理工大学.

［139］周及真，2019. 国有企业薪酬制度改革的困境与出路：以江苏省 W 市为例［J］. 财会月刊（5）：137-142.

［140］周丽莎，2018. 国有企业实施中长期激励方式研究［N］. 经济参考报，2018-09-03（007）.

［141］周其仁，1997."控制权回报"和"企业家控制的企业"：公有制经济中企业家人力资本产权的个案［J］. 经济研究（5）：31-42.

［142］周树大，2007. 上市公司股权激励计划审计［J］. 中国内部审计（7）：40-43.

［143］朱勇，2005. 所有权安排与绩效研究文献述评［C］. //2005 年中国欧盟国有企业公司治理国际研讨会论文集. 重庆：西南政法大学重庆市国有资产管理与监督委员会重庆大学，2005：759-770.

［144］朱玉明，2006. 转型期多重利益驱动下的地方政府行为研究［D］. 济南：山东大学.

附录　《国有企业经理人中长期激励调查问卷》

您好！非常感谢您参与本次问卷调查！（本次问卷调查匿名填写即可）

本次问卷调查的主要目的是了解您对国有企业经理人中长期激励的理解及贵公司在这方面的实践情况，您的参与对于国有企业改革研究及国有企业职业经理人制度建设有着重要帮助。

第一部分　基本信息

1. 您在贵公司的任职情况：________________________（请填写您的职务名称）

2. 贵公司所处的行业：______（单选题）

A. 农林牧渔 B. 采矿 C. 制造业 D. 水电热气 E. 建筑 F. 批发零售 G. 交通运输 H. 住宿餐饮 I. 信息技术 J. 金融 K. 房地产 L. 商务服务 M. 科研技术 N. 水利环境公共 O. 其他服务 P. 教育 Q. 卫生社会工作 R. 文体娱乐 S. 公共管理 T. 其他，请注明________________

3. 贵公司所属的企业类别：______（单选题）

A. 商业一类（主业处于充分竞争行业和领域的商业类国有企业）

B. 商业二类（主业关乎国家安全经济命脉或处于自然垄断行业的商业类国有企业）

C. 公益类（以社会效益为导向，以保障民生、提供公共产品和服务为主要目标的国有企业）

4. 贵公司是否已经实施了混合所有制改革？______（单选题）

A. 是　　　　　　　　B. 否

第二部分　经理人中长期激励的认知情况

说明：中长期激励指将经理人的利益与企业长远发展（一般为3~5年）相联系，对经理人较长期内的经营业绩和贡献给予回报的激励方式（经理人持股等）。

5. 中长期激励可以有效减少委托代理成本、实现利益共享风险共担、平衡短期与中长期目标、优化薪酬结构、提升薪酬竞争力、吸引和保留关键人才，对于完善公司治理及薪酬体系、倡导绩效文化有着重要而深远的意义。您是否赞同这一观点？______（单选题）

A. 非常赞同　B. 比较赞同　C. 一般赞同　D. 不太赞同　E. 很不赞同

6. 在近年来深化国有企业改革的实践过程中，很多中央企业反映在吸引人才、保留人才方面遇到越来越多的挑战，并将主要原因归为员工薪酬的市场化程度不够高，特别是缺乏有效的中长期激励机制。您是否赞同这一观点？______（单选题）

A. 非常赞同　B. 比较赞同　C. 一般赞同　D. 不太赞同　E. 很不赞同

7. 当前国有企业经理人中长期激励可能存在下列问题，您是怎样看待的？（请逐项选择）

（1）中长期激励政策滞后，缺乏科学性与系统性。______（单选题）

A. 非常赞同　B. 比较赞同　C. 一般赞同　D. 不太赞同　E. 很不赞同

（2）中长期激励所需的法人治理机制不健全。______（单选题）

A. 非常赞同　B. 比较赞同　C. 一般赞同　D. 不太赞同　E. 很不赞同

（3）国有企业经理人薪酬结构单一，中长期激励占比较低。______（单选题）

A. 非常赞同　B. 比较赞同　C. 一般赞同　D. 不太赞同　E. 很不赞同

（4）与中长期激励对应的绩效管理体系不健全。______（单选题）

A. 非常赞同　B. 比较赞同　C. 一般赞同　D. 不太赞同　E. 很不赞同

8. 下列中长期激励模式适用于国有企业，您是怎样看待的？（请逐项选择）

（1）上市国企实施股权激励（限制性股票、股票期权等），将股东权益部分或全部让渡给经理人，经理人个人仅需付出部分成本甚至零成本。______（单选题）

A. 非常适用　B. 比较适用　C. 一般适用　D. 不太适用　E. 很不适用

（2）国有企业实施公允投资（员工持股、股权出售等），经理人按照公允价格获得一定数量的企业股份，兼具投资性和激励性。______（单选题）

A. 非常适用　B. 比较适用　C. 一般适用　D. 不太适用　E. 很不适用

（3）国有企业实施现金类激励模式（超额利润分享、业绩单元或奖金、岗位分红、项目收益分红、虚拟股权及增值权等），获得激励的实现形式是现金而非实股。______（单选题）

A. 非常适用　B. 比较适用　C. 一般适用　D. 不太适用　E. 很不适用

（4）国有企业实施福利类激励模式（补充养老保险、补充医疗保险、企业年金、弹性福利、团体保险、教育培训补助等）。______（单选题）

A. 非常适用 B. 比较适用 C. 一般适用 D. 不太适用 E. 很不适用

9. 国有企业经理人中长期激励应侧重于物质激励而非精神激励。您是否赞同？______（单选题）

A. 非常赞同 B. 比较赞同 C. 一般适用 D. 不太赞同 E. 很不赞同

10. 国有企业经理人中长期激励的前提是建立职业经理人制度。您是否赞同？______（单选题）

A. 非常赞同 B. 比较赞同 C. 一般适用 D. 不太赞同 E. 很不赞同

第三部分 本公司中长期激励的现状及看法

11. 您所在的公司近年来实施过哪些中长期激励模式？____________（可多选）

A. 上市公司股票期权（未来一定期限以预先约定价格购买公司股票的权利）

B. 上市公司限制性股票（按条件授予部分股票，只有业绩符合规定条件才可出售）

C. 上市公司员工持股（通过让经理人持有股票而使其获得激励）

D. 现金分红权（授予部分虚拟股份，不实际拥有股权和增值权，但享有分红权）

E. 股票增值权利（授予部分虚拟股票期权，股价上升可行权兑现现金，股价下降无损失）

F. 虚拟股票（授予对应真实股权的虚拟股票，含增值权和分红收益，但没有实际所有权）

G. 绩效单位（授予部分绩效单位，其价值和3~5年的长期经营绩效结果挂钩）

H. 福利类（补充养老医疗保险、企业年金、弹性福利、团体保险、培训补助等）

I. 除上述选项外，还开展过其他形式的中长期激励，请注明__________

J. 没有实施过任何中长期激励模式（请直接跳转至13题）

12. 您所在的公司实施经理人中长期激励的效果如何？______（单选题）

A. 成效显著 B. 效果很好 C. 一般效果 D. 没有效果 E. 适得其反

13. 您所在的公司未来是否愿意加大经理人中长期激励的实施力度？______（单选题）

A. 非常愿意　B. 比较愿意　C. 一般愿意　D. 不太愿意　E. 很不愿意

14. 国有企业实施中长期激励也需要一些保障机制，您是怎样看待的？（请逐项选择）

（1）学好用足现有政策，国有企业制宜选择中长期激励的路径和工具。______（单选题）

A. 非常重要　B. 比较重要　C. 一般重要　D. 不太重要　E. 很不重要

（2）加强全面薪酬管理，综合施策吸引、保留和激励核心骨干人员。（单选题）

A. 非常重要　B. 比较重要　C. 一般重要　D. 不太重要　E. 很不重要

（3）完善相关政策体系，健全科学规范、有序高效的中长期激励机制。______（单选题）

A. 非常重要　B. 比较重要　C. 一般重要　D. 不太重要　E. 很不重要

感谢您的参与！祝您身体健康，事业顺利！